BAEDEKER SMART

Florenz

MairDumont – 🌐 www.baedeker.com

Wie funktioniert der Reiseführer?

Wir präsentieren Ihnen die Sehenswürdigkeiten von Florenz in vier Kapiteln. Jedem Kapitel ist eine *spezielle Farbe* zugeordnet. Um Ihnen die Reiseplanung zu erleichtern, haben wir alle wichtigen Sehenswürdigkeiten jedes Kapitels in drei Rubriken gegliedert: Einzigartige Sehenswürdigkeiten sind in der Liste der *TOP 10* zusammengefasst und zusätzlich mit zwei Baedeker Sternen gekennzeichnet. Ebenfalls bedeutend, wenngleich nicht einzigartig, sind die Sehenswürdigkeiten der Rubrik *Nicht verpassen!* Eine Auswahl weiterer interessanter Ziele birgt die Rubrik *Nach Lust und Laune!*

★★ **Baedeker Topziele** 6
Ein Gefühl für Florenz bekommen 8

Das Magazin

Das Who's who der Medici 14
Die Kunst der Mode 17
Bistecca und Chianti:
So isst Florenz 20
Die Wiege der Renaissance 24
Kunstpioniere und ihr großes
Erbe 26
Wunderwerke aus Marmor
und Bronze 28
Manifeste der Macht –
Residenzen der Reichen 30
Ein Dichterleben 32

Der Osten

Erste Orientierung 36
Mein Tag mit den Promis 38
★★ Santa Croce 42
★★ Piazza della Signoria 46
★★ Galleria degli Uffizi 50
★★ Museo Nazionale
del Bargello 56
Nach Lust und Laune! 61
Wohin zum ... Essen und Trinken?
... Einkaufen? ... Ausgehen? 67

Der Norden

Erste Orientierung 76
Mein Tag mit Brunelleschi 78
★★ Duomo Santa Maria del
Fiore 82
★★ Galleria dell'Accademia 90
San Lorenzo & Cappelle
Medicee 92
San Marco 96
Nach Lust und Laune! 98
Wohin zum ... Essen und Trinken?
... Einkaufen? ... Ausgehen? 105

Der Westen

Erste Orientierung 112
Mein Tag mit Shopping 114
★★ Ponte Vecchio 118
★★ Santa Maria Novella 122
Nach Lust und Laune! 126
Wohin zum ... Essen und Trinken?
... Einkaufen? ... Ausgehen? 130

Oltrarno

Erste Orientierung 140
Mein Tag im Grünen 142
★★ Palazzo Pitti 146
★★ San Miniato al Monte 151
Santa Maria del Carmine &
Cappella Brancacci 154
Nach Lust und Laune! 156
Wohin zum ... Essen und Trinken?
... Einkaufen? ... Ausgehen? 159

Ausflüge

Siena 166
San Gimignano 170

Spaziergänge & Touren

Fiesole 176
Östlich des Florentiner Doms ... 180

Praktische Informationen

Vor der Reise 186
Anreise 189
Unterwegs in Florenz 189
Übernachten 191
Essen und Trinken 192
Einkaufen 194
Ausgehen 195
Sprachführer 196

Anhang

Cityplan 197
Straßenregister 207
Register 210
Bildnachweis 213
Impressum 214

Magische Momente

Kommen Sie zur rechten Zeit an den richtigen Ort
und erleben Sie Unvergessliches.

Konzert auf der Piazza 60
Viva la Vespa! 95

Guten Morgen, Florenz! ... 121
Panorama mit Rosenduft .. 152

Die Kuppel der Kathedrale von Florenz erhebt sich über den Dächern der Stadt.

Restaurant in der Nähe der Basilika San Lorenzo

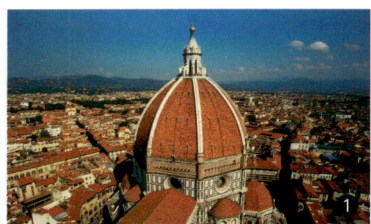

★★ Baedeker Topziele

Unsere TOP 10 helfen Ihnen, von der absoluten Nummer eins bis zur Nummer zehn, die wichtigsten Sehenswürdigkeiten einzuplanen.

❶ ★★ Duomo Santa Maria del Fiore
Das Wahrzeichen der Stadt und drittgrößte Kirche der Christenheit – »il Duomo«, den jeder Florentiner mit Stolz als selbstverständlichen Besitz betrachtet – ist die Nummer eins in der Stadt (S. 82).

❷ ★★ Galleria dell'Accademia
Michelangelos »David«: Überwältigende 5,17 m hoch und aus einem Block Carrara-Marmor gemeißelt! Andere Skulpturen des Meisters sind ebenfalls im 1784 gegründeten Museum zu sehen (S. 90).

❸ ★★ Santa Croce
Die Franziskanerkirche mit 23 monumentalen Gräbern und Grabdenkmälern wird als »Pantheon von Florenz« bezeichnet (S. 42).

❹ ★★ Piazza della Signoria
Das touristische Herz der Stadt wird vom Palazzo Vecchio, der Loggia dei Lanzi, den Uffizien und dem mächtigen Neptunbrunnen beherrscht (S. 46).

❺ ★★ Ponte Vecchio
Bei Sonnenuntergang scheinen die Juwelen in den Läden auf der »alten Brücke« mit den Wassern des Arno um die Wette zu funkeln (S. 118).

❻ ★★ Galleria degli Uffizi
Eine der berühmtesten und größten Pinakotheken der Welt. In über hundert Sälen und auch auf den Korridoren sind Gemälde, Gobelins und Statuen ausgestellt (S. 50).

❼ ★★ Museo Nazionale del Bargello
Ehemals Stadtgefängnis und Hinrichtungsstätte, heute eine der berühmtesten Skulpturengalerien Italiens (S. 56).

❽ ★★ Santa Maria Novella
Die Kirche der Dominikaner ist vor allem ihrer Fassade und ihrer Fresken wegen beachtenswert (S. 122).

❾ ★★ Palazzo Pitti
Im größten Palast der Stadt und in dem ihn umgebenden Boboli-Garten sind sieben Museen untergebracht. Von besonderem Interesse ist die Galleria Palatina mit ihren großartigen Gemälden (S. 146).

❿ ★★ San Miniato al Monte
Sakrales Kleinod mit einem überwältigenden Blick über die ganze Stadt. Die Aussicht von der nahe gelegenen Piazzale Michelangelo kennen viele Florenz-Begeisterte von Fotos (S. 151).

Ein Gefühl für Florenz bekommen ...

Erleben, was die Stadt ausmacht, ihr einzigartiges Flair spüren. So, wie die Florentiner selbst.

Schöne Aussichten

Wem die Besteigung von Dom oder Campanile (S. 82) zu anstrengend ist, muss trotzdem nicht auf den Blick von oben verzichten. Im Café der Uffizien (S. 55) haben Sie einen Logenplatz über der Piazza della Signoria. Fährt man hinauf zur Bar des Kaufhauses La Rinascente (S. 133), zeigt sich die Piazza della Repubblica dagegen aus der Vogelperspektive und das Dom-Ensemble beeindruckend nah. Total relaxed und luxuriös lassen sich Sommerabende auf der Terrasse des Panoramarestaurants SE·STO On Arno (auf dem Dach des Grand Hotels Westin Excelsior, S. 131) verbringen.

Antiquitäten vom Flohmarkt

Mit etwas Geduld und geübtem Blick wird man in den Buden schon mal fündig. Die großen Teile, die beim Räumen der Palazzi oder beim Verkauf von Villen nebst Einrichtung anfallen, landen zwar alle bei Pandolfini, Sotheby's oder Christie's, aber manch feiner Gegenstand findet auch seinen Weg auf den Flohmarkt auf der Piazza dei Ciompi (S. 182). Spaß macht das Stöbern auf jeden Fall.

Sommerliche Kühle

Die Florentiner zieht es seit jeher an warmen Sommertagen hinauf nach Fiesole (S. 176). Sie setzen sich in Bars und Restaurants auf der baumbestandenen Piazza und genießen die wesentlich kühlere Luft hier oben. Im Juli und August haben die Ballett-, Konzert- und Theateraufführungen der Estate Fiesolana im wunderschönen römischen Amphitheater großen Zulauf.

Streetfood alla Fiorentina

Nicht etwa die viel gerühmte *bistecca alla fiorentina* (S. 20), sondern das viel bescheidenere *panino al lampredotto* (Abb. S. 21) ist die Lieblingsspeise der Florentiner! In saftiger Brühe gegart kommt feingeschnittener Labmagen vom Rind warm in ein aufgeschnittenes Brötchen, wird in ein serviettengroßes Stück Pack-

Von der Piazzale Michelangelo bietet sich ein unvergesslicher Blick auf die Stadt.

Schlemmertheke in der
Markthalle Mercato Centrale

Nachtschwärmer vor einer Enoteca in der
Via San Miniato im Stadtteil Oltrarno

papier gerollt – und dann *Buon appetito!* Die Stände der *trippai* (Kuttelverkäufer) befinden sich seit eh und je auf Plätzen und an Ecken im Zentrum. Die Einheimischen kennen sie, lieben sie, sie wählen jährlich den besten – und selbst im teuersten Outfit von Armani ist es durchaus in Ordnung, mit einem heiß und deftig gefüllten Brötchen in der Hand angetroffen zu werden.

Alle Düfte der Mittelmeerküche

Die Halle des Mercato Centrale (S. 108) in San Lorenzo ist ein kulinarisches Eldorado. Hier wird alles genauestens begutachtet, gedreht, gedrückt, gewendet – gleich ob Seefisch, Trüffel, Steak nach Florentiner Art, Parmesan, Schinken, Fasan oder Spanferkel, ebenso wie Obst und Gemüse. Man kann sich sattsehen und nur an den Düften berauschen. Oder alles bei Da Nerbone (S. 105) probieren: Seit 1872 werden an diesem Stand deftige Schmankerln zubereitet, mit denen sich die Florentiner nach dem Einkauf stärken.

Klassik und feine Garderobe

Das Opernhaus zieht Florentiner Klassikfans und Besucher aus aller Welt magisch an. Vor allem beim Maggio Musicale Fiorentino (S. 136), dem ältesten Musikfestival Italiens. Aber ohne Gala-Garderobe und ohne »Leute schauen« im Foyer wäre so ein musikalisches Ereignis natürlich nicht mal halb so schön. Überzeugen Sie sich selbst.

Oasen der Ruhe

Zwischen den von Statuen gesäumten Zypressenalleen, vorbei an Kavaliershäuschen, bizarren Grotten, sprühenden Fontänen und künstlichen Seen kann man sich auch an einem heißen Sommertag in dem Boboli-Garten (S. 156) herrlich erholen. Zu einer kurzen Auszeit vom Citytrubel verhilft auch der Besuch eines Spas wie Soulspace.

Soulspace
✛ 200 B1
✉ Via Sant'Egidio 12
☎ 055 200 17 94
⊕ www.soulspace.it

Shoppen Made in Italy

Es muss ja nicht ein gesamtes Outfit sein, schon das kleinste Tütchen eines Topdesigners am Finger kann ein Hochgefühl hervorrufen! Für Mode, Schuhe und Accessoires ist die Via de' Tornabuoni (S. 132) im Westen eine gute Adresse.

Gemütliches Eckchen

Das Oltrarno mit seinen Werkstätten in den verwinkelten Gassen versprüht einen besonderen Zauber. Immer noch gibt es hier kleine Ecken, die vom Tourismus kaum berührt sind. Die winzige Piazza della Passera gehört dazu. An der Stelle, wo seit 1550 ausgeschenkt wird, befindet sich nun die Trattoria 4 Leoni (S. 159). Hier isst man noch in urtoskanischem Ambiente, auch wenn Sie im Sommer jetzt unter modernen Sonnensegeln auf der Piazza Platz nehmen.

Kaffeepause im eleganten Hof des Palazzo Strozzi, des schönsten Florentiner Stadtpalastes

Das Magazin

Florenz ist die Heimat großer Künstler und genialer Ideen, hier sind berühmte Modemarken zu Hause und ein gepflegter Lifestyle.

Seiten 12–33

Das Who's who der Medici

Die Geschichte kaum einer anderen Stadt ist so eng mit dem Namen einer einzigen Familie verbunden. Die mächtige Dynastie der Medici herrschte in Florenz nahezu drei Jahrhunderte lang. Als Kunstmäzene sorgten sie für den Siegeszug der Renaissance. Ihre Spuren sind noch heute allgegenwärtig.

Giovanni di Bicci – der Bankier

Der Wohlstand der Dynastie geht wesentlich auf ihren Stammvater Giovanni di Bicci (1360–1429) zurück, der in Florenz die Banca de' Medici gründete und dank seines ausgeprägten Geschäftssinns zur profitabelsten Europas machte. Als er Bankier des Papstes wurde, sicherte dies nachhaltig die familiären Vermögensverhältnisse.

Andrea del Verrocchio, Cosimo de' Medici

Cosimo il Vecchio (der Ältere) – Patron der Künste

Die eigentliche Herrschaft der Medici begann mit Giovannis Sohn Cosimo (1389–1464). Papst Pius II. nannte ihn »rundum königlich bis auf den Namen«, und die Florentiner Ratsherrenschaft, die Signoria, verlieh ihm den Titel eines Pater Patriae (»Landesvaters«). Gleichwohl trachtete er, Florenz möglichst diskret zu regieren, weshalb er auch Filippo Brunelleschis opulenten Entwurf für den Palazzo der Familie ablehnte.

Mit derselben Spürnase wie sein Vater mehrte Cosimo den Reichtum der Familie. In die Annalen jedoch schrieb er sich während der Blüte der Renaissance in seiner Heimatstadt vorrangig als enthusiastischer Förderer von Kunst und Humanismus ein. Wie die Bauten des antiken Rom sollten die Kirchen, Palazzi und Bibliotheken tausend Jahre überdauern, die er, wie die Kirchen

San Marco und San Lorenzo, von den besten Architekten und Künstlern seiner Zeit ausführen ließ. Bei seinem Tod war Florenz zu einer Stadt des Friedens und Wohlstands geworden – ein »neues Rom«. Da sein kränklicher Sohn Piero der Gichtige (1416–69), der Nachfolger, bald starb, kam sein Enkel Lorenzo früh an die Macht.

Lorenzo il Magnifico – Poet und Humanist

Lorenzo (1449–92), Humanist und Dichter, war der Literatur ebenso zugetan wie den Staatsgeschäften und förderte das Studium der Werke Dantes, Boccaccios und Petrarcas. In seine Regierungszeit fielen bedeutende Begebenheiten: Als Papst Sixtus IV. seine Gelder von der Medici-Bank abzog, stürzte dieser sie damit fast in den Bankrott. 1478 ereignete sich die Verschwörung des konkurrierenden Clans der Pazzi, die auf die Ermordung Lorenzos und den Fall der Medici zielte. Mit Sixtus' Nachfolger Innozenz VIII. pflegte Lorenzo wieder so gute Beziehungen, dass sein Sohn Giovanni die Kardinalswürde errang. Als Lorenzo drei Wochen nach dessen Ernennung starb, erklärte der Papst, nun sei es vorbei mit dem Frieden in Italien.

Er sollte recht behalten. 1494, also nur zwei Jahre später, fiel Karl VIII. von Frankreich in Italien ein und zwang Lorenzos ältesten Sohn Piero (den Unglücklichen) in Florenz zur Kapitulation, woraufhin die erzürnten Bürger jenen der Stadt verwiesen. Sie errichteten eine Republik unter der Herrschaft des fanatischen Bußpredigers Girolamo Savonarola, der bald selbst in Ungnade fiel und auf der Piazza della Signoria verbrannt wurde.

Giovanni de' Medici – der erste Medici-Papst

1512 kehrten die Medici unter Führung des Kardinals Giovanni (1475–1521) nach Florenz zurück, was bei ihren desillusionierten Landsleuten kaum auf Widerstand

Familienwappen

Überall in Florenz stößt man auf das Familienwappen: sechs Kugeln auf Goldgrund, die oberste blau mit weißer Lilie, die anderen rot. Möglicherweise geht dieser Rossstirnschild auf den sagenhaften Ritter Averardo zurück, Abkömmling der Medici. Die roten Kugeln lassen sich auch als Pillen, d. h. Hinweis auf die medizinische Berufstradition, interpretieren, oder Pfandmünzen, was der Finanztätigkeit der Familie entspräche.

stieß. Von nun an blieb die Familie an der Macht und bewahrte diese notfalls mit Gewalt. Nach seiner Krönung als Papst Leo X. 1513 regierte er die Stadt von Rom aus.

Alessandro – lasterhafter Tyrann

Ihm folgte Alessandro (1510–37) nach, mit Papst Clemens VII. (Lorenzos Enkel Giulio und mutmaßlicher Vater Alessandros) als graue Eminenz im Hintergrund. Florenz war nun ein Herzogtum mit einem korrupten Despoten an der Spitze, der schließlich von seinem Vetter Lorenzaccio (»Böser Lorenzo«) ermordet wurde.

Cosimo I. – mächtiger Regent

Alessandros Nachfolger Cosimo I. (1519–74) räumte mit der Opposition auf, indem er deren Führerschaft auf der Piazza della Signoria öffentlich hinrichten ließ. Militärisch setzte er Florentiner Interessen rücksichtslos gegenüber anderen toskanischen Stadtstaaten durch. Siena verlor hierdurch die Hälfte seiner Einwohnerschaft, weshalb sich noch heute mancher Sienese weigert, einen Fuß auf Florentiner Boden zu setzen.

Anders als seine Vorgänger schätzte Cosimo Kunst als Mittel der Selbstverherrlichung, beauftragte Vasari mit dem Bau eines gewaltigen neuen Verwaltungskomplexes, der Uffizien, und etablierte eine effiziente Regierungsbürokratie.

Allerdings zog er das Vergnügen den Staatsgeschäften vor – wie auch die sechs Generationen seiner Nachfolger als Herrscher von Florenz. Dem Ruf der Familie tat dies nur wenig Abbruch – es waren die mächtigen, unbezwingbaren Medici. Als 1743 mit Anna Maria Luisa die Letzte des Geschlechts das Zeitliche segnete, trauerte die ganze Stadt um sie.

Reiterstandbild Cosimos I. auf der Piazza della Signoria

Die Kunst der Mode

Mailand mag das Herz der italienischen Haute Couture sein, doch drei ihrer prominentesten Marken sind in Florenz entstanden oder groß geworden: Gucci, Pucci und Ferragamo.

Florenz ist nicht nur ein anregendes Pflaster für Modedesigner: Interessanterweise wird dort und im benachbarten Prato vieles hergestellt, was in Mailand entworfen wurde – ein großer Prozentsatz aller Textilien »made in Italy«. Mit der Modemesse Pitti Immagine richtet Florenz zudem eine der bedeutendsten Männermodenschauen Europas aus. Und beim Flanieren durch die Via de' Tornabuoni und Via della Vigna Nuova begegnet man Nobelmarken von Armani, Prada und Versace bis zu Dolce & Gabbana.

Modestadt Florenz: Vintage-Design in der Stazione Leopolda

Gucci – begehrteste Modemarke

Die Florentiner »Hausmarke« aber bleibt Gucci, vom Sattlermeister Guccio Gucci (1881–1953) gegründet, der sein Gespür für Schönheit und Eleganz als Liftboy im Londoner Savoy Hotel geschult hatte. 1921 eröffnete er ein Lädchen für Reisegepäck und Reiterbedarf. Aus diesen bescheidenen Anfängen entwickelte sich ein Weltkonzern, dessen Emblem zwei gekreuzte Steigbügel bzw. zwei verschlungene Gs zieren.

Die Initialen des Gründers übernahm die Firma als Ziermotiv auf Handtaschen, Accessoires und Reisetaschen, gefertigt aus dem charakteristischen lohfarbenen Leinen und honigbraunem Leder.

In den 1950er- und 1960er-Jahren entstanden Klassiker wie die Gucci-Tasche mit Bambusgriff, Mokassins mit Metalltrense und das geblümte Seidentuch »Flora«. Nach einer Phase familieninterner Streitigkeiten in den 1980er-Jahren, die einen Verfall des Unternehmens zur Folge hatte, ging es mit Gucci unter der Ägide des New Yorker Designers Tom Ford ab den 1990er-Jahren wieder aufwärts. Seit einem radikalen Imagewandel ab 2015 durch Alessandro Michel gilt Gucci heute zu den begehrtesten Modemarken der Welt. Die Firmengeschichte wird im Gucci Garden präsentiert (S. 63).

Pucci – Liebling des Jetset

Zur Mode kam der Florentiner Kampfflieger und Kriegsheld Marchese Emilio Pucci (1914–92) per Zufall: 1948 filmte ihn ein Modedesigner, als er – leidenschaftlicher Sportler und Mitglied der italienischen olympischen Skimannschaft – im selbst entworfenen Dress über die Hänge von St. Moritz wedelte. Dies war die Geburtsstunde eines neuen Modeimperiums.

Zu Puccis Markenzeichen wurden geschmeidige bunte Stoffe mit extravagantem Design. Nach uralten Verfahren ließ er Seide in satten Tönen färben und schuf unverwechselbare geometrische Muster in leuchtenden und gedeckten Farben auf Seidenjersey. Zu besten Zeiten kostete ein Pucci-Kleid sein Gegengewicht in Gold, und Society-Schönheiten hatten immer mindestens eines im Koffer, wenn sie auf Reisen gingen. Pucci-Design war überall zu finden – auf Schuhen, Handtaschen, Reisetaschen, Pyjamas und Unterwäsche, und die Crew von Apollo 15 setzte eine von Pucci entworfene Flagge in den Mondstaub. Noch heute erfreuen sich Erzeugnisse des (mittlerweile von LVMH und Camille Miceli geführten) Unternehmens großer Beliebtheit (S. 133).

Ferragamo – Schuhmacher der Stars

Salvatore Ferragamo (1899–1960) erlernte sein Handwerk in einem süditalienischen Dörfchen, das er mit 15 Jahren in Richtung USA verließ. In Hollywood eröffnete er ein Geschäft für handgenähte Schuhe, in dem bald Stars wie Greta Garbo, Marilyn Monroe und Audrey Hepburn zu den Kunden zählten.

1927 kehrte er nach Italien zurück und ließ sich in Florenz nieder, dem Zentrum internationalen Modewesens und der Schuhmacherkunst. Anatomische Studien des Fußes und der Holzleisten mündeten in die Entwicklung der revolutionären Ferragamo-Methode. Dabei wird eine Stahlfeder zwischen Bogen und Absatz eingearbeitet. Diese Feder wirkt wie eine »Fußbremse«, vermindert bei hohen Absätze den Druck auf die Zehen. Angesichts mangelnder Verfügbarkeit von Qualitätsleder während des Kriegs begann er mit neuen Materialien wie Bast, Paketschnur und Zellophan zu experimentieren. Legendär sind seine Keilabsätze aus Kork, 1936 für Judy Garland geschaffen.

Die Leitung der Firma, die nun auch Mode und Accessoires herstellt, liegt nach wie vor in der Hand des Familienclans. Er behielt seinen Stammsitz in der Via de' Tornabuoni, heute mit angeschlossenem Schuhmuseum (S. 136).

Die Schuhe der großen Florentiner Marke Ferragamo verbinden bis heute Eleganz und Bequemlichkeit. Der Firmengründer entwarf die »Audrey«-Ballerinas 1954 für Stilikone Audrey Hepburn.

Grafische Muster und starke Farben sind das Markenzeichen von Pucci (oben). Neue Führung, neues Image: Gucci ist Kult (unten).

Bistecca und Chianti: So isst Florenz

Trattorie und Ristoranti, Markthallen und ein Streetfood-Markt sorgen in Florenz für vielfältige Gaumenfreuden. Während das Frühstück in der Bar mit Cappuccino und Gebäck schnell abgehandelt ist, lässt man sich mittags und abends Zeit. Seit einigen Jahren läutet man in Italiens Metropolen den Feierabend gern beim Aperitif am Vorspeisen-Büfett ein. Beim Sonntagsspaziergang ist der Abstecher in eine Eisdiele eine gern erfüllte süße Pflicht.

Ein toskanisches Menü beginnt in der Regel mit Antipasti oder Bruschetta – Röstbrothäppchen mit Tomaten, Oliven und Sardellen oder, ganz klassisch, mit Geflügelleberpastete bestrichen. Als ersten Gang (*primo piatto*) bieten viele Lokale die typisch toskanischen Gemüsesuppen an, etwa *zuppa di ceci* (Kichererbsensuppe) oder *ribollita*, eine Suppe aus Bohnen, Kohl und anderem Gemüse, angedickt mit Brot. Ein Reste- bzw. Armeleuteessen, das sich vielleicht nicht besonders lecker anhört, aber köstlich schmeckt. In der Regel braucht es danach keinen Hauptgang mehr – denn die *ribollita* macht pappsatt. Gern genommene *primi* sind Nudelgerichte. Tagliatelle, Pappardelle, Tortellini und etliche andere, oft hausgemachte Sorten, sorgen für Abwechslung, so dass das es für Pastafans nie eintönig wird.

Wildschwein und Rind

Stolz und Markenzeichen der Toskana-Küche ist Fleisch von hoher Qualität. Die berühmte *bistecca alla fiorentina* – ein tellergroßes Kotelett vom toskanischen Chianina-Rind, das traditionell auf dem Grill zubereitet wird – muss man einfach mal probieren. Weitere Spezialitäten sind *arista alla fiorentina* (Schweinelende mit Rosmarin) und Wildgerichte, vor allem Wildschwein. Letzteres wird in köstliche Hauptgerichte verwandelt, macht sich aber auch mit Pasta ausgezeichnet:

Florentiner Spezialitäten: Pasta, Ribollita (Gemüseeintopf), Panino al Lampredotto (Brötchen mit Labmagen, S. 8), Steak nach Florentiner Art (Bistecca alla Fiorentina)

Pappardelle con sugo di cinghiale (Nudeln mit Wildschweinsauce) gehören zu den Klassikern auf der toskanischen Speisekarte. Auch Innereien haben in der Florentiner Küche ihren festen Platz. Denn in vergangenen Jahrhunderten verspeisten die feudalen Herrschaften die besten Stücke, die kleinen Leute mussten sich mit dem Rest begnügen und haben, mit allem, was der Gemüsegarten hergab, das Beste aus Kutteln, Nierchen, Leber und Magen gemacht. *Trippa alla fiorentina* (Kutteln mit herzhafter Tomatensauce) und *fegatelli* (in Wein gedünstete Schweineleber) gehören heute sogar auf dem hippen Streetfood-Markt (S. 23) zu beliebten Spezialitäten.

Zum Auftakt Aperitivo

Aus dem Norden Italiens ist vor einigen Jahren die Aperitivo-Welle in die Toskana rübergeschwappt. Man trifft sich abends mit Freunden auf ein Gläschen Prosecco oder Wein und bedient sich dabei an einem mit herzhaften Kleinigkeiten – Bruschette, Oliven, Salami und Schinken, Käse, Gemüsekuchen ... – bestückten Büfett, bevor man ins Kino oder Theater ausgeht. Oft ist so ein

Weinverkostung in einer Enoteca in der Via delle Oche in Florenz

Aperitivo (man zahlt einen Festpreis, egal wie viel man isst) sogar eine günstige Alternative zum Abendessen.

Land der roten Weine

In einigen florentinischen Lokalen bekommt man sie immer noch – die bauchigen Flaschen im Strohmantel mit dem bekanntesten Wein der Region, dem Chianti. Ein Zeichen für Qualität ist die folkloristische Präsentation des roten Rebensaftes nicht – aber auch kein schlechtes Zeichen. In diesem Outfit kommt ein einfacher Hauswein auf den Tisch und auch der schmeckt in der Toskana selbst Weinkennern oft überraschend gut. Chianti in höheren Qualitätsstufen, mit mehr Bouquet und Charakter, gibt es natürlich auch. Produziert im Herzen des Anbaugebiets wird der aus mehreren Rebsorten gekelterte Wein als »Chianti Classico« etikettiert und darf das Siegel »Gallo Nero« tragen. Auch Vino nobile di Montepulciano, Rosso di Montalcino und der von Kennern hochgeschätzte charaktervolle Brunello di Montalcino, allesamt rote Tropfen, bereichern die Liste der Toskana-Weine. In Florenz bieten *enoteche* – Weinhandlungen mit Gastronomiebetrieb – reichlich Gelegenheit zum Probieren.

Handwerklich Gefrorenes

Zur Florentiner Freizeitkultur gehört die *passeggiata* – der Sonntagsspaziergang am Arnoufer bzw. ein spätabendlicher Bummel durch die schönsten Straßen der Stadt. Ein Stopp in der Gelateria ist dabei quasi ein Muss.

Seit 1930 schon lassen sich Florentiner bei Vivoli (S. 65), der ältesten Eisdiele der Stadt, eine kühle, hausgemachte Kugelmischung in die Waffel drücken. Gute Alternativen im Stadtzentrum sind die Gelateria des Schokoladenimperiums Venchi (S. 134) und der Eissalon Grom (Via del Campanile/Ecke via delle Oche). Stammkunden schwören auf die »Crema di Grom« – eine Kreation mit Ei, Biskuit und ecuadorianischer Edelschokolade. Auf der anderen Seite des Arno ist die Gelateria Santa Trinità (Piazza de' Frescobaldi 11–12r, gleich an der Brücke Santa Trinità) ein beliebtes Ziel für Eisfreunde.

Nicht wegzudenken – die Märkte
Lebensmittelmärkte gehören zu Italien wie Sonne und Meer. Nicht immer findet das bunte Treiben unter freiem Himmel statt. Der Mercato Centrale (S. 108), erbaut 1874, rühmt sich, die größte Markthalle Europas zu sein. Nach Umbau und Wiedereröffnung 2014 präsentiert sie sich vitaler denn je: Obst, Gemüse, Fleisch, Fisch, Olivenöl – im Untergeschoss gibt es das, was die italienische Küche braucht. Das Obergeschoss beherbergt einen bis spät abends geöffneten Streetfood-Markt, mit zahlreichen Ständen, an denen man toskanische Gaumenfreuden genießen kann. Wer für die eigene Küche oder für ein Picknick einkaufen will, wird auch auf dem Mercato di Sant'Ambrogio, einem Wochenmarkt (Mo–Sa 7–14 Uhr) nahe der Kirche Santa Croce, gut bedient.

Slow Food

Die Slow-Food-Bewegung wurde 1986 in Turin geboren, als Reaktion auf Pläne des Fast-Food-Giganten McDonald's, in Rom seine erste italienische Filiale zu eröffnen. Mit Freunden verfasste damals der Turiner Journalist Carlo Petrini ein scherzhaftes Manifest mit dem Titel »Slow Food«, das er in bewusstem Gegensatz zur Gastro-Philosophie der Burger-Brater setzte. Was als Jux begann, breitete sich bald über ganz Italien und dann weltweit aus. Die Botschaft: nur beste Zutaten, möglichst von Lieferanten der Umgebung, schonende, artgerechte Tierhaltung, Erhalt traditioneller Grundstoffe, Gastlichkeit und Lebensfreude bei Einkauf und Essen. Florentiner Trattorien, die sich diesen Prinzipien offiziell verschrieben haben, sind u. a. Da Nerbone (im Mercato Centrale; S. 108), Trattoria Mario (Via Rosina 2r; S. 106), Del Fagioli (Corso dei Tintori 47r; S. 67) und Cibrèo (Via Andrea del Verrocchio 8r; S. 67).

Die Wiege der Renaissance

Herausragend in der Florentiner Stadtgeschichte ist die Renaissance – eine Epoche der Erneuerung in der Kunst und die Geburtsstunde moderner Wissenschaft und neuzeitlichen politischen Denkens.

Die Anfänge der Stadt gehen auf die Etrusker zurück. Dieser Volksstamm der Antike gründete eine Siedlung auf dem Gebiet des heutigen Fiesole. 59 v. Chr. wurden die Etrusker von den expandierenden Römern vertrieben, die an den Ufern des Arno eine Garnison errichteten. Nachdem das Römische Reich untergegangen war und die von Norden einfallenden Langobarden den Herrschaftsraum ab dem 6. Jh. n. Chr. übernommen hatten, verlor Florentia (»die Blühende«) an Bedeutung. Als eigenständiger Stadtstaat erstarkte Florenz erst wieder im frühen 12. Jh. Durch Wettbewerb, Handel und Kriege baute sie ihre Einflusssphäre aus. Die bürgerlichen Kaufleute begannen in dieser Epoche, die Geschicke der Stadt zu lenken.

Blüte der Renaissance
Florierendes Handwerk und Handel führten im mittelalterlichen Florenz zur Etablierung eines Bankensystems, dessen führende Köpfe, allen voran die mächtige Familie Medici, bald zu Kunstmäzenen aufstiegen. Die Voraussetzungen für die Stadt als Geburtsort der Renaissance, der kulturellen Wende zur Neuzeit, waren geschaffen.

Wie in keiner Epoche zuvor stellten Menschen das überlieferte, in der Religion verankerte Weltbild in Frage. Man begann über die Stellung des Menschen und die Möglichkeiten, das gesellschaftliche Umfeld zu gestalten, nachzudenken. Auch die »Entdeckung Amerikas« 1492 markiert den Aufbruch in die Neuzeit.

Revolution der Wissenschaften
Zwei geniale Künstler, Leonardo da Vinci (1452–1519) und Michelangelo Buonarroti (1475–1564), brachten diesen Prozess entscheidend voran, wobei Leonardo sich auch als Ingenieur und Wissenschaftler hervortat. Ab dem 15. Jh. traten die Naturwissenschaften auf den Plan.

Anfang des 16. Jhs. erschien mit Galileo Galilei (1564–1642) der soge-

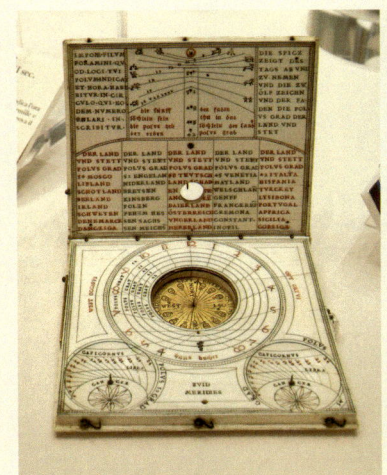 

Wissenschaftliche Instrumente aus dem Museo Galileo in Florenz, einem der ältesten Wissenschaftsmuseen der Welt, das auch Originalinstrumente von Galileo Galilei zeigt.

nannte Vater der Naturwissenschaft auf der Bildfläche. Revolutionär waren seine Studien zu Mechanik und Astronomie. Er entwickelte ein Fernrohr, eine der bedeutendsten technischen Neuerungen der Geschichte. Auf Widerstand stieß sein Weltbild, wonach die Planeten um die Sonne kreisen und nicht die Erde den Mittelpunkt des Systems bilde. Galilei unterhielt intensive Bindungen nach Florenz und erfreute sich u. a. der Schirmherrschaft der Medici.

Politische Prinzipien

Charakteristisch für die Renaissance ist das Erstarken von Wettbewerb und Konkurrenz. Kaufleute und Bankiers, Familienclans und Stadtstaaten – alle unterwarfen sich diesen neuen Antriebsprinzipien. Alle konkurrierten miteinander, keiner konnte sich inzwischen seiner Stellung dauerhaft sicher sein. Auch in der Politik ging es mehr und mehr darum, taktisch clever zu agieren.

Den politischen Akteuren gibt der in Florenz geborene Staatsphilosoph Niccolò Machiavelli (1469 bis 1527) einen Leitfaden an die Hand. Sein Hauptwerk »Il Principe« (»Der Fürst«; erschienen postum 1532), das das Prinzip politischer Vernunft an die Konditionen der menschlichen Natur knüpfte, wurde wegweisend für Generationen.

Obwohl Florenz später seine führende Rolle einbüßte, setzten diese frühen Pioniere Meilensteine in Italien und darüber hinaus.

Kunstpioniere und ihr großes Erbe

Die Renaissance ereignete sich weder über Nacht, noch fand sie ausschließlich in Florenz statt – doch die Metropole war sicherlich ihre Wiege. Einige Florentiner Künstler gelten als Hauptakteure dieser revolutionären Epoche.

Um das Revolutionäre im Schaffen der Renaissancekünstler aus Florenz zu verstehen, muss man sich vergegenwärtigen, was und wie Künstler im Mittelalter malten. Ihre Gemälde zeigten fast ausschließlich religiöse Motive. Sie sind geprägt von byzantinischen Stilmerkmalen: eine flache, stilisierte Darstellung der Figuren ohne Detailgenauigkeit und Individualität. Zudem fehlt den Bildern noch die räumliche Tiefe, denn die Künstler beherrschten die Gesetze der Perspektive nicht.

Das Genie Giotto

Der tiefgreifende gesellschaftliche Wandel im Italien des 13. Jhs., der mit wirtschaftlicher Blüte und einem neuen Selbstbewusstsein der aufstrebenden Gesellschaftsschichten (Kaufleute und Bankiers) einherging, bereitete auch den Boden für eine Erneuerung in der Kunst. In Florenz trat der geniale Maler Giotto di Bondone († 1337) auf die Bildfläche. Viel ist über sein Leben nicht bekannt, vermutlich aber wurde er um 1267 (manche Quellen geben 1276 an) in der Nähe von Florenz geboren. Wie etliche seiner Künstlerkollegen war er mit Dekoration und Bauplanung gleichermaßen beschäftigt und ging als einer der Florentiner Dombaumeister in die Kunstgeschichte ein. Berühmter aber machten ihn die neuen Wege, die er in der Malerei beschritt.

Wie sein Zeitgenosse und Lehrmeister Cimabue (um 1240–1302), so brach auch Giotto mit dem Formalismus, der die bis dahin tonangebende byzantinische Malerei kennzeichnete. Giotto beließ es nicht bei stereotypen Heiligendarstellungen. Er malte szenisch, seine Bilder »erzählen« eine Handlung – und seine Figuren haben menschliche, gefühlsbewegte Züge. Seine »Maestà«, die »Thronende Madonna«, die heute in den Uffizien (S. 52) hängt, hat nichts Schemenhaftes. Die Zentralperspektive beherrscht Giotto noch nicht, dennoch schaffte er es, seinen Bildern eine räumliche Tiefe zu verleihen.

Masaccios Zentralperspektive

Einige Jahrzehnte sollten vergehen, bis Giottos Ideen von perspektivischer Darstellung entscheidend weiterentwickelt wurden. Für die Florentiner Kirche Santa Maria Novella schuf Masaccio (1401–28) das Fresko »La Trinità« (Abb. S. 123), das als Pionierleistung der Kunstgeschichte gilt. Auf flacher Wand erzielt der jung Verstorbene eine dreidimensionale Wirkung – Florenz stand damals Schlange, um diese revolutionäre Neuerung zu bestaunen.

Restaurieren ohne Ende

Es ist eine enorme Herausforderung, das große künstlerische Erbe der Stadt sorgsam zu bewahren. Für Restauratoren herrscht in Florenz immer Hochkonjunktur. Modernste Reinigungs- und Restaurierungsverfahren werden angewendet, um Gemälde, Skulpturen und Gebäude von den Spuren der Zeit und von den Konservierungsfehlern der Vergangenheit zu befreien.

Fahrlässig wurde im Laufe der Jahrhunderte Michelangelos »David«, malträtiert. Nach dem Umzug der Skulptur in die Kunstakademie im Jahr 1873 hatte man sie zu lange in einer Schutzumhüllung gelagert – als man die Hülle entfernte, war der schöne David von Schimmel bedeckt. Spezialisten retteten ihn.

Nie aber war die Herausforderung für die Restauratoren so groß, wie nach der Flutkatastrophe von 1966, als die Flutwelle des Arno die Keller der Uffizien und andere Kunst-Schatzkammern überspült und einen nicht zu beziffernden Schaden angerichtet hatte.

Mit Zollstock und Schreibgerät: ein Restaurator in Florenz bei der Arbeit

Wunderwerke aus Marmor und Bronze

In Florenz sollte man über den exquisiten Gemälden nicht die meisterlichen Skulpturen vergessen, derer sich die Stadt rühmen kann. Vier von ihnen verdienen besondere Beachtung.

Michelangelos »David«
Die wohl berühmteste Skulptur der Welt entstand 1501 als Auftragsarbeit zur Verherrlichung der Republik Florenz und ihrer Unabhängigkeit von fremden (besonders päpstlichen) Direktiven (Abb. S. 91). Der spröde, stark geäderte Marmorblock, aus dem das Kunstwerk gearbeitet ist, war bereits vier Jahrzehnte zuvor geschlagen worden, und zahlreiche Künstler, darunter Leonardo da Vinci, hatten sich vergeblich daran versucht.

Vier Jahre kostete wiederum Michelangelo (1475–1564) die Fertigstellung der Figur, die ursprünglich über Goldhaar und einen Schurz aus Kupferblättern verfügte (heute verloren). Sie war zur Untersicht auf freiem Platz gedacht: Die Übergröße von Kopf und Händen sollte ihre Monumentalität noch betonen. Die Figur ist 5,17 m hoch und 6 t schwer, und wirkt dennoch leicht und lebendig.

Giambolognas »Raub der Sabinerinnen«
Ebenbürtig steht daneben in der Loggia dei Lanzi Giambolognas »Raub der Sabinerinnen« (1583), eine Gruppe von außerordentlicher Bewegtheit und Dynamik. Dem gewaltigen Marmorblock von ungewöhnlichen Proportionen entlockte der aus Flandern stammende Bildhauer eine Gruppe aus drei komplex ineinander verwundenen Figuren, die sich in einer ungestümen Spiralbewegung befinden.

Das Kunstwerk war eigentlich als Studie eines alten und jungen Mannes sowie einer jungen Frau gedacht – den Titel, den es heute trägt, erhielt es später.

Donatellos »Maria Magdalena«
Das Leben Donatellos (um 1386 bis 1466) verlief weniger spektakulär als das Cellinis oder Michelangelos, künstlerisch war er zu seiner Zeit jedoch nicht minder genial und

revolutionär als jene. Er schuf den »Hl. Georg« als Nischenfigur für Orsanmichele (S. 63). Die Skulptur weist die erste konsequente Anwendung perspektivischer Prinzipien in der Kunst auf.

Donatellos »Maria Magdalena« (1455) aus dem Battistero (heute Museo dell'Opera del Duomo) wirkt in ihrem ausdrucksvollen Realismus geradezu modern. Die Pappelholzfigur zeigt die ausgemergelte Gestalt der Büßerin nach 30 Jahren Sühne in der Wildnis als nur von ihrem langen Haar bedeckten Akt. Auf Donatello geht auch die erste zu umschreitende Freifigur seit der Antike zurück (»David«).

Cellinis »Perseus«

Benvenuto Cellini (1500–71), einer der besten Goldschmiede seiner Zeit, war Abenteurer, Aufschneider und selbst erklärter Mörder, der sich wegen unzähliger Verbrechen (darunter des Raubs päpstlicher Juwelen) ständig auf der Flucht befand. Der »Perseus« (1545) mit dem Haupt der Medusa in der Loggia dei Lanzi (S. 63) gilt als sein Meisterstück. Beim Guss der technisch anspruchsvollen Skulptur heizte Cellini den Brennofen so stark an, dass seine Werkstatt Gefahr lief, in Brand zu geraten. Zugleich drohte die Bronze zu schnell abzukühlen, was er durch Zugabe aller verfügbaren Metalle in die Gussmasse (u. a. Besteck) zu verhindern suchte.

Meisterliche Skulpturen (v. o.): »Raub der Sabinerinnen« (Giambologna), »Perseus« (Celini), »Maria Magdalena« (Donatello)

Manifeste der Macht – Residenzen der Reichen

Familien wie die Medici demonstrierten Macht und Wohlstand in Form von Gemälden und Skulpturen, vor allem aber durch den Bau opulenter Paläste – je größer sie waren, desto besser.

Eines der ersten Florentiner Stadtpalais, der Palazzo Medici Riccardi (S. 99), wurde 1444 von Michelozzo für die Medici erbaut. Meisterlich fügte er dabei unbehauene große Steinquader in Rustikatechnik zu einem Erscheinungsbild, das in seinen Worten »Solidität und Stärke mit dem leuchtenden Licht- und Schattenspiel italienischer Sonne« verband. Der quadratische Bau weist eine sich verfeinernde Fassadenstruktur auf. Über ein Jahrhundert war diese Bauweise vorbildlich in der Stadt, was jedoch nicht nur ästhetische Gründe hatte: So fungierten die Palazzi zugleich als festungsartige Refugien in unruhigen Zeiten.

Alles zu Ehren der Medici: Deckengemälde im Palazzo Medici Riccardi

Klassische Gliederung

Giovanni Rucellai wurde reich durch den Handel mit dem berühmten roten Farbstoff *oricello,* auf den sich auch der Familienname bezieht. 1446 beauftragte er Leon Battista Alberti mit dem Bau des Palazzo Rucellai (S. 127). Alberti war kein Freund der Rustikabauweise (die ihm nur passend für das Domizil eines Tyrannen erschien), er legte seinem Entwurf die klassischen Säulenordnungen der griechischen Antike zugrunde: dorisch, ionisch und korinthisch. Sie verbinden sich in diesem Palazzo als Blendgliederung zu einer gefälligen Fassade. Ein Fries weist die geblähten Segel der Rucellai auf, kombiniert mit drei ineinander verflochtenen Ringen der Medici, eine Anspielung auf die Heirat von Rucellais Sohn mit einer Enkelin Cosimo de' Medicis (S. 16).

Größe ist alles

In der Nähe trumpft der Palazzo Strozzi (S. 127) trutzig auf, als kolossales Denkmal in Stein für den Bankier Filippo Strozzi, einst »erster Mann Italiens« und führender Kopf der Medici-Gegner. Um Platz für seinen von Giuliano da Sangallo entworfenen Palast zu schaffen, erwarb er ein Dutzend Stadthäuser und ließ sie abreißen. Fast ein halbes Jahrhundert beanspruchte der Bau, der Rustikaquader und ein klassisch anmutendes Gesims auf seiner Fassade verbin-

Gewaltige Steinfassade: Palazzo Strozzi

det, bis zu seiner Fertigstellung 1536. Er wurde als einer der letzten von fast hundert Palazzi vollendet, die während des 15. und 16. Jhs. in Florenz entstanden.

Und wieder die Medici

Die Medici fügten mit dem gigantischen Palazzo Pitti (S. 146) noch ein monumentales Bauwerk hinzu, einst 1457 in bescheideneren Dimensionen begonnen als Wohnsitz des Bankiers Luca Pitti. Nach seinem Ableben 1472 geriet dessen Familie in finanzielle Bedrängnis und sah sich 1549 zur Veräußerung des Palasts gezwungen – an Cosimo de' Medici. Als der Palast unter der Ägide Cosimos und seiner Gattin endlich fertiggestellt war, war seine Größe auf das Dreifache angewachsen. Er blieb das Domizil der Dynastie bis zu ihrem Erlöschen 200 Jahre später.

Ein Dichterleben

Dante Alighieri, in Florenz geborener und bedeutendster italienischer Dichter des Mittelalters, lebte und liebte in der Stadt, schrieb und starb jedoch in der Verbannung.

Dante wurde 1265 als Spross des niederen Adels geboren und im Battistero auf den Namen Durante (später zu Dante verkürzt) getauft. Dantes Vater war Geldwechsler, was damals durchaus nicht ehrenrührig war. Über Dantes früh verstorbene Mutter ist wenig bekannt.

Unweit des Domplatzes, zwischen Via dello Studio und Via Proconsolo, befindet sich der Sasso di Dante (Dantes Stein), auf dem er einst gesessen und den Bau des Doms mitverfolgt haben soll. Am Ende der Via dello Studio steht das Geburtshaus seiner Muse Beatrice Portinari, in seinen Augen »kein sterbliches, sondern ein göttliches Geschöpf«. Im Innenhof trifft man auf die Nicchia di Dante (Dantes Nische), von wo aus er das Mädchen beobachtete, in das er sich schon in jungen Jahren verliebte.

Eines der Häuser in der Via Dante Alighieri ist sein Elternhaus; das Museum Casa di Dante (S. 64) nur die Rekonstruktion eines Nachbargebäudes.

Unerfüllte Liebe

Leider war die angebetete Beatrice vergeben, heiratete mit 17 Simone de' Bardi und starb nur sieben Jahre später. Dante war seinerseits im Alter von zwölf Jahren mit Gemma Donati verlobt worden, die er später wohl in der Kirche Santa Margherita de' Cerchi (S. 64) ehelichte.

In deren Vorhalle findet man zwar die Familiengruft der Donati, doch ihr Inneres beherbergt Grabstätten der Portinari – als Pfarrkirche der Familie von Beatrice. Diejenige der Dante-Familie (San Martino del Vescovo) steht in der Nähe.

Weg ins Exil

Nach seiner Ausbildung in Bologna und Padua schlug Dante zunächst eine militärisch-politische Laufbahn ein. In Florenz geriet man mit solchen Ambitionen damals unweigerlich zwischen die Fronten der weißen *(bianchi)* und schwarzen *(neri)* Guelfen als Herrscher in der Stadt. 1289 kämpfte Dante auf Florentiner Seite gegen die Ghibellinen von

Arezzo – als Parteigänger der Weißen, was ihn nach der Machtübernahme der Schwarzen 1302 ins Exil zwang. Er sah seine Vaterstadt nie wieder, starb 1321 in Ravenna nach unstetem Wanderleben und hinterließ eine gewaltige epische Dichtung, die »Divina Commedia« (»Göttliche Komödie«, um 1307–21).

Göttliche Komödie

In seinem Hauptwerk schildert Dante eine Reise durch Hölle, Fegefeuer und Paradies. In jeder der drei Sphären verortet er historische Persönlichkeiten und Zeitgenossen. Der Florentiner war der erste Autor, der die italienische Volkssprache zur Schriftsprache machte.

Verbittertes Ende

Dante, der sich in der Verbannung »Florentiner von Geburt, nicht von Charakter« nannte, bedachte seine ehemalige Heimat in der »Commedia« mit heftigen Schmähreden: »Neu Volk [= Parvenues] und schleuniger Gewinn« betöre die Stadt, mit Menschen voll Geiz, Neid und Hochmut (»*avara, invidiosa e superba*«). So verlor Florenz einen seiner größten Söhne, was das Wandeln auf seinen Spuren gut 700 Jahre später aber nicht trübt.

Begegnung von Beatrice und Dante an der Ponte Santa Trinita (Henry Holiday, 1883)

MAGAZIN

Platzbeherrschend ist der Palazzo Vecchio auf der Piazza della Signoria.

Der Osten

Geballte Ladung Kultur: Bedeutende Gebäude säumen jeden Weg, hinter historischen Mauern wartet imponierende Kunst.

Seiten 34–73

Erste Orientierung

In der Gegend um den imposanten Hauptplatz, die Piazza della Signoria, schlägt das Herz der Stadt. Hier findet man viele der schönsten Gebäude von Florenz und in den Uffizien eine international renommierte Sammlung hochkarätiger Kunstwerke.

Weiter östlich liegt Santa Croce, Pantheon und bemerkenswerteste Basilika von Florenz. Italiens Berühmtheiten aus mehreren Jahrhunderten fanden hier ihre letzte Ruhestätte, u. a. Michelangelo und Galileo.

Der Osten umfasst den mittelalterlichen Kern der Stadt, mit einem Gewirr kleiner Gassen nördlich der Piazza della Signoria, wo vom touristischen Getümmel nicht so viel zu spüren ist. Den Kontrast bilden mächtige Gebäude wie Palazzo Vecchio und Bargello – einst Gefängnis, heute bedeutendstes italienisches Skulpturenmuseum. Hier findet man auch die meisten Läden, Bars und Restaurants sowie das bunteste Nachtleben. Vor der Kulisse angestrahlter Gebäude kann man einen schönen Abendspaziergang machen.

TOP 10

- ❸ ★★ Santa Croce
- ❹ ★★ Piazza della Signoria
- ❻ ★★ Galleria degli Uffizi
- ❼ ★★ Museo Nazionale del Bargello

Nach Lust und Laune!

- 11 Museo Galileo
- 12 Palazzo Vecchio
- 13 Gucci Garden
- 14 Loggia dei Lanzi
- 15 Orsanmichele
- 16 Casa di Dante
- 17 Badia Fiorentina
- 18 Gelateria Vivoli
- 19 Casa Buonarroti
- 20 Museo dell'Opera di Santa Croce & Cappella dei Pazzi
- 21 Museo Horne

Mein Tag mit den Promis

Giotto, Michelangelo, Dante Alighieri & Co. – dieser Tag steht ganz im Zeichen herausragender Künstler und ihrer Auftraggeber. Wandeln Sie auf ihren Spuren, treten Sie an ihre Gräber. Und am Ende des Tages liegt Ihnen Florenz zu Füßen.

9 Uhr: Streifzug durch Medici-Gemächer

Sie regieren Florenz mit eiserner Hand und förderten die Kunst sondergleichen – die Medici. Beim Besuch ihrer Residenz, des 12 Palazzo Vecchio (S. 61), braucht man Geduld, vor allem wenn Sie an der Treppe zur Torre di Arnolfo eine Weile in der Schlange stehen müssen. Das Warten lohnt – 223 Stufen und die Stadt liegt Ihnen zu Füßen.

10.30 Uhr: Schokolade im Rivoire

Willkommen auf der ❹ ★★ Piazza della Signoria (S. 46)! Nehmen Sie auf der Terrasse des Café Rivoire (S. 70) Platz, das für seine heiße Schokolade berühmt ist, und lassen Sie die Kulisse mit dem Palazzo Vecchio auf sich wirken.

11.30 Uhr: Das Mausoleum Italiens

In ❸ ★★ Santa Croce (S. 42) verneigt sich die Stadt vor außergewöhnlichen Künstlern und Denkern. Wenn sich die Türen der weltgrößten Franziskanerkirche öffnen, können auch Sie Michelangelo, Machiavelli, Rossini und so vielen anderen an ihren Grabplatten die Ehre erweisen. Aber auch ihren Förderern, den reichen Kaufmanns- und Bankiersfamilien Bardi, Peruzzi oder Pazzi. Mit Kapellenbauten haben sie sich hier Denkmale geschaffen. Eines der beeindruckendsten Grabmonumente von Santa Croce ist das für Galileo

Gucci Garden: Das Modelabel stellt sich im Palazzo della Mercanzia vor (oben). Pause im Café Rivoire mit Aussicht auf den Palazzo Vecchio (links)

Galilei. Erst 100 Jahre nach seinem Tod kam auch er in Santa Croce zu Ehren.

13 Uhr: Köstlich Kühles

Die Trattoria Pallottino (S. 69) ist auch bei Einheimischen durchaus beliebt. Sie sind früh dran und finden mit Sicherheit einen gemütlichen Platz. Bestellen Sie kein Dessert! Nur ein paar Schritte entfernt bietet 18 Vivoli (S. 65), eine der besten Eisdielen der Stadt, seine köstlich kühle Ware an. Und einen *caffè* kriegt man hier auch.

15 Uhr: Besuch bei Dante

Schlendern Sie durch die Straßen des Centro Storico, bis zur Via Dante Alighieri, wo dem »Goethe Italiens« (S. 32, 64) ein 16 Museum gewidmet ist (Eingang in der Via Margherita).

16.30 Uhr: Luxus und Lifestyle

Im 13 Gucci Garden (S. 63) setzt sich das Designer-Label mit Museum und Concept Store in Szene. Historische Modelle treffen auf aktuelle Kreationen.

Das Plaza Hotel Lucchesi am Ufer des Arno ist bekannt für seine Rooftop-Bar: Wer den Sonnenuntergang bei einem Gläschen Wein genießen will, sollte reservieren.

19.30 Uhr: Abendessen hinter Palastmauern

Hinter den Mauern eines altehrwürdigen Palazzo an der Piazza Santa Croce wartet das Restaurant Finisterrae (S. 68): weiße Möbel mit mediterranem Charme in sanfter Beleuchtung. Die Speisekarte wechselt mit den Jahreszeiten, knusprige Pizzen gibt es das ganze Jahr über.

22 Uhr: Ein Drink auf der Dachterrasse

Wenn sich die Lichter der Stadt im Arno spiegeln, spaziert es sich am Lungarno besonders gut. Auf der Dachterrasse des Plaza Hotel Lucchesi sind auch Nicht-Hotelgäste nach Reservierung willkommen. Gönnen Sie sich einen Absacker unterm Sternenhimmel.

**Empire Rooftop Bar
im Plaza Hotel Lucchesi**
✝ 204 C3
✉ Lungarno della Zecca Vecchia 38
☎ 055 262 36
🌐 www.hotelplazalucchesi.it
🕐 tgl. ab 19.30 Uhr für Nicht-Hotelgäste bei Reservierung

❸ ★★ Santa Croce

Was?	Eine der bedeutendsten Kirchen der Stadt
Warum?	Große Kunst: Fresken von Giotto, Grabmal Michelangelos
Wann?	Frühmorgens oder am späten Nachmittag
Was noch?	Hier liegen viele Florentiner Promis begraben
Resümee	Geballte Kulturgeschichte

Dass der heilige Franz von Assisi selbst den Grundstein für Santa Croce gelegt hat, ist eine Legende. Tatsache aber ist, dass die Anhänger des Ordensgründers Anfang des 13. Jhs. in Florenz ein Kloster gründeten, da ihnen ihre Kirche zu klein wurde, und dass sie einen Repräsentationsbau von enormem Ausmaß in Auftrag gaben – Santa Croce. Als die Bauarbeiten nach rund 100 Jahren zum Abschluss kamen, besaßen die Florentiner Franziskaner eines der größten Gotteshäuser der Welt. Erst im 19. Jh. veredelte man Santa Croce mit dem Glockenturm und der neogotischen Fassade aus weiß, grün und rosa geädertem Marmor.

Florentiner Pantheon

Mit ihrer kühnen Architektur, dem für Franziskanerkirchen typischen offenen Gebälk, der matten Beleuchtung und den riesigen Proportionen wirkt Santa Croce auf den ersten Blick wie eine große Halle. Schaut man sich im Innern um, so erinnert sie an einen Friedhof oder ein Bestattungsmuseum – viele Grabdenkmäler, Monumente und Grabplatten fallen ins Auge. In diesem Pantheon der Stadt fanden die meisten berühmten Florentiner ihre letzte Ruhe- oder zumindest Gedenkstätte, Seite an Seite mit wohlhabenden Bürgern, die sich diese Ehre ein hübsches Sümmchen kosten ließen. Fast 300 Grabplatten sind in der Kirche zu zählen.

Wenn man die Kirche betritt, befindet sich im rechten Seitenschiff gleich als Erstes das Grabmal des Michelangelo. Es ist ein mächtiges Element nach dem Entwurf von Giorgio Vasari und trägt eine Büste des Toten sowie Personifikationen von Malerei (links), Skulptur (Mitte) und Architektur (rechts). An diesem Ort wurde der 1564 in Rom Verstorbene

Die imponierende Fassade von Santa Croce beherrscht den gleichnamigen Platz.

wie gewünscht beigesetzt. Eine Pietà, die Michelangelo eigens für sein Grab geschaffen hatte (und die gewiss ein passender Schmuck gewesen wäre), blieb leider unvollendet.

Sehenswert sind auch die gleichfalls im rechten Seitenschiff gelegenen Grabstätten des Staatsphilosophen Niccolò Machiavelli († 1527), des Komponisten Gioacchino Rossini († 1868) und des Humanisten Leonardo Bruni († 1444), abgebildet mit seinem Opus magnum, der »Geschichte von Florenz«.

Auch Dante Alighieri, der in Ravenna starb, ist hier ein Grabmal gewidmet. Jahrhunderte bemühten sich die Florentiner um die Überführung der sterblichen Überreste ihres großen Dichters, und Michelangelo plante gar für ihn eine aufwendige Grabskulptur. Als dann eines Tages das Grab in Ravenna geöffnet wurde, fand sich im Sarg nur eine Schriftrolle: Zwei Mönche legten auf diesem Pergament dar, sie hätten die Gebeine entfernt, damit sie niemals in Dantes Heimatstadt zurückkehren könnten, die ihn so schmählich behandelt hatte.

Fresken aus des Meisters Hand

Die Innenwände von Santa Croce waren einst reich mit Fresken Giottos und seiner Schüler geschmückt. Trotz der tief greifenden Umgestaltung der Kirche, mit der im 16. Jh. Vasari von Cosimo I. betraut worden war, haben sich im Querschiff einige dieser Fresken des Trecento (Protorenaissance des 14. Jhs.) erhalten. An ihnen treten deutlich die Unterschiede zwischen Giotto und seinen Nachfolgern zutage.

Gegen Ende seines Lebens schuf Giotto die Fresken in der Cappella Peruzzi und der Cappella Bardi (rechts vom Allerheiligsten). Unglücklicherweise trug er sie auf trockenen statt haltbareren feuchten Putz auf, und nach spürbarem Verfall fristeten sie Jahre unter Übermalung. Als sie schließlich 1959 restauriert wurden, stellte sich ihr Wert heraus. Man zählt diese pastellfarbenen Fragmente heute zum Besten aus des Meisters Hand.

Die Cappella Bardi versah er um 1317 mit Szenen aus dem »Leben des hl. Franziskus«, die Cappella Peruzzi zwischen 1320 und 1325 mit Bilderfolgen zum »Leben des Evangelisten Johannes« (rechts) und »Johannes des Täufers« (links). Beachtlich sind Raumwirkung, Naturalismus und Dramatik dieser Fresken, vor allem in der Cappella Bardi – etwa in der Darstellung der Gemütsbewegung des Franziskus beim Empfang der Stigmata (oberhalb der Bögen).

Blick ins Gewölbe der Cappella Peruzzi: Fresken Giottos stellen das Leben von Johannes dem Evangelisten und Johannes dem Täufer dar.

Jene Hinwendung zum Realismus bedeutete einen radikalen Bruch mit bisher geltenden künstlerischen Konventionen und den Beginn einer neuen Ära in der Malerei. Man vergleiche nur Giottos Fresken mit jenem Altar, der sich in der Kirche befindet, aus dem Trecento stammt und ebenfalls Franziskus von Assisi geweiht ist!

Frühes Nachtstück und Kruzifix

Das »Leben Mariä« ist Thema der Fresken der Cappella Baroncelli im rechten Querschiff – lange waren sie Giotto zugeschrieben, doch heute werden sie als Werk seines Schülers Taddeo Gaddi angesehen. »Die Verkündigung von Christi

Geburt an die Hirten auf dem Felde« (1338) gilt als frühestes Nachtstück auf einem Fresko.

In der Cappella Castellani im südlichen Querschiff finden sich eher dekorative Fresken von Taddeos Sohn Agnolo. In einer weiteren, zweiten Cappella Bardi (im linken Querschiff) trifft man auf ein hölzernes Kruzifix von Donatello, das von Brunelleschi ganz zu Unrecht als »Bauer am Kreuz« verspottet wurde.

In den beiden Kreuzgängen zur Rechten der Kirche finden Sie das Museo dell'Opera di Santa Croce und die Cappella dei Pazzi (S. 66).

Calcio Storico ist ein Florentiner Sport, dem Rugby ähnlich, jedoch rabiater; das Finale findet immer im Juni auf dem Platz vor der Kirche Santa Croce statt.

KLEINE PAUSE

An der Piazza Santa Croce erwartet die Osteria **Boccadama** (S. 67) ihre Gäste mit stets freundlichem Service und leckeren Gerichten zu einem kleinen Mittagssnack oder zu einem reichhaltigen Abendessen.

✢ 204 B/C4 ✉ Piazza Santa Croce
☎ 055 246 61 05
⊕ www.santacroceopera.it
❶ Kirche: Mo–Sa 9.30–17.30, So/Fei 12.30–17.45 Uhr; Messen: Mo–Sa 18, So/Fei 11 und 18 Uhr; Wartezeit einkalkulieren
✦ 8 € mit Cappella dei Pazzi und Museo dell'Opera di Santa Croce
🚌 C1, C3, 23

❹ ★★ Piazza della Signoria

Was?	Der berühmteste Platz der Stadt
Warum?	Kulisse mit Palazzo Vecchio und markantem Turm ist einmalig
Wann?	Besonders abends, wenn die Piazza zur Freilichtbühne wird
Wie lange?	Bis Sie genug gestaunt und Atmosphäre aufgesogen haben
Resümee	Dieser Platz strotzt vor Geschichte

Manche Orte strotzen vor Geschichte. Auch dieser. An der schon in der Jungsteinzeit besiedelten Stelle bauten die Römer ein Theater, im Mittelalter wurde das Areal zum politischen Zentrum der aufstrebenden Stadtrepublik Florenz – bisweilen auch Schauplatz von Hinrichtungen. Heute bewegt sich unablässig der Strom von Einheimischen und Touristen vor der mittelalterlichen Machtkulisse. Ihren theatralischen Charme entfaltet die Piazza nach Einbruch der Dunkelheit.

Im Mittelalter gaben mit den kaiserlichen Ghibellinen zunächst Feudalherrscher mit imperialem Gestus den Ton an, vertrieben wurden sie schließlich von den papsttreuen Guelfen, die die Autonomie der früheren freien Stadt unterstützten. Die neuen Herren ließen alle Häuser der Ghibellinen abreißen, untersagten die Neubebauung der Grundstücke und schufen als Zeichen ihrer Macht die großartige Piazza della Signoria.

Eindrucksvolle Statue auf der Piazza della Signoria: Herkules erschlägt Cacus

Ein neuer Platz für eine neue Zeit

Sie wird von dem wuchtigen, Ende des 13. Jhs. erbauten Palazzo Vecchio (S. 61) dominiert. Einst stand die bronzene Figur »Judith und Holofernes« (Original heute im Palazzo) als ein Symbol der Freiheit auf dem Platz. Die Turmglocke rief die Bürger zur Ratsversammlung. Skulpturen schmückten die Rednertribüne *(arringhiera)* an der Vorderfront, darunter der »Marzocco«, der Löwe mit dem Florentiner Wappenschild (Kopie nach Donatello, Original im Bargello, S. 56). Er ist nach dem römischen Kriegsgott Mars benannt, dem einstigen Schutzpatron der Stadt.

Michelangelos marmorner »David« (Kopie, Original in der Galleria dell'Accademia, S. 90) repräsentiert den Triumph der Republik, personifiziert in dem Schwachen, der den Starken besiegt. Einige der schönsten Skulpturen von Florenz birgt die nahe gelegene Loggia dei Lanzi (S. 63).

Über der Piazza ragt der 94 m hohe Turm des Palazzo Vecchio auf.

Ein verdorbener Brunnen?
Wenig angetan waren schon die Zeitgenossen von Bartolomeo Ammannatis Neptunbrunnen, der die Seesiege Cosimos I. verherrlicht. Die Figur wurde als *Il biancone* (weißer Riese) verspottet. Die Florentiner sollen entsetzt ausgerufen haben: »Ammannato, Ammannato, che bel marmo hai rovinato!« (Ammannati, wie hast du den schönen Marmor verdorben!). In der Mitte des Platzes ist Cosimo selbst mit einem Reiterstandbild vertreten (Abb. S. 16).

KLEINE PAUSE
Ein idealer Aussichtspunkt auf den Platz ist die Terrasse des noblen **Caffè Rivoire** (S. 70), am besten lässt man sich dabei eine Tasse der leckeren heißen Schokolade schmecken.

✣ 203 E4
✉ Piazza della Signoria
🚌 C1, C2, C3 und D

Das Herzstück der Stadt

Die Piazza della Signoria ist seit Jahrhunderten das Zentrum des Florentiner Lebens: An ihr versammeln sich nicht nur der Turm des Palazzo Vecchio und die Loggia dei Lanzi, sondern auch die Uffizien.

❶ Palazzo Vecchio Mit dem Bau des wuchtigen und wehrhaften Palasts wurde um 1300 begonnen. Er war einst Sitz der Regierung der Stadtrepublik Florenz, der Signoria. Der Palast ist ein Symbol sowohl für die politische als auch für die kulturelle Glanzzeit der Stadt.

❷ Loggia dei Lanzi In der offenen dreijochigen Halle, der »Landsknechtshalle«, sind berühmte Skulpturen (S. 63) aufgestellt wie »Perseus mit dem Haupt der Medusa« von Benvenuto Cellini. Unter der rechten Arkade steht die Marmorgruppe »Raub der Sabinerinnen« von Giambologna.

❸ David Vor dem Palazzo Vecchio steht die Kopie des »David« von Michelangelo, einer der berühmtesten Skulpturen der Welt. Wer das Original dieses einmaligen Kunstwerks sehen möchte, geht in die Galleria dell'Accademia (S. 90).

❹ Fontana del Nettuno Vor dem Neptunbrunnen, 1565 von Ammanati geschaffen, kennzeichnet eine Bodenplatte die Stelle, wo der Mönch Savonarola 1498 verbrannt wurde. Der Dominikaner hatte die Stadt fünf Jahre mit seinen Predigten gegen Sittenlosigkeit in den Bann geschlagen, wurde dann aber als Ketzer zum Tod verurteilt.

❺ Palazzo degli Uffizi In dem an die Piazza della Signoria angrenzenden Palazzo sind die Uffizien untergebracht, eine der berühmtesten Gemäldegalerien der Welt.

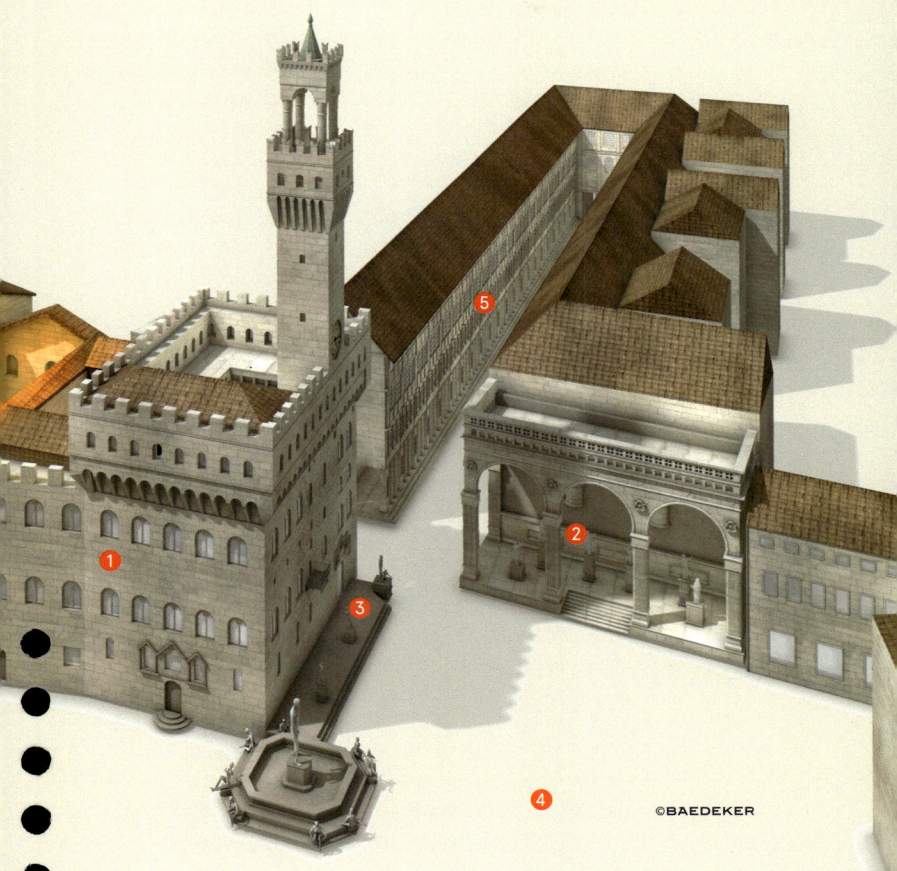

©BAEDEKER

PIAZZA DELLA SIGNORIA

❻ ★★ Galleria degli Uffizi

Was?	Ein Kunstmuseum der Superlative, eines der wichtigsten und ältesten der Welt
Warum?	Über 2000 Gemälde von höchstem Rang
Wann?	Zur vorgebuchten Zeit
Wie lange?	3 bis 4 Stunden, plus Wartezeit
Resümee	Wer nicht in den Uffizien war, war nicht in Florenz

Ein Kunstmuseum der Superlative: eines der wichtigsten und ältesten der Welt. Es wurde 1560 von Cosimo I. de' Medici in Auftrag gegeben und ist das meistbesuchte in Italien. Andere Museen mögen über größere Bestände verfügen, keines jedoch über 2000 Gemälde und Skulpturen von solch durchgängig hohem Rang.

Ein Museum hatte Cosimo I. nicht im Sinn, als er den Architekten Giorgio Vasari 1559 mit dem Projekt beauftragte. Der Medici-Herrscher wünschte einen Gebäudekomplex, in dem die wichtigsten Ministerien und Verwaltungsämter *(uffizi)* des Stadtstaates vereint waren. Vasari löste die Aufgabe meisterlich, indem er zwischen Palazzo Vecchio und Arno eine symmetrische, von Arkaden gesäumte Anlage schuf, in die er bereits bestehende Gebäude – darunter eine Kirche und eine Münzprägewerkstatt – integrierte.

Während der Verwaltungsapparat in die unteren Geschosse einzog, bestückten die Medici die oberen, von hohen Fenstern erhellten Räume mit ihrer Sammlung antiker Skulpturen. Anna Maria Luisa, die Schwester des letzten Medici-Großherzogs, vermachte den Palast und die Medici-Schätze der Stadt. Nach ihrem Tod 1747 wurde die Sammlung, die inzwischen auch zahlreiche Gemälde umfasste, erstmals der Öffentlichkeit zugänglich gemacht.

Heute genießen die Uffizien einen Ruf als bedeutende Gemäldegalerie, doch bis weit ins 19. Jh. kamen ihre Besucher vor allem aus Interesse an der hochrangigen Sammlung hellenistischer und römischer Skulpturen – als wichtige Station auf den seit dem 18. Jh. gängigen Bildungsreisen.

Arkadengänge im Innenhof der Galleria degli Uffizi

Die richtige Schlange erwischen

Regel Nummer eins: Geduld! Die Uffizien werden jährlich von zwei Millionen Besuchern gestürmt. Aus Sicherheitsgründen dürfen stets nur 660 Personen gleichzeitig die Räume betreten. Es gibt drei Eingänge: für normale Besucher, Gruppen und Besucher mit Voranmeldung. Geraten Sie keinesfalls versehentlich in die falsche Schlange. Alle drei sind meist lang, besonders an Wochenenden, dienstags und um die Mittagszeit (11–15 Uhr). Es empfiehlt sich eine frühe Ankunft. Etwas ruhiger geht es von November bis März zu.

Die Neuen Uffizien

Seit 2008 halten die Umbauarbeiten der repräsentativen Nuovi Uffizi, der Neuen Uffizien, an. Es wurden 2880 m² neue Ausstellungsfläche vor allem im ersten Stockwerk eröffnet: 330 Meisterwerke, die seit vielen Jahrzehnten in den Depots lagerten, haben in bisher 56 neuen Sälen Platz gefunden.

Da die Gestaltung der Nuovi Uffizi noch immer andauert, kann es sein, dass Gemälde »umgezogen« sind. Sollten Sie etwas vermissen, erkundigen Sie sich beim Personal.

Auftakt in den Uffizien

Die Besichtigung beginnt in der zweiten Etage in Saal 1 und endet zunächst in Saal 45. Die Werke sind in chronologischer Reihenfolge und nach Schulen, beginnend vom 13. Jh. bis hin zum 15. Jh., ausgestellt. Wenn man die großen Treppen hinaufsteigt, erreicht man auf halbem Weg im ersten Stock das Gabinetto dei Disegni e delle Stampe, eine Sammlung von ca. 150 000 Zeichnungen und Drucken überwiegend italienischer Künstler vom 14. Jh. bis zur heutigen Zeit.

Oben dann gleich ein großartiger Auftakt: In Saal 2 sind die drei gotischen Altartafeln zum Motiv der Maestà (Thronende Madonna; um 1285) von Cimabue, Duccio di Buoninsegna (um 1285) und Giotto (um 1310) zu sehen. Alle zeigen deutliche Ansätze von Zentralperspektive und realistischer Darstellung. Realismus und Raumtiefe durch Perspektivgenauigkeit wurden zu einer Leitlinie der Florentiner Kunst für die kommenden zwei Jahrhunderte.

Simone Martinis und Lippo Memmis lyrische »Verkündigung« (1333) und Ambrogio Lorenzettis »Jesus im Tempel« (1342) in Saal 3 zeugen von der Blüte der Sieneser Malerei im 14. Jh. Die Säle 5 und 6 sind der internationalen Gotik gewidmet. Einen deutlichen Fortschritt bezüglich der Raumdarstellung kann man im Saal 7 in der »Altartafel aus Santa Lucia dei Magnoli« (um 1440) von Domenico Veneziano erkennen.

Meisterstück an Wärme

In Saal 8 begegnet man Filippo Lippis »Madonna mit Kind und zwei Engeln« (um 1465), einem Meisterstück an Wärme und Menschlichkeit. Das Diptychon von Piero della Francesca

Das Diptychon des Federico da Montefeltro mit seiner Gattin Battista Sforza ist eines der berühmtesten Porträts der Welt.

in der Mitte des Raums mit den »Porträts des Herzogs und der Herzogin von Urbino« (um 1465/72) zählt zu den prominentesten Bildnissen der Uffizien.

Botticellis Idealismus
Eine der Hauptattraktionen der Uffizien sind zweifellos die Meisterwerke Botticellis – was in Saal 10/14 oft allein der Menschenmassen wegen deutlich wird. Anders als bei seinen Zeitgenossen, denen es vorwiegend um Perspektive, Proportion und Anatomie ging, strahlen diese Gemälde Unschuld und Idealismus aus, etwa »Primavera« (um 1481) – eine Waldszenerie, in der Venus und Cupido die zentrale Figurengruppe bilden. Die »Geburt der Venus« (1485), Botticellis letztes mythologisches Gemälde, war die erste »heidnische« Aktdarstellung der Renaissance.

Leonardo und das Sfumato
Raum 15 gibt einen Begriff vom Wechsel des »Antiken« zur »Moderne«. Auf der »Taufe Christi« (um 1470) seines Lehrers Andrea del Verrocchio führte Leonardo da Vinci nur den Engel in Blau (links) aus. »Die Verkündigung Mariae« ist hingegen allein Leonardos Werk (ca. 1472), ebenso die unvollendete »Anbetung der Könige« (1481). Leonardo da Vincis großer Erfolg in der Malerei liegt im sogenannten *sfumato* (ital.; neblig, verschwommen).

Ihre kostbarsten Sammlerstücke stellten die Medici in der Tribuna (Saal 18) auf, einem oktogonalen Raum, der das Weltall und die Elemente repräsentiert: Die roten Wände symbolisieren das Feuer, die Wetterfahne die Luft, der Mosaikfußboden aus *pietre dure* (S. 101) die Erde und die Lichtkuppel mit ihrem Ornat aus Perlmutt den Himmel.

Räume in Grün, Blau und Rot
Teil der Neuen Uffizien (S. 51) sind die vor wenigen Jahren eröffneten Sale Verdi, die Grünen Säle (derzeit Säle 25–35). Hier präsentiert das Museum Gemälde, die im Italien des 15. Jhs. entstanden sind, etwa von Florentiner Malern wie Ghirlandaio. Der ebenfalls völlig neu gestaltete Saal 35 ist in erster Linie dem »Tondo Doni« von Michelangelo gewidmet. Das Rundbild der »Heiligen Familie« ist Michelangelos erstes

bekanntes Gemälde. Eine moderne Treppe aus Kupfer und Messing führt zurück in das erste Stockwerk. Links der Treppe gelangt man zunächst in die Sale Blu (46–55, blaue Säle). Hier stellt die Galerie ihre Werke spanischer, französischer und flämischer Maler des 16. bis 18. Jhs. vor. Hervorzuheben sind Werke von Velázquez und Goya in Saal 46, Rembrandt in Saal 49 und Gemälde von Rubens und van Dyck im großen Saal 55.

Die Sale Rosse (56–66, rote Säle) beherbergen Werke des Florentiner Manierismus, u. a. von Andrea del Sarto und Raffael. Die wagemutigsten Maler des Manierismus sind in den Sälen 60 und 61 ausgestellt: Rosso Fiorentino und Pontormo. Die Säle 64 und 65 gehören allein den Werken von Agnolo Bronzino. Bemerkenswert ist sein famoses Medici-Porträt »Eleonora von Toledo und ihr Sohn Giovanni« (um 1545).

Neben einem Selbstporträt von Raffael (um 1506) ist in Raum 66 seine »Madonna mit dem Stieglitz« (um 1506; Madonna del Cardellino) zu betrachten.

Kunstwerke des Frühbarock

Der Rundgang führt an Gemälden von Correggio (Saal 71) und Parmigianino (Saal 74) vorbei bis zur venezianischen Malerei. In Saal 83 beeindruckt Tizians »Venus von Urbino« (1538). Im Ostflügel (80–100) erhält man einen Eindruck von den Werken der bekanntesten Künstler der Florentiner und Sieneser Schulen aus dem 17. Jh.

Caravaggio und Zeitgenossen

In Saal 90 und den neu gestalteten Sälen 96 bis 99 sieht man Kunstwerke des Frühbarock und somit von Caravaggio, der die Malerei in ganz Europa beeinflusste. Von Bedeutung sind der »Bacchus« (um 1596) sowie das hölzerne Rundbild der »Medusa« (um 1597). Seine Gemälde werden mit denen von Rembrandt und Rubens konfrontiert.

Raffaels »Madonna mit dem Stieglitz«, um 1506

Vasarianischer Korridor

Anlässlich der Hochzeit seines Sohnes Francesco I. beauftragte Cosimo I. im Jahr 1565 Giorgio Vasari mit dem Bau einer erhöhten Passage zwischen Uffizien und Palazzo Pitti (S. 146), der den Medici und ihrer Entourage ein Hinüberwechseln frei von Gaffern ermöglichte. Der 1 km lange Corridoio Vasariano kreuzt auf seinem Weg den Ponte Vecchio (S. 118) und führt am Torre dei Mannelli und der Kirche Santa Felicita vorbei. Geschmückt ist er mit Selbstporträts diverser Künstler. Zur Beseitigung von Sicherheitsmängeln wurde der Korridor vorübergehend für Besucher geschlossen. Aktuelle Informationen und evtl. Ticketbuchung unter www.uffizi.it/corridoio-vasariano.

»Madonna mit Kind und zwei Engeln« von Fra Filippo Lippi (Detail, links) und »Geburt der Venus« von Botticelli

KLEINE PAUSE

Die Uffizien verfügen über eine **Cafeteria** im zweiten Stock mit Panorama-Dachterrasse. Der außergewöhnliche Ausblick entschädigt für das gewöhnliche Snackangebot.

✝ 203 E4
✉ Piazzale degli Uffizi 6
☎ 055 29 48 83
🌐 www.uffizi.it
❶ Für Vorausbuchungen empfiehlt sich die Website www.firenzemusei.it. Für das Onlineticket fällt ein Aufschlag von 4 € an, in Anbetracht der Zeitersparnis ist das allerdings gut investiertes Geld

❶ Di–So 8.15–18.30 Uhr, 1. Jan., 25. Dez. geschl.; letzter Einlass 1 Std. vor der Schließung
🎟 März–Okt. 20 €, Nov.–Feb. 12 €, inklusive Sonderausstellungen, das Ticket beinhaltet zudem den Eintritt ins Archäologische Museum (S. 103), und den Eintritt ins Museo dell'Opificio delle Pietre Dure (S. 101); 1. So. im Monat frei 🚌 C1, C2, C3 und D

❼ ★★ Museo Nazionale del Bargello

Was?	Italiens ältestes Skulpturenmuseum
Warum?	Bildhauerei von den Größten ihres Faches – Michelangelo, Donatello, Cellini ...
Wann?	Am ersten Sonntag im Monat ist der Eintritt frei
Wie lange?	Etwa zwei Stunden
Was noch?	Die Bronzepaneele – eine Zusammenarbeit von Brunelleschi und seinem unliebsamen Wettbewerber Ghiberti
Resümee	Wenn Sie plastische Kunst mögen: Nichts wie hin

Das trutzige Bauwerk hat eine bewegte Geschichte: 1255 erbaut als Sitz des »Capitano del Popolo«, des damaligen Hauptes der Stadtregierung, fungierte es später als Domizil des *podestà* (obersten Ratsherrn). Vom 16. Jh. an ließen die Medici hier den Polizeihauptmann *(bargello)* residieren (Gefängnis und Folterkammer waren angeschlossen). Nach Renovierung zog 1865 Italiens erstes Nationalmuseum in seine Räumlichkeiten ein. Die zinnenbewehrte Fassade des Gebäudes mit seinem schlanken Turm (möglicherweise dessen ältester Teil) diente auch als Vorbild für den Palazzo Vecchio.

Bargello: wuchtiger Wehrbau

Vom Kerker zum Museum

Die drei Stockwerke des Museums umfassen einen Innenhof mit Portikus und eleganter Außentreppe, die mit Terrakotta und Wappenschilden verziert ist. Bis 1786 fanden hier Exekutionen statt. Die Delinquenten verbrachten ihre letzte Nacht in der Kapelle im ersten Stock. Nach der Vollstreckung hängte man die Leichen demonstrativ ans Fenster zur Abschreckung.

Gefangener im Bargello war auch Bernardo Baroncelli, der die Bank-

geschäfte der Pazzi führte. Er war an der Pazzi-Verschwörung beteiligt, die sich gegen die Medici richtete und im Mordversuch an Lorenzo de' Medici gipfelte.

Auf die Mauer zur Via della Vigna Vecchia waren einst Fresken gemalt: Dargestellt waren an den Fersen aufgehängte Rebellen nach der Schlacht von Anghiari (1440). Ihrem Schöpfer Andrea del Castagno brachten sie den Spitznamen Andreino degli Impiccati (»Kleiner Andrea der Gehenkten«) ein.

Wo früher Verurteilte in den Kerker kamen, wandelt man heute entlang toskanischer Bildhauerkunst.

Skulpturen-Highlights

Gleich der erste Saal des Museums, der Michelangelo und Zeitgenossen gewidmet ist, ist ein Erlebnis – angefangen mit seinem witzigen »Trunkenen Bacchus« (1496/97), dem Gott des Weines und Wohllebens, den Michelangelo in beschwingter Pose einfing. Weit konventioneller wirkt daneben der »Bacchus« von Andrea Sansovino (eigentl.: Andrea Contucci).

Für seine Zeit außergewöhnlich war Michelangelos marmorner »Tondo Pitti« (um 1504): Der Kopf der Madonna ragt über den Rand des Rahmens hinaus. Der Bildhauer bediente sich darüber hinaus zuweilen der Technik des *non-*

finito (Unvollendeten), bei der Teile der Oberfläche unpoliert blieben und so einen Kontrast zum schimmernden Marmor der restlichen Skulptur schufen.

Dies verleiht etwa seinem »Brutus« (1540), der einzigen Büste, die Michelangelo schuf, ein besonders maskulines Gepräge. Zu diesem Werk wurde er möglicherweise durch ein damals drei Jahre zurückliegendes Ereignis angeregt: die Ermordung von Alessandro de' Medici durch seinen Vetter Lorenzino de' Medici (Lorenzaccio, »Böser Lorenzo«), der als »neuer Brutus« und künftiger Tyrann von Florenz galt.

Die »Kanone des hl. Paulus« trägt den Kopf des Heiligen und stammt von Cosimo Cenni (links); im Innenhof steht »Il Pescatore« (Fischerjunge) von Vincenzo Gemito (um 1900).

Bemerkenswerte Plastiken hier sind auch Benvenuto Cellinis Bronzebüste Cosimos I. (1548) und der berühmte »Merkur« (1564) Giambolognas, von dem man in der Loggia des ersten Stockwerks unter anderem einen Truthahn und andere bronzene Vögel findet (gefertigt für die Tiergrotte in der Medici-Villa di Castello).

An die Loggia grenzt der Salone del Consiglio Generale (Großer Saal des Allgemeinen Rates) mit Werken Donatellos, darunter dem Marzocco-Löwen. Einst stand er als Symbol von Florenz auf der Piazza della Signoria (S. 46). Der »David« (1408–12) von Donatello ist ein Muster detailgenauer Darstellung: Ursprünglich war er mit einem Lederriemen versehen, der von seiner rechten Hand bis zum Korpus der Schleuder auf dem Kopf des Riesen verlief.

Hier findet man zudem Donatellos »Heiligen Georg« (1416–20) und sein prominentestes Werk, eine Bronzeversion des »David« (1440) – die erste frei stehende Aktskulptur seit der Antike. Vergleicht man sie mit der frühen Marmorarbeit, glaubt man kaum, dass beide von demselben Künstler stammen! Bei der Bronzefassung orientierte sich Donatello an Vorbildern der römischen Antike und zielte auf eine Ansicht von allen Seiten – was seinerzeit unüblich war, denn Skulpturen fanden vorwiegend Verwendung als Architekturschmuck an Wänden oder in Nischen.

Und zu guter Letzt warten hier die vergoldeten Bronzepaneele mit »Abrahams Opferung des Isaak«, die Brunelleschi und Lorenzo Ghiberti 1401 beim Wettbewerb für die Gestaltung der Pforte des Baptisteriums (S. 87) einreichten. Letzterer ging dabei als Sieger hervor und bekam den Auftrag.

Bunt glasierte Terrakottareliefs

Falls Sie in Eile sind, sollten Sie auf den Besuch der restlichen Räume dieser Etage verzichten und gleich ein Stockwerk höher zu den bunt glasierten Terrakottareliefs der Familie della Robbia gehen. Ähnliche Reliefs sieht man vielerorts in der Stadt.

Die zweite Etage beherbergt außerdem die bedeutendste italienische Sammlung kleinformatiger Renaissancebronzen wie Tierfiguren, Statuetten und Glocken. Darunter sind auch Werke von Giambologna und Cellini.

Glasierte Frauenbüste aus Terrakotta von Luca della Robbia

KLEINE PAUSE

Zum Mittagessen empfiehlt sich der kulinarische Hotspot **Fishing Lab** (S. 68), wo sich Florentiner in schick-lässiger Atmosphäre Meeresspezialitäten munden lassen.

✢ 203 F5
✉ Via del Proconsolo 4
☎ 055 064 94 40
⊕ www.museodelbargello.it
❶ tgl. außer Di 8.45–19, Di 10–18 Uhr;

letzter Einlass eine Stunde vor Schließung
💰 17 €
🚌 C1 und C2

Magischer Moment

Konzert auf der Piazza

Im Sommer werden Florentiner Plätze zu Open-Air-Konzertsälen. Wenn Klassik, Jazz oder Filmmusik auf der von Arkaden gesäumten Piazza Santissima Annunziata oder der herrschaftlichen Piazza della Signoria ertönt, meint man, Musik noch nie »so schön« gehört zu haben. Grandiose Kulissen und ein leichter Sommerwind sorgen für eine Magie, die sich nicht in Worte fassen lässt.
Infos und Vorverkauf unter www.gogofirenze.it oder www.firenzenotte.it sowie bei der Tourist Information

Nach Lust und Laune!

11 Museo Galileo

Wer an Wissenschaftsgeschichte interessiert ist, wird in diesem Museum (in einem der ältesten Gebäude der Stadt, dem Palazzo Castellani) auf seine Kosten kommen. Die Naturwissenschaften erlebten im 16. Jh. in Florenz einen enormen Aufschwung, was sich auch an der Sammlung von über 5000 Instrumenten, Geräten und mathematischen Utensilien ablesen lässt, die Einblick in den damaligen Wissensstand auf verschiedenen Gebieten geben.

In den dem Florentiner Galileo Galilei (1564–1642) gewidmeten Räumen sind unter anderem zwei seiner Teleskope zu sehen, die gebrochene Linse, durch die er die Jupiter-Trabanten *(pianeti medicei)* entdeckte (Raum 4/5), und der rechte Mittelfinger, den Bewunderer dem Leichnam, abgeschnitten hatten. So hatte man wenigstens eine »Reliquie« des großen Astronomen, dessen prunkvolles Begräbnis in Santa Croce der Vatikan in letzter Minute verhindert hatte.

Sehenswert sind auch die Florentiner Globen sowie die Armillarsphäre, anhand derer man die Bewegung von Planeten und Sternen beobachten kann. Dies fasziniert auch Jugendliche.

✝ 203 E4
✉ Piazza dei Giudici 1
☎ 055 26 53 11
🌐 www.museogalileo.it
🕘 tgl. 9.30–18 Uhr; letzter Einlass 30 Min. vor Schließung
💶 10 €
🚌 23, C1, C3, D

12 Palazzo Vecchio

Der zinnengekrönte »Alte Palast« mit Rustikafassade und hohem Glockenturm (95 m) nimmt einen prominenten Platz ein. Er wurde von Arnolfo di Cambio 1299–1314 als Palazzo della Signoria (Sitz der Stadtregierung) errichtet und war später Domizil der Medici-Herzöge. Während des Interludiums von Florenz als Hauptstadt von Italien (1865–71) tagte hier das Parlament, bis heute gefolgt vom Stadtrat.

Unbedingt ansehen sollten Sie sich den Salone dei Cinquecento (Saal der Fünfhundert). Unter Savonarola für den neuen »Volksrat« eingerichtet, wurde er unter Cosimo I. mit Fresken und Skulpturen zur Geschichte von Florenz und der Medici geschmückt.

Ghirlandaio-Fresken im Liliensaal (Sala dei Gigli) des Palazzo Vecchio

Fresken im Innenhof des Palazzo Vecchio zeigen Städte der Habsburgermonarchie.

Beeindruckend ist Michelangelos großartige Marmorgruppe »Genius des Sieges« die für das Grab von Papst Julius II. in Rom entworfen war. Ganz dem Geschmack der Zeit entsprach das Studiolo, das heute eng erscheinende Arbeitszimmer, das sich Cosimos Sohn Francesco I. 1570 von Vasari gestalten ließ – als Sammelstätte seiner Münzen, Glasobjekte und Halbedelsteine.

In der Medici-Suite sind die Zimmer jeweils einem Mitglied der Familie gewidmet, im Quartiere degli Elementi (einen Stock höher) einzelnen Göttern (Saturn, Herkules, Jupiter, Ops, Ceres). Vasari schuf die Fresken. Eindrucksvoll ist der Blick über die Dächer der Stadt von den Luxusgemächern der Eleonora von Toledo (Gattin Cosimos) und natürlich von der Aussichtsplattform des Torre di Arnolfo, die man sich über 223 Stufen erarbeiten muss.

Wie das immer so ist, wenn man in Italien mit dem Graben anfängt: Auch im Palazzo Vecchio ist man bei ganz gewöhnlichen Reparaturarbeiten auf steinerne Spuren aus der Vergangenheit gestoßen – Reste des römischen Theaters, über denen das heutige Rathaus von Florenz erbaut wurde. Seit 2014 sind sie gemeinsam mit weiteren archäologischen Funden zu besichtigen.

✝ 203 E/F4
✉ Piazza della Signoria
☎ 055 276 83 25
⊕ http://musefirenze.it/musei/museo-palazzo-vecchio
⏱ April–Sept. Fr–Mi 9–23 (Turm bis 21 Uhr), Do 10–14, Okt.–März Fr–Mi 10–17, Do 9–14 Uhr; Turm bei Regen geschl., unter 6 J. kein Zutritt; archäolog. Funde: Fr–Mi 9–19, Do 9–14 Uhr; Führungen über www.getyourguide.de 🎫 12,50 €; Kombiticket Museum und Turm 17,50 €
🚌 C1, C2, C3 und D

13 Gucci Garden

Im herrlichen Palazzo Mercanzia feiert sich das Florentiner Modelabel mit einem Store, der ausgewählte Objekte der Marke präsentiert und wechselnde Ausstellungen zeigt. Kulinarisch erfreuen die Gucci-Osteria, ein Drei-Sterne-Restaurant, und das Café Giardino 25.

⊹ 203 E4/5 ✉ Piazza della Signoria
☎ 055 75 92 70 10
⊕ www.gucci.com, www.gucciosteria.com, https://guccigarden.gucci.com
🕐 tgl. 10–22 Uhr, Osteria: tgl. 12.30–15, 19.30–22 Uhr, Giardino: tgl. 8–1 Uhr
💰 8 €

14 Loggia dei Lanzi

Der 1382 zu zeremoniellen Zwecken errichtete Prunkbau verweist mit seinen Rundbögen (in Abkehr vom gotischen Spitzbogen) und klassischen Proportionen auf die Renaissance. Ursprünglich hieß er Loggia della Signoria und wurde dann umbenannt nach den *lanzi (chenecchi)*, der Lanzen tragenden Leibwache Cosimos I.

Zu den schönsten Skulpturen aus Antike und Renaissance zählt Giambolognas dynamisch gestalteter »Raub der Sabinerinnen« (1583), der aus einem einzigen Marmorblock (S. 28) gearbeitet wurde und flankiert wird vom bronzenen »Perseus« (1545) mit Medusenhaupt von Benvenuto Cellini (S. 28) und dem »Menelaos mit dem Leichnam des Patroklos« (römische Kopie des griechischen Originals, um 400 v. Chr.).

⊹ 204 A4
✉ Piazza della Signoria
🚌 C1, C2, C3 und D

15 Orsanmichele

Eine Kirche der besonderen Art – bis 1337 diente sie als Getreidemarkthalle. Heute noch sieht man innen Darstellungen von Schösslingen und, links vom Haupteingang, wo die Treppe nach oben zur Kornkammer führt, die Ritzzeichnung einer üppigen Getreidegarbe. Der Bau mit den heute geschlossenen Arkaden entstand auf dem Gartengelände des Michaelsklosters (Orto di San Michele).

In den Außenmauern zeigen 14 Nischen Skulpturen der Zunftheiligen unter gotischen Arkadenbögen, geschaffen von Künstlern wie Ghiberti oder Donatello (heute Kopien). Die Medaillons darüber weisen Zunftwappen auf. Im Inneren präsentiert sich die Kirche als zweischiffiger Raum mit gotischem Gewölbe und freskenverzierten Pfei-

Relief an der Außenmauer von Orsanmichele: Szenen aus dem Zunftalltag der Steinmetzen und Zimmerleute

NACH LUST UND LAUNE!

lern. Hier dominiert der prächtige Marmortabernakel (1349–59) von Andrea Orcagna mit dem Gnadenbild des Giotto-Schülers Bernardo Daddi.

Das obere Stockwerk beherbergt großartige Skulpturen, die einst den öffentlichen Raum schmückten, hier nun vor Witterung und Vandalismus geschützt sind. Der Aufstieg lohnt aber auch wegen der Aussicht!

⚓ 203 E5
✉ Via dell'Arte della Lana, Ecke Via dei Calzaiuoli ☎ 055 238 85
🕐 tgl. 10–17 Uhr; Museum: Mo 10–17 Uhr 🎟 frei 🚌 C2

16 Casa di Dante

In dieser Straße, jedoch nicht in diesem Haus, wohnte Dante Alighieri, es handelt sich um eine Rekonstruktion aus dem Jahre 1911. Modelle und Pläne vom Florenz des 13. Jhs. dokumentieren Dantes Rolle im Guelfenstreit sowie sein Exil – und natürlich steht sein dichterisches Werk mit der »Göttlichen Komödie« im Zentrum der Ausstellung (S. 32). Allerdings werden die Inhalte nur auf Italienisch und in knappen englischen Texten vermittelt.

Ein Stück die Straße hinab steht die schlichte Kirche Santa Margherita de' Cerchi, wo Dante Beatrice Portinari traf, aber später Gemma Donati heiratete. Beide Frauen haben hier ihr Grab. Da die Kirche im Leben des Dichters eine so bedeutende Rolle spielte, wird sie oft auch Chiesa di Dante genannt.

⚓ 203 E5
✉ Via Santa Margherita 1
☎ 055 21 94 16 🌐 www.imuseidifirenze.it/museo-casa-di-dante
🕐 April–Okt. tgl. 10–18, Nov.–März Di–Fr 10–17, Sa/So 10–18 Uhr 🎟 8 €
🚌 C1 und C2

17 Badia Fiorentina

Die älteste Abtei – (ab)badia – der Stadt, 978 von Willa, Mutter des Markgrafen Hugo von Tuszien, gegründet, erwarb sich hohes Ansehen durch die Fertigkeiten ihrer Mönche als Papiermacher, Illustratoren und Buchbinder. Hier will Dante seine Geliebte Beatrice erstmals gesehen haben, und hier soll Giovanni Boccaccio öffentlich die ersten Gesänge von dessen »Göttlicher Komödie« gelesen und kommentiert haben.

Um 1285 von Arnolfo di Cambio erweitert, wurde die Benediktinerkirche mehrmals umgebaut. Ihr Prunkstück ist ein Altar mit einer

Lebende Dichterstatue vor dem Dante-Museum

»Vision des heiligen Bernhard« (1485) von Filippino Lippi. Vom Kreuzgang bietet sich ein schöner Blick auf den oktogonalen Campanile (Glockenturm).

 203 E5
 Via del Proconsolo, Eingang Via Dante Alighieri ☎ 055 26 44 02
 Mo 15–17.30 Uhr; Touren auf Anfrage: fratelli.firenze@fraternita-gerusalemme.it 3 € C1 und C2

18 Gelateria Vivoli

Dass man in Florenz exzellentes Eis bekommt, ist sicher kein Geheimnis, und es gilt erst recht für diese renommierte *gelateria* in einem stillen Winkel des Santa-Croce-Viertels. Ihre sahnigen Kreationen sind ein Erlebnis, auch die ungewöhnlicheren Aromen – Feige, Meringue, Birne, Kastanie und Zabaglione.

 203 F4/5
 Via Isola delle Stinche 7r
 ☎ 055 29 23 34
 www.vivoli.it
 Sommer Di–Sa 8.30–18, So 9.30–18 Uhr C1, C3 und 23

19 Casa Buonarroti

Wer in dem vom Maler und Bildhauer Michelangelo Buonarroti (1475–1564) für seinen Neffen erworbenen Haus viele seiner Skulpturen erwartet, sieht sich getäuscht, kann jedoch mit der heiteren »Madonna della Scala« (»Treppen-Madonna«, 1491) dessen vermutlich frühestes plastisches Werk bewundern. Er schuf es im Alter von 15 oder 16 Jahren. Deutlich komplexer mit ineinander verflochtenen ringenden Körpern fiel seine »Kentaurenschlacht« (um 1492) aus.

Das Marmorrelief »Kentaurenschlacht« ist ein Jugendwerk Michelangelos (Casa Buonarroti).

Mit über 200 Exemplaren verfügt das Museum über die umfangreichste Sammlung an Zeichnungen Michelangelos, von denen aus konservatorischen Rücksichten allerdings stets nur ein geringer Teil ausgestellt ist. Vasari zufolge verbrannte der Künstler kurz vor seinem Tod eine große Zahl an Zeichnungen, Skizzen und Kartons, »damit niemand seine Perfektion anzweifeln könne angesichts der mühevollen Prüfungen, die er seinem Genie angedeihen ließ«.

Weitere bemerkenswerte Ausstellungsstücke in dem original eingerichteten Palazzo aus dem 16. Jh. sind ein Modell des Karrens, mit dem der »David« von der Piazza della Signoria zur Accademia gefahren wurde, und Gemälde, die Michelangelo gemeinsam mit diversen Päpsten und Souveränen zeigen.

☩ 204 C5
✉ Via Ghibellina 70
☎ 055 24 17 52
🌐 www.casabuonarroti.it
🕐 tgl. außer Di 10–16.30 Uhr; Führungen nach Anmeldung; letzter Einlass 30 Min. vor Schließung
💰 8 €
🚌 C2 und C3

20 Museo dell'Opera di Santa Croce & Cappella dei Pazzi

In den alten Klostergebäuden neben der Kirche Santa Croce (S. 42) befinden sich das Museo dell'Opera di Santa Croce und die Cappella dei Pazzi. Überwältigend sind im ehemaligen Refektorium Taddeo Gaddis Freskenwand »Lebensbaum« und »Das Abendmahl« (beide wurden aus der Kirche zugunsten älterer Werke verbracht) und vor allem Giovanni Cimabues von der Flut 1966 mitgenommenes »Kruzifix«.

Hauptattraktion des Klosters bleibt die Cappella dei Pazzi (Pazzi-Kapelle), ein Musterbeispiel florentinischer Frührenaissance. Entworfen zwischen 1442 und 1446 von Filippo Brunelleschi als Grablege der Familie Pazzi (Erzrivalen der Medici) erstaunt sie durch ihre grau-weiße Schlichtheit und proportionale Ausgewogenheit.

Dies basiert auf Bogen- und Kreismotiven – in Anlehnung an die Alte Sakristei von San Lorenzo (S. 92): Die Evangelistenmedaillons in den Zwickeln unter der Kuppel stammen von Luca della Robbia (nach Entwurf von Brunelleschi).

Durch ein Türchen gelangt man in das Idyll des Kreuzgangs.

☩ 204 C4
✉ Piazza di Santa Croce 16
☎ 055 246 61 05
🌐 www.santacroceopera.it
🕐 Mo–Sa 9.30–17.30, So/Fei 12.30–17.45 Uhr 💰 8 € (Kombiticket mit Santa Croce) 🚌 C1, C2 und 23

21 Museo Horne

Der englische Kunsthistoriker Herbert Percy Horne zählte zu jenen um 1900 in Florenz ansässigen Ausländern, die nachhaltige Spuren in kultureller Hinsicht hinterließen. Als er 1916 starb, ging der Palazzo, den er bewohnt hatte (einst Domizil eines Tuchhändlers), als Vermächtnis an die Stadt, mitsamt einer Sammlung von Gemälden, Skulpturen, Keramiken, Möbeln, Schmuckgegenständen, Kochgeschirr der Renaissance und allem möglichen Schnickschnack, der sich seiner Begeisterung für Florentiner Kunst und Geschichte verdankte.

Es gibt hier zwar kaum etwas Wertvolles (außer Giottos Polyptychon zum Leben des hl. Stephan), doch die bunte Vielfalt der Exponate und die ungezwungene Atmosphäre machen den Charme aus.

☩ 204 B4
✉ Via dei Benci 6 ☎ 055 24 46 61
🌐 www.museohorne.it
🕐 tgl. außer Mi 10–14 Uhr; letzter Einlass 30 Min. vor Schließung 💰 7 €
🚌 C1, C3, D und 23

Wohin zum ... Essen und Trinken?

Preise für ein Drei-Gänge-Menü (ohne Getränke und Service):
€   unter 35 Euro
€€   35–50 Euro
€€€ über 50 Euro

Kulinarisch ist man in Florenz am besten in der Gegend um Santa Croce aufgehoben, wo sich nicht zuletzt gleich drei der edelsten und teuersten Restaurants der Stadt befinden: das Cibrèo, die Enoteca Pinchiorri und das Alle Murate. Neben einfacheren Trattorien alten Stils, wie dem Da Benvenuto, findet man verstärkt auch schicke, moderne Speiselokale, bei denen sich in der Regel eine Reservierung anbietet. Bars und Cafés sind durchweg empfehlenswert, bedingt durch die Nachbarschaft angesagter Viertel wie Sant'Ambrogio, wo interessante neue Kneipen und Läden aus dem Boden schießen.

Boccadama €–€€
Trotz privilegierter Lage an einem der belebtesten Plätze der Stadt serviert man hier von morgens bis abends leckere Mahlzeiten (wer nur etwas trinken möchte, ist in dieser Osteria und Weinbar ebenfalls willkommen). Empfehlenswert sind die *crespolini* (Pfannkuchen) mit Spinatfüllung, frische *bruschette* mit Tomaten oder *crostini* (Röstbrot mit Geflügelleberaufstrich) sowie der Salat aus getrockneten Tomaten und Sardellen.
✝ 204 B4 ✉ Piazza Santa Croce 25–26r
☎ 055 24 36 40 ⊕ http://boccadama.com
❶ tgl. 11.30–15.30 und 18.30–22.30 Uhr

Cibrèo €€€
Vielen Experten gilt das Restaurant aufgrund seiner fantasievollen Neuinterpretationen »bäuerlicher« Florentiner Gerichte als bestes der Stadt. Köstlich die Fisch- und Steinpilzsuppe, ebenso Gerichte wie *polenta alle erbe* (Polenta mit Kräutern), *baccalà* (Stockfisch) oder *ricotta e patate con sugo di carni bianche* (Ricotta und Kartoffeln mit Sauce von hellem Fleisch). Fabio Picchi ist hier der Chef und schlägt seinen Gästen gerne die täglich wechselnden Gerichte selbst vor. Unbedingt einen Tisch reservieren.
Etwas lockerer ist die Atmosphäre in der Trattoria Cibrèo (Via dei Macchi 122r, gleich um die Ecke, dieselben Öffnungszeiten).
✝ 204 C5 ✉ Via Andrea del Verrocchio 8r
☎ 055 234 11 00 ⊕ www.cibreo.com
❶ Di–Sa ab 12.30, abends ab 19 Uhr

Cucina Torcicoda €€
Pizzeria, Osteria mit toskanischer Küche. Ein Gourmetlokal und ein Delikatessenshop wurden in elegant-behaglicher Atmosphäre unter einem Dach vereint. Florentiner schätzen vor allem den riesigen Grillplatz für die Bistecca alla Fiorentina und den gut sortierten Weinkeller.
✝ 204 B4 ✉ Via Torta 5r
☎ 055 265 43 29
⊕ www.cucinatorcicoda.com
❶ tgl. 19–22.30 Uhr

Fehlt auf keinem Tisch: Florentiner Brot

Da Rocco €
Das Marktleben in der Halle von Sant'Ambrogio wirkt noch wie einst. Bei Rocco sitzt man mit anderen Leuten an kleine Tische gezwängt, so fühlt man sich beinahe wie ein Einheimischer. Es werden Florentiner Gerichte serviert, das Essen ist sehr preiswert.
✝ 205 D4
✉ Markthalle Sant'Ambrogio, Piazza Ghiberti
❶ Mo–Sa 11.30–14.30 Uhr

Del Fagioli €€
Von den teils dubiosen Billiglokalen, die sich rund um die Piazza Santa Croce drängen,

hebt sich diese Trattoria alter Schule ganz im Süden des Platzes wohltuend ab, mit authentischer, schmackhafter Küche, ausnehmend freundlicher Bedienung und zivilen Preisen (Kreditkarten werden hier allerdings nicht akzeptiert). Die Gerichte sind durchweg toskanisch, von Crostini über Ribollita (gehaltvoller Gemüseeintopf mit Brot) und *bollito misto in salsa verde* (diverse gekochte Fleischsorten, die mit Kräutersauce serviert werden) bis hin zu den typischen *cantuccini con Vin Santo* (Mandelkekse mit Süßwein zum Dippen) als Dessert.
✢ 204 B4
✉ Corso Tintori 47r
☎ 055 24 42 85 ❶ Mo–Fr 12.30–14.30 und 19.30–22.30 Uhr, Aug. geschl.

Enoteca Pinchiorri €€€
Hinter der Bezeichnung *enoteca* verbirgt sich normalerweise eine Weinbar auf zurückhaltendem Preisniveau – nicht so hier: Dies ist das hochkarätigste Florentiner Restaurant, mit drei Michelin-Sternen ausgezeichnet und mit einem der besten Weinkeller Europas. Für die italienisch-internationale Spitzenküche muss man einiges hinlegen – und anlegen sollte man angemessen edle Garderobe (Sakko und Krawatte sind bei den Herren unausgesprochene Pflicht).

Restaurantbesucher in der Via dei Magazzini, unweit der Piazza della Signoria

✢ 204 B5 ✉ Via Ghibellina 87
☎ 055 24 27 57
⊕ http://enotecapinchiorri.it
❶ Di–Sa 19.30–22 Uhr, Aug. geschl.

Finisterrae €€
Einfallsreiche moderne Küche in alten Palastmauern an der Piazza Santa Croce und nach Weltgegenden gestaltete Speisezimmer: Um die marokkanisch inspirierte Bar reihen sich z. B. Spanien, Griechenland und Nordafrika. Unbedingt den Cocktail des Hauses probieren, ein tückisches Gemisch aus Absinth und anderen Ingredienzien.
✢ 204 B4 ✉ Piazza Santa Croce 12
☎ 055 263 86 75
⊕ www.finisterraefirenze.com
❶ tgl. 12–15 und 18.30–22.30 Uhr

Fishing Lab Alle Murate €€–€€€
Schon das Ambiente ist der Wahnsinn – das man hier in einer einstigen Kirche speist, verraten die Fresken, die man vor allem im luftig coolen Obergeschoss bewundern kann. Die Küche versteht sich auf Fisch in etlichen Variationen – ein bisschen Kalifornien schwingt hier mit. Das lassen sich mittags auch die Geschäfts- und Büroleute der Umgebung – bei einem kühlen Weißwein – schmecken. Praktisch: Es gibt auch halbe Portionen, so dass man mehr probieren kann.
✢ 203 F5 ✉ Via del Proconsolo 16r
☎ 055 24 06 18 ⊕ www.fishinglab.it
❶ tgl. außer Di 12–14.30 und 19–23 Uhr

Hosteria il Desco €€
Das gemütliche Lokal in der schmalen Straße hält schon seit 1954 die Stellung – mit außerordentlich leckeren Pasta- und Fleischgerichten. Wildschwein und die berühmte Bistecca alla Fiorentina gehören zu den Spezialitäten von Riccardo Francini, dem Maestro in der Küche. Vegetarier werden mit Safran-Spaghetti oder Birne-Gorgonzola-Gnocchi glücklich. Ein Blick auf die Tagesgerichte lohnt immer.
✢ 204 A4 ✉ Via delle Terme 23r
☎ 055 29 48 82 ⊕ www.hostariaildesco.com
❶ tgl. 12–15 und 18–23 Uhr, Reservierung empfehlenswert

Osteria Vini e Vecchi Sapori €–€€
Keine Pizza, kein Eis und kein Take away – das ist die Maxime der sympathischen Osteria, nur 100 m vom Palazzo Vecchio entfernt. Hier gibt es Typisches aus der Florentiner Küche. Die Empfehlungen des Tages stehen auf der schwarzen Tafel. Die Tagliatelle ... ein Traum. Einen Tag im Voraus zu reservieren empfiehlt sich unbedingt.
✛ 203 E4 ✉ Via dei Magazzini 3R
☎ 055 29 30 45
❶ Mo–Sa 12–14.30 und 19–22.30 Uhr

Osteria dei Pazzi €€–€€€
Typische Florentiner Trattoria, in der Sie Paolo mit seinen Köstlichkeiten verwöhnt: gute Antipasti, schmackhafte Nudelgerichte und vor allem Bistecca alla Fiorentina.
✛ 204 B4 ✉ Via dei Lavatoi 3r
☎ 055 234 48 80
❶ Di–So 12.30–15 und 19.30–23 Uhr

Pallottino €
In dieser rustikalen, über hundert Jahre alten Trattoria im Gassengewirr zwischen Dom und Santa Croce sitzt man an einfachen Holztischen vor weiß gekachelten Wänden und lässt sich die Klassiker der toskanischen Küche schmecken. Das Lokal ist sowohl bei Touristen als auch bei den Einheimischen überaus beliebt.
✛ 204 B5 ✉ Via Isola della Stinche 1r
☎ 055 28 95 73
⊕ www.trattoriapallottino.com
❶ Di–So 12.30–14.30 und 19.30–22.30 Uhr

Ristorante Paoli €€
Seit 1824 pflegt man im Paoli die Tradition der toskanischen Küche, vertreten zum Beispiel durch die Florentiner Steakvariante »La Magnifica« oder Tintenfisch aus dem Mittelmeer. Zum Dessert schmeckt das Kompott aus Äpfeln, Pflaumen und Birnen nach Florentiner Art. Unter einem schönen Gewölbe, zwischen Wandfresken und Jugendstil-Keramik, diniert man zuweilen etwas eng und laut, doch das gehört dazu.
✛ 204 A5 ✉ Via dei Tavolini 12r
☎ 055 21 62 15
⊕ www.ristorantepaoli.com
❶ tgl. 12–14.30 und 19–22.30 Uhr

Teatro del Sale €
Das Teatro gehört wie das Cibrèo (S. 67) und das Caffè Cibrèo zum Imperium von Fabio Picchi. Es ist ein einmaliges Erlebnis, in diesem besonderen Ambiente vor offener Küche zu brunchen, Mittag zu essen oder zu dinieren, bevor dann um 21 Uhr der Vorhang aufgeht und die Show beginnt.
✛ 204 C4 ✉ Via dei Macci 111r
☎ 055 200 14 92 ⊕ www.teatrodelsale.com
❶ nur für Mitglieder mit Ausweis (tessera, online beantragbar), Di–Fr 12–15 Lunch, Sa/So 12–15 Uhr Brunch, abends Dinnerbuffet und Show (nur nach Voranmeldung, Programmvorschau online), Show ab 21.30 Uhr
♦ 11 € Mitgliedsausweis; Brunch 15–20 €, Dinner und Show 30 €

BARS UND CAFÉS

Caffè Cibrèo €
In ganz Florenz gibt es kaum ein hübscheres Café als dieses mit seinen hölzernen Wandpaneelen (die allerdings nur zwei Jahrzehnte alt sind) nahe dem Markt von Sant'Ambrogio. Gemütlich und komfortabel, bezieht es zudem seine Kuchen und kleinen Gerichte (darunter die hochgerühmte Schokoladentorte mit Bitterorangensauce) aus der Küche des gleichnamigen Edel-Restaurants (S. 67). Die Umgebung der Caféterrasse, auf der man an warmen Tagen sitzen kann, ist leider nicht so schön.
✛ 204 C5 ✉ Via Andrea del Verrocchio 5r
☎ 055 234 58 53 ⊕ www.cibreo.com
❶ Di–So 9–12 Uhr

Cantinetta dei Verrazzano €€
Zentral gelegen nahe der Via dei Calzaiuoli und ideal für kleine Mahlzeiten – hier gibt es alles, vom Sandwich bis zur Pizza, einschließlich der meist an Ort und Stelle gebackenen *focaccia*. Sämtliche Köstlichkeiten aus der riesigen Glastheke kann man auch mitnehmen und beispielsweise auf dem Bänkchen neben der Tür verzehren (oder ganz entspannt hinten in der Café-Weinbar). Da das Lokal Castello di Verrazzano gehört, einem der renommiertesten Weingüter des Chianti, lohnt es sich, auch ein Gläschen zu verkosten.

✠ 204 A5 ✉ Via dei Tavolini 18r
☎ 055 26 85 90 ◐ Mo–Sa 8–16, So 9–17 Uhr

La Cucina del Ghianda €
Junges, sympathisches Lokal mit dem Charme einer »Küche von Freunden«. Und in diesem Stil wird auch gekocht – nicht super raffiniert und hochprofessionell, aber ganz lecker – eben so, wie man zu Hause für Freunde kocht; nach Rezepten aus der Toskana und anderen italienischen Regionen. Auch bei den Einheimischen nicht zuletzt wegen der günstigen Preise recht beliebt.
✠ 204 C5 ✉ Via dell'Agnolo 85r
☎ 055 386 05 34
⊕ www.lacucinadelghianda.it
◐ Mo–Sa 12–15 und 19.30–22.30 Uhr

Ditta Artigianale €
In dieser Coffeebar bereitet ein italienischer Meister, Francesco Sanapo, das schwarze Gold aus eigenen Bohnenmischungen zu. Dazu gibt es außer feinem Gebäck auch Tapas, Sandwiches und Light Lunch, auf Wunsch vegetarisch.
✠ 204 B4 ✉ Via dei Neri 32r
☎ 055 274 15 41
⊕ www.dittaartigianale.it
◐ Mo–Do 8–22, Fr 8–24, Sa 9.30–24, So 9.30–22 Uhr

Perchè No! €
Bereits seit über 75 Jahren versorgt das *Perchè No!* (Warum nicht!) im Zentrum von Florenz Besucher und Einheimische mit allerfeinsten Eis- und Sorbetspezialitäten, die sich mit denen der illustren Gelateria Vivoli (S. 65) durchaus messen lassen können. Eis ist in rund 50 Geschmacksrichtungen zu haben.
✠ 204 A5 ✉ Via dei Tavolini 19r
☎ 055 239 89 69
⊕ www.percheno.firenze.it
◐ tgl. außer Di 11–23 Uhr

Schiaccia Vino €
Wie der Name schon verrät, haben Pippo und Lore sich in ihrer Panini-Bar auf das mit Olivenöl getränkte, toskanische Hefebrot *schiacciata* spezialisiert. Sie belegen es mit toskanischen Wurst- und Käsespezialitäten, darunter Porchetta, Finocchiona, Pecorino. Alternativ gibt es zu einem Glas lokalen Weins auch gemischte Wurst- und Käseplatten oder Salat.
✠ 204 B5 ✉ Via Verdi 6r
☎ 055 226 01 33
◐ Mo 11–16. Di, Do 11–24, Fr/Sa bis 2, So bis 21.30 Uhr

Rivoire €–€€
Den Logenplatz an der Piazza della Signoria (mit Blick auf Palazzo Vecchio und Michelangelos »David«) zahlt man in diesem 1872 gegründeten Café natürlich mit. Über das auf Touristen zugeschnittene und eher durchschnittliche Essen tröstet die exquisite heiße Trinkschokolade hinweg – ein äußerst gehaltvoller Genuss des auf Schokolade (*cioccolata calda*) spezialisierten Hauses. Diese lässt man sich natürlich angemessen bezahlen – es sei denn, Sie begnügen sich mit einem Stehplatz am Tresen!

Während er selbst begutachtet wird, hat Neptun das Treiben auf der Piazza della Signoria fest im Blick.

✠ 203 E4 ✉ Piazza della Signoria 5r
☎ 055 21 44 12
⊕ www.rivoire.it
◐ tgl. 8–23.30 Uhr

Wohin zum ... Einkaufen?

Ein Einkaufsbummel im Osten und im Zentrum der Stadt erfordert schon etwas Unternehmungslust, denn abgesehen von Haupteinkaufsmeilen wie der Via dei Calzaiuoli und dem Borgo degli Albizzi sind die interessanten Läden im Osten weit verstreut.

KAUFHÄUSER

Coin
Gute Adresse in zentraler Lage und mit einem Angebot von hoher Qualität bei Kleidung, Heimtextilien und Haushaltswaren. Neben Designerware gibt es eine eher konservative, hauseigene Kleidermarke, aber auch junge Marken und Mode in Plus-Größen.
✛ 203 E5 ✉ Via dei Calzaiuoli 56r
☎ 055 28 05 31 ⊕ www.coin.it
❶ tgl. 10.30–20 Uhr

MODE

Atelier Émé
Über 500 000 Bräute haben sich hier seit 1961 schon DAS weiße Kleid für den großen Tag schneidern lassen – aber auch wenn Sie ein tolles Partykleid suchen, sind Sie hier richtig.
✛ 204 B5 ✉ Via dei Rondinelli 11r
☎ 055 234 48 39
⊕ www.atelier-eme.it/atelier-firenze
❶ Mo-Sa 10–19, So 15–19 Uhr

Mimi Furaha
Tagsüber verkauft die in Afrika aufgewachsene Michelle Designerschuhe, handgearbeitete Accessoires und garantiert italienische Mode von kleinen Labels. Nach Ladenschluss organisiert sie Foto-Sessions, Kunstausstellungen, Rumba-Unterricht und Nähkurse.
✛ 204 B5 ✉ Borgo degli Albizi 35r
☎ 055 23 44 44 56 ⊕ www.mimifuraha.it
❶ Mo/Di, Do-Sa 10.30–13 und 14–19, So 15–19 Uhr

Pusateri Alfonso
Handgefertigte Handschuhe in verschiedenen Modellen, Farben und Ledersorten.
✛ 204 A5 ✉ Via dei Calzaiuoli 25r
☎ 055 21 41 92
❶ Mo-Sa 10–19.30, So 11–13.30 und 14.30–19 Uhr

LEBENSMITTEL UND WEIN

Cinto Cucine in Torre
In dieser vorzüglichen Schlachterei aus Greve in Chianti, die nun auch in Florenz eine Filiale besitzt, kann man leckere Brötchen und ausgezeichnete kleine Gerichte essen – oder die toskanischen Köstlichkeiten für ein Picknick oder für zu Hause mitnehmen.
✛ 204 B5 ✉ Via Matteo Palmieri 35/37r
☎ 055 24 54 30
⊕ www.cucinaintorre.it
❶ tgl. 12.30–15 und 18.30–23 Uhr

Pegna
Seit 1860 verwöhnt das Geschäft südlich des Doms seine Kunden mit Köstlichkeiten: Käse, Salami, Kaffee, Tee, Olivenöl, Wein, Gebäck, Schokolade und dergleichen mehr – insgesamt stehen über 7000 Artikel aus Italien und dem Rest der Welt zur Auswahl.
✛ 203 E5
✉ Via dello Studio 8
☎ 055 28 27 01
⊕ https://pegna.sangiustosrl.com
❶ Mo-Sa 10–19.30, So 11–19 Uhr

Vestri
Leonardo Vestri ist der führende Chocolatier der Stadt (dessen Kreationen allerdings zum Teil in Arezzo gefertigt werden). Man bekommt in seinem wunderschönen Laden Schokolade in allen Geschmacksnuancen, von Chili-Orange bis Espresso und Aprikose, im Sommer auch Eis (etwa Pfefferminz oder Haselnuss). Ein Gedicht, ob heiß oder gekühlt, ist die Trinkschokolade *(cioccolata da bere)*.
✛ 204 B5
✉ Borgo degli Albizi 11r
☎ 055 234 03 74
⊕ www.vestri.it
❶ Mo-Sa 10.30–19.30 Uhr

LEDER / SCHMUCK

Massai Orafi in Florence
Man meint in eine private Wohnung einzutreten...der alteingesessene Juwelier hat seine Geschäftsräume im 4. Stock eines mittelalterlichen Turmhauses. Wer klingelt und eintritt, den erwartet Außergewöhnliches aus der Goldschmiede, versetzt mit herrlich funkelnden Steinchen.
✝ 203 E4
✉ Via delle Terme 13
☎ 055 29 48 00 ⊕ www.massaiorafi.it
◐ Mo–Fr 9–13 und 15–19 Uhr

Scuola del Cuoio
Hinter Santa Croce befindet sich diese von Franziskanermönchen geführte Lehrwerkstatt für das Ledergewerbe, wo man beste Ware herstellt, stilistisch zwischen Tradition und Moderne. Den Kunsthandwerkern kann man Mo–Fr bei der Arbeit zusehen.
✝ 204 C4
✉ Via San Giuseppe 5r
☎ 055 24 45 33
⊕ www.scuoladelcuoio.com
◐ tgl. 10–18.30 Uhr

MÄRKTE

Sant'Ambrogio
Nach dem Mercato Centrale (S. 108) wichtigster Lebensmittelmarkt der Stadt, doch vorwiegend eine Einkaufsmöglichkeit für die Bewohner des Viertels, das langsam durch die Eröffnung neuer Boutiquen, Cafés und Restaurants schick wird.
✝ 204 C5 ✉ Piazza Lorenzo Ghiberti
⊕ www.mercatosantambrogio.it
◐ Mo–Sa 7–14 Uhr

PAPIER UND SCHREIBWAREN

Pineider
Dieser altehrwürdige Laden aus dem Jahr 1774 ist vielleicht der beste seiner Art in Europa – schöner schreiben, heißt das Zauberwort bei exquisiten Füllern oder Tagebüchern: Elizabeth Taylor bestellte hier einst ein Set in Blauviolett, passend zu ihren Augen.
✝ 203 D5 ✉ Piazza Rucellai 4–7r
☎ 055 28 46 55 ⊕ www.pineider.com
◐ Mo–Sa 10–13 und 14–19 Uhr

Zecchi
Ein Geschäft für Künstlerbedarf nahe dem Dom, das kaum einen Wunsch von Kreativen unerfüllt und jedes Künstlerherz höher schlagen lässt: feinste Papiere, Malutensilien und vieles mehr.
✝ 203 E5 ✉ Via dello Studio 19r
☎ 055 21 14 70 ⊕ www.zecchi.it
◐ Mo–Fr 9–13 und 15–19, Sa 9–13 Uhr, Aug. und Sa im Juli geschl.

PARFÜMS / KOSMETIK

Antica Officina del Farmacista Dr. Vranjes
Hier erhält man Düfte, Öle und Produkte für die Aromatherapie, alles aus natürlichen Ölen und Essenzen handgemacht – besonders apart »Tuscan Garden« und »Fiori di Sicilia«. Auch die Werkstatt in der Via San Gallo 69r lohnt einen Besuch.
✝ 205 D5 ✉ Borgo La Croce 44r
☎ 055 24 17 48
⊕ www.drvranjes.it
◐ Antica Officina: Mo 15.30–19.30, Di–Sa 10–13.30 und 15.30–19.30 Uhr

UHREN

Enrico Verità
Einer der acht ältesten traditionellen Uhrmacher Italiens: Seit 1865 werden hier Uhren verkauft – und repariert!
✝ 203 E5 ✉ Via dei Calzaiuoli 122r–124r
☎ 055 28 78 62
⊕ www.enricoverita1865.com
◐ Mo–Sa 9.30–19.30, So 11–19.30 Uhr

Wohin zum ... Ausgehen?

Im Osten von Florenz sind mehrere führende Orchester der Stadt sowie diverse Vereine für klassische Musik zu Hause, aber auch Szene-Bars, der beste Jazz-Club und andere Hotspots des Nachtlebens.

KLASSISCHE MUSIK

In der Via Verdi 5 residiert das **Orchestra della Toscana** (Tel. 055 234 27 22, www.orchestradellatoscana.it), das – vorwiegend von Dezember bis Mai – Konzerte im nahe gelegenen **Teatro Verdi** (Via Ghibellina 99, Tel. 055 21 23 20, www.teatroverdifirenze.it) gibt. Karten für die Aufführungen erhält man im Theater selbst oder bei den Vorverkaufsstellen.

Die städtische **Filarmonica di Firenze »Gioacchino Rossini«** (Via Villamagna 41, Tel. 055 653 30 84, www.filarmonicarossini.it) tritt während der Hauptspielzeit (Jan./Feb.) an verschiedenen Orten auf und gibt im Sommer häufig Konzerte auf der Piazza della Signoria. Auskunft über gibt es bei der Tourist Information (S. 186).

Das **Orchestra da Camera Fiorentina** (Via Monferrato 2, Tel. 055 78 33 74, www.orcafi.it), eigentlich im Norden der Stadt beheimatet, gibt regelmäßig Konzerte (S. 63) im Museo Orsanmichele, im Museo del Bargello (S. 56), im Teatro della Pergola (s. unten) und anderen historischen Spielstätten. Karten erhält man unter der oben genannten Nummer, bei den Vorverkaufsstellen (www.boxol.it) und am Spielort selbst eine Stunde vor Beginn.

Der Musikverein **Amici della Musica** in der Via Pier Capponi 41 (Tel. 055 60 90 12, www.amicimusica.fi.it) veranstaltet Konzerte für Kammermusik im **Teatro della Pergola** (S. 109), Italiens wohl ältestem Theaterbau. Informationen über das Monatsprogramm und die Interpreten sind auch der angegebenen Website zu entnehmen.

JAZZ

Wem nach anderen Klängen zumute ist, der sollte in den alteingesessenen **Jazz Club Firenze** in der Via Nuova de' Caccini 3 gehen (Tel. 055 271 18 15, www.facebook.com/jazzclubfirenze.it). Fast jeden Abend gibt es Livemusik in diesem mittelalterlichen Keller, der in einer winzigen Seitenstraße liegt (südlich der Via degli Alfani, Ecke Borgo Pinti). Als Voraussetzung für den Eintritt (8 €) muss man formell eine Mitgliedschaft erwerben.

CLUBS / BARS

Eine der besten Disco-Bars der Gegend, das **Bamboo Lounge Club** (Via Giuseppe Verdi 57r, Tel. 33 94 29 87 64, www.bambooloungeclub.com, Di und Do-Sa 20-4 Uhr), lockt die Massen am Abend zu einem Drink bei Jazzmusik, später ist Dance Floor angesagt.

Mit angenehmem Ambiente im Stil der 1920er und appetitlichen Cocktailkreationen wirbt die **Bitter Bar** (Via di Mezzo 28r, Tel. 340 549 92 58, tgl. 20-2 Uhr), die mit ihren Regeln – »bitte die Objekte nicht anfassen und nicht grölend durch die Nachbarschaft ziehen« – auch ihrem Publikum ein gewisses Benehmen abverlangt.

Zum Abhängen empfiehlt sich mit dem nahen **Rex Caffè** (Via Fiesolana 25, Tel. 055 248 03 31, www.rexfirenze.com, tgl. 18-3 Uhr, Mitte Mai-Mitte Sept. geschl.) *der* Treffpunkt für Nachtschwärmer und eine der besten Bars der Stadt – überwältigend ausstaffiert mit Mosaiken, Spiegeln und recht seltsamen Lampen.

Im Rex Caffé, nach einem Passagierschiff benannt, entdeckt man die zahlreichen maritimen Objekte erst auf den zweiten Blick.

WOHIN ZUM ...

Marmor – in Weiß, Grün und Rot – ist das prägende Baumaterial des Duomo Santa Maria del Fiore.

Der Norden

Die Highlights am und um den Domplatz bestimmen die Silhouette und unser Bild von der toskanischen Hauptstadt.

Seiten 74–109

Erste Orientierung

Diesen noblen Bezirk bewohnten einst die Medici. Die berühmte Herrscherfamilie beauftragte dort führende Architekten mit Bauten wie dem Palazzo Medici Riccardi, den Kirchen San Marco und San Lorenzo sowie mit den prächtigen Cappelle Medicee als letzte Ruhestätten für etwa 50 Familienmitglieder.

Im Herzen dieses Viertels liegt der Florentiner Dom, eine der weltgrößten Kathedralen und erstes Ziel der meisten Besucher. Von den umliegenden Straßen aus erhascht man immer wieder einen Blick auf seine mehrfarbige Marmorverkleidung und die riesige Kuppel, die das Stadtbild dominiert.

San Marco lag einst außerhalb der Stadt im Grünen und damit optimal für die Orden von San Marco und Santissima Annunziata. Heute präsentiert sich die Gegend als lebendiges Studentenviertel mit schönen Bars und Restaurants – samt dem farbenprächtigen Markt von San Lorenzo und einem dem Zeitgeist geschuldeten Food Court auf der ersten Etage der Markthalle. Auch eine »tätowierte« Kopie des berühmtesten Stadtbewohners, Michelangelos »David«, fand dort seinen Platz (im Original in der Galleria dell'Accademia).

TOP 10
1. ★★ Duomo Santa Maria del Fiore
2. ★★ Galleria dell'Accademia

Nicht verpassen!
22. San Lorenzo & Cappelle Medicee
23. San Marco

Nach Lust und Laune!
24. Loggia del Bigallo
25. Museo dell'Opera del Duomo
26. Palazzo Medici Riccardi
27. Museo dell'Opificio delle Pietre Dure
28. Giardino dei Semplici
29. Santissima Annunziata
30. Museo Archeologico
31. Spedale degli Innocenti
32. Museo Stibbert

Mein Tag
mit Brunelleschi

Was wäre Florenz ohne den Dom und die mächtige Kuppel, die das Panorama so herrlich harmonisch dominiert. Ein Name verbindet sich mit diesem architektonischen Wunderwerk – Filippo Brunelleschi. Wandeln Sie einen Tag lang auf den Spuren des Renaissancebaumeisters.

9 Uhr: Auf die Kuppel

In Florenz führen alle Wege zum ❶ ★★ Dom (S. 82). Und alle fotografieren und bestaunen das riesige Gotteshaus mit der Marmorfassade. Für den Aufstieg zu Brunelleschis Kuppel braucht es eine gewisse Fitness. 463 Stufen wollen erklommen sein, bevor Sie in etwa 100 m Höhe das grandiose Panorama genießen können.

10.30 Uhr: Zurücklehnen

So, das war eine stramme Leistung. Jetzt ist es Zeit für eine kleine Erfrischung. Rund um den Dom gibt es etliche Cafés wie das Bottegone (Via Martelli 2r), wo man zum Cappuccino leckere süße oder herzhafte Kleinigkeiten kriegt.

11.30 Uhr: Paradiespforte

Mit ihrem Dom-Ticket können Sie sich auch das Baptisterium (S. 87) mit den künstlerisch bahnbrechenden Portalreliefs anschauen. Erschaffen hat sie Lorenzo Ghiberti – ein Zunftkollege, den der Eigenbrötler Brunelleschi zutiefst verachtet hat.

13 Uhr: Stöbern und genießen

Es ist nur ein Katzensprung bis zum Mercato Centrale (S. 108),

10.30 Uhr

wo Sie sich mit Florentiner Spezialitäten stärken können, etwa bei Da Nerbone (S. 105) im Erdgeschoss. Auch der Streetfood-Markt im Obergeschoss bietet heimische Gaumenfreuden. Bis zum frühen Abend bieten Händler rings um die Halle Hemden, Blusen, Schals, Jacken, Gürtel und Taschen an, Echtleder und Imitate, meist billige Massenware – doch findet sich beim Stöbern mitunter ein schönes Stück.

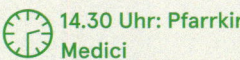 14.30 Uhr: Pfarrkirche der Medici

Nur ein paar Schritte – dann stehen Sie vor ㉒ San Lorenzo (S. 92), der zweitwichtigsten Kirche von Florenz. Auch hier war Brunelleschi am Werk. Was er hier schuf, gilt als herausragendes Beispiel früher Florentiner Renaissance. Die perspektivische Raumwirkung des lang gestreckten Kirchenschiffs – im 15. Jh. war sie geradezu revolutionär.

16 Uhr: Philosophen von morgen

Wenn Sie in die Via de' Servi einbiegen, lassen Sie den touristischen Hotspot hinter sich und spazieren ins Studentenviertel um die Piazza Brunelleschi, wo Ihnen die Philosophen von morgen begegnen könnten.

Zurück auf der Via Servi ist die Hausnummer 80r ein Muss – die Farmacia SS. Annunziata (S. 108) hält in antiken Holzvitrinen hochwertige Naturkosmetik und edle Parfüms für die anspruchsvolle Kundschaft bereit.

Zurücklehnen und den Blick auf die wuselige Piazza del Duomo genießen (links). Der Mercato di San Lorenzo erstreckt sich farbenfroh um den Mercato Centrale (rechts).

16.30 Uhr: Brunelleschis Findelhaus

Weiter geht's zur Piazza Santissima Annunziata. Seine harmonische Gestalt verdankt der Platz Renaissancebaumeistern – auch Brunelleschi, der 1419 mit der Planung des ③¹ Spedale degli Innocenti (S. 103), auf der Ostseite begann. Heute kann man im Inneren des ehemaligen Findelhauses Renaissancemalerei und die streng geometrische Baugestaltung Brunelleschis in Augenschein nehmen.

17.30 Uhr: Aperitif mit Kuppelblick

Über das Treppenhaus des Spedale degli Innocenti (Zutritt an der rechten Ecke) erreichen Sie das Dachcafé Verone (tgl. außer Di 11.30–21.30 Uhr). Etwas Prickelndes trinken und über die Dächer schauen, herrlich! Ganz nah erscheint die mächtige Domkuppel, Blickfang im Südosten ist die grüne Kuppel der Synagoge.

19 Uhr: In Toskana-Küche schwelgen

Zu den sympathischen, preisgünstigen Lokalen der Gegend gehört die Antica Trattoria da Tito in der Via San Gallo, wo sich Studierende und Dozenten der nahen Universität sowie Geschäftsleute treffen. Reservieren Sie sicherheitshalber, denn hier ist immer viel los.

Antica Trattoria da Tito €€
✠ 199 F4 ✉ Via San Gallo 112r ☎ 055 47 24 75
🌐 https://trattoriadatito.business.site
🕐 tgl. 12.30–15 und 19 Uhr bis open end

❶ ★★ Duomo Santa Maria del Fiore

Was?	Bekanntestes Bauwerk und Wahrzeichen der Stadt
Warum?	Ambitioniertestes Florentiner Bauvorhaben aller Zeiten
Wann?	Frühmorgens oder abends, wenn das Licht am schönsten ist
Wie lange?	Mind. 3 Stunden für den Domkomplex samt Kuppel
Was noch?	Aufstieg zur Domkuppel: Panorama zum Niederknien
Resümee	Ein wirklich erhebendes Erlebnis

Ende des 13. Jhs. wollte die Stadtrepublik Florenz ihre Stärke demonstrieren – auch als Signal an die konkurrierenden Nachbarstädte Pisa und Siena. Ein weithin sichtbares Machtsymbol musste her. Also wurde eine Kirche von gigantischem Ausmaß geplant. Giotto und andere Baumeister machten sich ans Werk – das Ergebnis: eine architektonische Leistung, die Besuchern noch heute den Atem verschlägt.

Eine der größten Kirchen der Christenheit sollte es werden, »ein Gebäude von höchster Erhabenheit und Pracht, wie sie menschlicher Fleiß und Leistung nicht besser oder schöner zustande bringen« – mit diesem Anspruch machte sich Stadtbaumeister Arnolfo di Cambio, dem Florenz auch den Turm des Palazzo Vecchio verdankt, 1296 ans Werk.

Meister Arnolfo erlebte die Fertigstellung der Kathedrale nicht mehr; einige Baumeister arbeiteten sich nach ihm an dem Mega-Projekt ab. Immer wieder wurden die Pläne modifiziert. Größte Herausforderung war die Kuppel. Als auch die 1436 dann vollendet war, besaß Florenz für lange Zeit das viertgrößte Gotteshaus der Welt (nach dem Petersdom in Rom, St. Paul in London und dem Mailänder Dom).

Stagnation nach ersten Bauabschnitten

Die riesige Anlage, deren Inneres der gesamten Florentiner Kirchengemeinde Platz bieten sollte, fasst über 20 000 Personen. Mehrere Gebäude wurden hierfür abgerissen (darunter die ursprüngliche Kirche Santa Reparata), ganze Wälder für das Holz beschlagnahmt und riesige Marmorplatten in Flottillen über den Arno verschifft. 1296 legte man den Grundstein, doch bis zur Vollendung sollte es noch über hundert Jahre dauern.

Nach Arnolfos Tod um 1302 stagnierten zunächst die Arbeiten, bis Giotto als Baumeister übernahm. Dieser widmete den Großteil seiner Zeit dem Campanile (S. 87), weshalb der Dombau fast zwei Jahrzehnte ruhte. Um 1418 endlich stand das massive Fundament, doch das Problem der Kuppelkonstruktion blieb weiter ungelöst.

Das Stadtbild von Florenz wird von der Kuppel und dem Glockenturm des Doms geprägt, selbst David blickt von der Piazzale Michelangelo entzückt herunter.

Schließlich wurde ein Ideenwettbewerb ausgeschrieben, um zu einer Lösung zu gelangen. Das fürstliche Preisgeld von 200 Goldflorin, mehr als das doppelte Jahreseinkommen eines geschickten Handwerkers, ermutigte Zimmerleute, Maurer und Bautischler aus ganz Europa, Pläne einzureichen.

Kuppel ohne sichtbare Stützen

Doch letztlich trat mit dem genialen Filippo Brunelleschi ein einheimischer Architekt mit tragfähigem Entwurf auf den Plan. Die Suche nach einer Lösung des verzwickten Problems wurde zur Lebensaufgabe des Florentiner Eigenbrötlers, dessen Wagemut in der Errichtung der weltgrößten gemauerten Kuppelschale gipfelte. Der Schlüssel seines Erfolgs lag in der

Brunelleschis Meisterwerk

Der Dom ist ein Juwel gotischer Baukunst mit reichem Portalschmuck und weitläufigem Innern. Die doppelschalige Kuppelkonstruktion von Brunelleschi, die erste der Neuzeit, erhebt das Bauwerk in den Rang eines weltweit einmaligen Meisterwerks.

❶ Fassade Reich ist hier der Figurenschmuck (von oben nach unten): im obersten Zwickel Gottvater; darunter Brustbilder berühmter Florentiner Künstler; unter der mächtigen Rosette »Maria mit dem Kind« und Apostelstatuen; in den vier Pfeilernischen Bischöfe und Papst Eugen IV., der die Kirche 1436 weihte.

❷ Kuppel An der Überkuppelung des riesigen Vierungsraums scheiterten fast alle Baumeister. Brunelleschi baute sie schließlich zwischen 1420 und 1430 als doppelschalige Konstruktion – eine Ingenieursleistung, die bis zum Barock wegweisend war.

❸ Eingang Über dem Haupteingang befinden sich ein schönes Mosaik der Marienkrönung (um 1300) von Gaddo Gaddi sowie eine Uhr. Die gemalten Prophetenköpfe in deren Ecken stammen von Paolo Uccello (1443); ihre Zeiger drehen sich entgegen dem Uhrzeigersinn.

❹ Neue Sakristei Herausragende Kunstwerke hier sind die »Auferstehung Christi«, eine Terrakottaarbeit von Luca della Robbia, und das Bronzetor desselben Künstlers.

❺ Campanile Baumeister des 82 m hohen, architektonisch herausragenden Campanile war Giotto. Nach dessen Tod führte Andrea Pisano die Arbeiten nach den ursprünglichen Entwürfen weiter. Wer die 414 Stufen auf den Turm nicht scheut, wird mit einem herrlichen Panoramablick über die Stadt belohnt.

Wiederentdeckung und Adaption römischer Gewölbetechniken, die man im Mittelalter, im Verlauf der Jahrhunderte, vergessen hatte. Er setzte Steine und Ziegel verschiedener Größe und Dichte in ein selbsttragendes Fischgrätmauerwerk – eine Technik, die auf das antike Pantheon in Rom zurückgeht.

Brunelleschi kümmerte sich persönlich um sämtliche Details der Konstruktion, vom Brennen der Ziegel bis zur Entwicklung eines komplexen Drainagesystems für Regenwasser, wofür eigene Werkzeuge und Apparate entworfen wurden: Um Ziegel – wie erforderlich – in schwindelnde Höhen zu transportieren, ließ er sich beispielsweise von Uhrmachern ein pferdebetriebenes Flaschenzugsystem entwerfen.

Eine der größten Schwierigkeiten für Brunelleschi bestand darin, dass die Schalenteile der Kuppel in jeder Bauphase die optimale Wölbung beibehalten mussten, um schließlich im Zentrum exakt aufeinanderzutreffen. Damit die Kuppel nicht unter dem eigenen Gewicht einbrach, ersann er hölzerne Ringe, die sie umschlossen – wie Eisenreifen die Dauben eines Fasses – und dabei »unsichtbar« im Mauerwerk verlegt waren. Diese Vision einer massiven Kuppel, die sich ohne sichtbare Stützen himmelwärts aufzuschwingen schien, begeisterte und frustrierte wechselweise alle am Projekt Beteiligten, bis es dann 1436 wirklich vollendet war, 16 Jahre nach Konstruktionsbeginn.

Die kleine achteckige Laterne an der Kuppelspitze (ebenfalls von Brunelleschi) krönte seine Schöpfung. Einen Höhepunkt jedes Dombesuchs bildet der Aufstieg auf schmalen Stufen zwischen innerer und äußerer Kuppelschale. In über 100 m Höhe bietet sich von dort ein wirklich erhabenes Panorama. Nur das schönste Stück der Florentiner Ansicht kann man nicht sehen – die Kuppel selbst.

Das nüchterne Innere des Doms

Der Innenraum präsentiert sich nüchtern, seit man viele qualitätvolle Ausstattungsstücke im 19. Jh. ins Museo dell'Opera del Duomo (S. 98) brachte. Brunelleschi wünschte eine Mosaikverkleidung für das Kuppelinnere, doch im 16. Jh. fand man ein Fresko des »Jüngsten Gerichts« von Giorgio Vasari und Federico Zuccari als eher angemessen.

Seine Wirkung ist unbestritten prächtig, allenfalls zu dominant für Brunelleschis technisch-schlichten Entwurf.

Der Raum unter dem Tambour wird von drei kleineren Apsiden gesäumt, die mit je fünf Kapellen versehen sind und im Äußeren von Miniaturversionen der Kuppel bekrönt werden. Die Buntglasfenster des 15. Jhs. schuf Brunelleschis Rivale Lorenzo Ghiberti.

In der Apsis nahe dem Südportal führt eine Treppe in die Krypta mit Grabungsfunden der Vorgängerkirche Santa Reparata aus dem 5. Jh., einem Buchladen und zu einer in den Boden eingelassenen schlichten Steinplatte hinter einem Eisengitter: Ihre Inschrift verweist auf das Grab des Architekten Filippo Brunelleschi.

Der Anblick der neogotischen Fassade der Kathedrale ist überwältigend.

Campanile di Giotto – der Glockenturm

Neben dem Dom erhebt sich der elegante Campanile (Glockenturm), 1334 von Giotto entworfen, doch erst 22 Jahre nach dessen Tod von Andrea Pisano und Francesco Talenti vollendet. Die Originalskulpturen und -reliefs (heute Kopien) bewahrt das Museo dell'Opera del Duomo (S. 98).

Mit 84,7 m kaum weniger hoch als Brunelleschis Domkuppel, bietet auch er spektakuläre Ausblicke über die Dachlandschaft der Stadt. Die erst im 19. Jh. vorgeblendete Domfassade griff seine kunstvolle Verkleidung mit toskanischem Marmor in Weiß, Grün und Rosa auf – mit weit weniger Charme und Raffinesse.

Battistero – die Taufkirche

Zum Dom gesellt sich als wichtige sakrale Stätte und ältestes Gebäude der Stadt das Battistero (Baptisterium), wie alle Taufkirchen Johannes dem Täufer geweiht. Laut Überliefe-

Die Kuppel des Baptisteriums wird ganz von einem Mosaik bedeckt: zentrale Figur ist Christus, der das »Jüngste Gericht« abhält (rechts).

Die zehn bronzenen Platten am Ostportal des Baptisteriums zeigen biblische Szenen.

rung stand hier ein Tempel für den römischen Kriegsgott Mars, der zu einer christlichen Kirche umgewidmet wurde. Das heutige Gebäude, das als typisches Beispiel toskanischer Protorenaissance (Vorrenaissance) aus dem 11. Jh. stammt, wurde für Taufzeremonien genutzt, wie sie im frühen Christentum zweimal jährlich stattfanden. Der dreigeschossige Außenbau ist mit weißem und grünem Marmor verkleidet, seine achteckige Form als Symbol der Ewigkeit war für Taufkirchen obligatorisch.

Zu den Attraktionen der Ausstattung zählen drei mächtige Bronzeportale: Das älteste, das Südportal, das Andrea Pisano 1330–36 schuf, zeigt in 20 Reliefs Szenen aus dem Leben des Johannes. Mehr als hundert Jahre später wollte die Zunft der Tuchhändler anlässlich der Errettung der Stadt vor der in der Toskana grassierenden Pest ein weiteres Portal in Auftrag geben. Hierzu wurde ein Wettbewerb veranstaltet, bei dem führende Bildhauer, darunter die Erzrivalen Brunelleschi und Ghiberti, Entwürfe mit der »Opferung Isaaks« einreichten (heute im Bargello, S. 56). Zu Brunelleschis Bestürzung gewann er gemeinsam mit Ghiberti. Die Aussicht, zusammenarbeiten zu müssen, war für ihn unerträglich. Er gab die Bildhauerei ganz auf – und überließ Ghiberti den Auftrag für das Nordportal, um sich nunmehr ganz seiner Architektur zu widmen.

Ghibertis Portalreliefs fanden bei ihrer Vollendung 1424 so viel Beifall, dass man ihn mit weiteren Entwürfen für ein Ostportal beauftragte. Für die Ausführung benötigte er fast drei Jahrzehnte – mit solch triumphalem Ergebnis, dass der große Michelangelo es als »Paradiestor« bezeichnete. Die Bronzetafeln demonstrieren die neuen Kunstprinzipien der Renaissance: Zehn quadratisch gerahmte Szenen aus dem Alten Testament werden zum Handlungsort unter souveräner Beachtung der Zentralperspektive. Die Originaltafeln findet man heute im Museo dell'Opera del Duomo (S. 98), an Ort und Stelle im 20. Jh. gefertigte Kopien.

Zur Zeit ihrer Errichtung war die Baptisteriumkuppel mit 26 m Durchmesser die größte in ganz Europa. Im Inneren ganz mit glänzenden Mosaiken nach Entwürfen von Giotto und Giovanni Cimabue ausgekleidet, bildet sie ein eindrucksvolles Zeugnis Florentiner Wohlstands. Die zentrale Darstellung zeigt Christus, der mit seiner Rechten die Auferstandenen im Himmel willkommen heißt, während er mit der Linken die verdammten Seelen verstößt.

Kunsthistoriker gehen davon aus, dass Mosaikmeister aus Venedig, Pisa und Lucca hier am Werk waren und verschiedene regionale Stile zu einem großartigen Ganzen verschmolzen sind.

KLEINE PAUSE
Le Mossacce (Via del Pronconsolo 55r, Tel. 055 29 43 61, www.trattorialemossacce.it, Mo–Fr 12–14.30 und 19–21.30 Uhr) ist eine winzige Trattoria mit herzhafter Küche. Probieren Sie die berühmte Ribollita (S. 20) oder ein Florentiner Steak.

✞ 199 E/F1 ✉ Piazza del Duomo
☎ 055 230 28 85 (Dom, Kuppel und Campanile)
⊕ https://duomo.firenze.it
❶ Dom: tgl. 10–16.45 Uhr; Kuppel: tgl. 8.15–19.30 Uhr; Domkrypta: Mo–Mi und Fr 10–17, Do 10–16.30, Sa 10–16.45 Uhr; Campanile: tgl. 8.15–19.45 Uhr, letzter Einlass 19.20 Uhr; Baptisterium: tgl. 9–19.45 Uhr; letzter Einlass 30 Min. vor Schließung; Basilica Santa Reparata mit frühchristlicher Krypta: tgl. 10.15–16.45 Uhr

✦ verschiedene Kombitickets (jeweils 3 Tage gültig) 30 € (komplett, d. h. Kuppel, Campanile, Baptisterium, Dom-Museum und antike Basilika), 20 € (ohne Kuppel), 15 € (ohne Kuppel und Kampanile)
❶ Das Innere des Doms kann – außerhalb der Gottesdienstzeiten – kostenlos besichtigt werden, für die Domkuppel muss, für die anderen Gebäude kann der Eintritt zu einer bestimmten Uhrzeit reserviert werden.
🚌 C1, C2, 14 und 23

❷ ★★ Galleria dell'Accademia

Was?	Kunstsammlung der ältesten Kunstakademie Europas
Warum?	Michelangelos »David« – hier steht das Original
Wann?	Zeitfenster auf Ticket (Voranmeldung)
Wie lange?	1 bis 2 Stunden
Was noch?	Historisches Instrumentenmuseum in der Galleria
Resümee	Schon wegen des schönen Marmormannes ein Muss

Bis weit ins 16. Jh. hinein haben auch die großen Florentiner Künstler ausschließlich in den Werkstätten der Meister gelernt. 1563 änderte sich das. Unter der Schirmherrschaft von Medici-Herzog Cosimo I. ging in Florenz die Accademia delle belle Arti an den Start, die erste Kunstakademie Europas. Die Institution legte sich im Laufe der Zeit eine beachtliche Gemälde- und Skulpturensammlung zu – zur Bildung und Motivation ihrer Studenten.

Der schöne David

Heute möchte jeder den »David« (1501–04, S. 28) sehen, die berühmteste Skulptur der Stadt. Von Michelangelo im Alter von 29 Jahren aus einem Marmorblock gehauen, begründete das Meisterwerk von 5,17 m Höhe dessen Ruhm als herausragender Bildhauer. Wie sein Biograf Vasari bemerkte: »Nie fand man eine geschmeidigere Haltung, eine Grazie, die der seinen gleicht, Füße, Hände und Kopf so vollendet ausgewogen in Format, künstlerischer Qualität und Form.«

Die Skulptur zeigt David in meditativer Haltung, sich auf seinen Kampf mit Goliath vorbereitend, nicht in traditioneller Triumphpose (mit einem Fuß auf dem abgetrennten Kopf des besiegten riesigen Philisters). Ursprünglich auf der Piazza della Signoria aufgestellt (S. 46), avancierte sie zum Symbol für Bürgerstolz und Freiheitsdrang der Florentiner Republik, bis man die sechs Tonnen schwere Skulptur 1873 aufgrund statischer Bedenken in die Accademia verlegte – ein aufwendiges Unterfangen, für das man Straßen verbreitern und Bögen abtragen musste und das 40 Männer fünf Tage lang beschäftigte.

Weit mehr als Michelangelo

Zu den weiteren Klassikern Michelangelos zählen seine dramatischen »Quattro Prigioni«, vier muskulöse, unvollendete Sklaven, ursprünglich bestimmt für das Grabmal Papst Julius II. in Rom, die sich aus dem Stein herauszukämpfen scheinen.

Doch die Accademia ist weit mehr als ein »Michelangelo-Museum«. Aufmerksamkeit verdienen auch Pacino di Buonaguidas an Buchmalerei erinnernder »Lebensbaum« (1310); die Tafeln von Taddeo Gaddis »Sakristeischränken« aus Santa Croce mit Darstellungen aus dem Leben Christi und des hl. Franz von Assisi (1330–35) sowie (im 1. Stock) Jacopo di Ciones »Krönung der Jungfrau« aus Santa Maria Novella (14. Jh.). Die Galerie des 19. Jhs. schließlich besitzt Gipsbüsten von Größen der Welt- und Florentiner Lokalgeschichte: Machiavelli, Dante, Byron, Liszt …

Sechs Tonnen schwere Traumfigur; Michelangelos weltberühmter »David«

KLEINE PAUSE

In der Bäckerei **Vecchio Forno** (Via Guelfa 32, Mo–Sa 7.30–20 Uhr) gibt's köstliche Focaccias, frisch, knusprig und in vielen Variationen – und dazu auch ein Glas Wein.

✝ 199 F3
✉ Via Ricasoli 60
☎ 055 29 48 83
🌐 www.galleriaaccademiafirenze.it
🕐 Di–So 8.15–18.50 Uhr; letzter Einlass 30 Min. vor Schließung; Juni/Juli teilweise verlängerte Öffnungszeiten, s. Website
💶 12 €, bei Sonderausstellungen wird ein Aufschlag erhoben; kürzere Wartezeit mit Onlineticket
🚌 mehrere Linien, u. a. C1, 1, 6, 14, 23

㉒ San Lorenzo & Cappelle Medicee

Was?	Das zweitwichtigste Gotteshaus der Stadt
Warum?	Im Inneren zeigt Brunelleschi, was Perspektive ist
Wann?	Jederzeit, sonntags erst ab 13.30 Uhr
Wie lange?	Mit Biblioteca Medicea Laurenziana 1,5 Stunden, mit Cappelle Medicee weitere 45 Minuten
Was noch?	Das Weltwissen (150 000 Bücher!) der Renaissance in der angegliederten Medici-Bibliothek
Resümee	Geballte Kulturgeschichte!

San Lorenzo überrascht außen durch grobes, unverputztes Mauerwerk.

Bis der Dom fertiggestellt wurde, war San Lorenzo ranghöchste Kirche von Florenz und seit Beginn des 15. Jhs. auch die Familienkirche der Medici. Den Großherzögen war das alte romanische Gotteshaus aber nicht repräsentativ genug, sie beauftragten Filippo Brunelleschi mit dem Umbau, der zu dieser Zeit auch für die Baustelle »Domkuppel« verantwortlich war. In San Lorenzo hat er ein weiteres Stück Architekturgeschichte geschrieben.

Brunelleschis eleganter Kircheninnenraum zählt zu den Meisterwerken der Florentiner Frührenaissance. Rundbögen, Kassettendecke, grauer Sandstein aus Fiesole – das Erstaunlichste aber ist die räumliche Wirkung, die er durch die Mittel der Symmetrie erreicht. Dadurch erscheint das Kirchenschiff perspektivisch auf den Altarraum fokussiert. Mit dieser Zentralperspektive fordert Brunelleschi seinen Zeitgenossen eine völlig neue Sehweise ab.

Schatzkästlein voller kostbarer Kunstwerke

Die Kirche wurde größtenteils von den Medici finanziert. Besonders die Sagrestia Vecchia (Alte Sakristei), ebenfalls von Brunelleschi, ist ein architektonisches Juwel, beruhend auf einem quadratischen, von einer Kuppel überwölbten Kubus. Ihr Deckenfresko zeigt mit Tierkreiszeichen und Sternbild die Konstellation der Gestirne über Florenz am 4. Juli 1442.

Ein doppelgeschossiger Kreuzgang führt zur bedeutenden staatlichen Biblioteca Medicea Laurenziana mit einer der umfangreichsten Manuskript- und Inkunabelnsammlungen Italiens. Sie geht auf Pläne Michelangelos zurück, dessen *Pietra-serena*-Treppenaufgang (grauer Sandstein) ein raumbestimmendes Glanzstück bildet.

Familiengrablege als Veranstaltungsort

Die Cappelle Medicee, Familiengrablege der Medici, bestehen aus drei separaten Einheiten: Krypta, Cappella dei Principi und Sagrestia Nuova. Die kostbare Cappella dei Principi (Fürstenkapelle), 1604 begonnen, war erst 300 Jahre später vollendet. Ganz mit Marmor und Edelsteinen verkleidet, entstand sie in minutiöser Kleinarbeit durch Handwerker des Opificio delle Pietre Dure (S. 101). Das düster-opulente Ergebnis schien den Medici so prachtvoll, dass sie in dem als Mausoleum angelegten Raum auch Botschafter empfingen und Hochzeitszeremonien abhielten.

Über einen schmalen Korridor erreicht man die Sagrestia Nuova (Neue Sakristei), von Michelangelo als Grablege der Medici und Pendant zur Alten Sakristei entworfen. Durch

Die Cappelle Medicee tragen den Namen der großen Familie Medici.

Michelangelos Medici-Madonna in der Sagrestia Nuova (links) und Deckenfresko in San Lorenzo

geschickte Verwendung eines Rahmenwerks aus weißem und dunklem Marmor erzielte er den angemessenen feierlichen Raumeindruck. Daneben schuf er als Glanzlichter seines Werkes einige der hochrangigen Grabmäler: Allegorien von »Nacht« (eine schlafende junge Frau) und »Tag« (ein muskulöser Mann mit roh ausgearbeitetem Gesicht) sowie auf der gegenüberliegenden Seite »Morgen« und »Abend«, als Anspielung auf das Verrinnen der Zeit, der sich auch große Männer beugen müssen.

KLEINE PAUSE
Testen Sie zu Mittag doch die **Trattoria Palle d'Oro** (Via Sant' Antonino 45r, Tel. 055 28 83 83, www.trattoriapalledorofirenze.com, Mo–Sa 12–14.30, Fr/Sa auch 18.30–22 Uhr): Hier sind die kleinen Snacks und Sandwiches zum Mitnehmen beliebt. Sie können auch eine kleine Mahlzeit in dem einfachen Restaurant zu sich nehmen.

 ✢ 199 E2

San Lorenzo
✉ Piazza di San Lorenzo
☎ 055 21 40 42
⊕ www.operamedicealaurenziana.org
❶ Kirche und Biblioteca Laurenziana Mo–Sa 10–17.30 Uhr
✦ Kirche 6 €, Kirche, Krypta, alte Sakristei und Ausgrabungen 9 €
🚌 C1, 14 und 23

Cappelle Medicee
✉ Piazza Madonna degli Aldobrandini 6
☎ 055 238 86 02; 055 29 48 83 (Vorausbuchung)
❶ tgl. 8.15–18 Uhr; letzter Einlass 30 Min. vor Schließung; geschl. 2. und 4. So im Monat, 1., 3. und 5. Mo im Monat
✦ 9 €, 1. So im Monat frei, Onlineticket über www.firenzemusei.it
🚌 C1, C2, 6, 11 und 22

Viva la Vespa!

Ob im echten Leben oder auf der Kinoleinwand, die Vespa ist der Inbegriff des italienischen Lebensgefühls. Auf den wendigen Dingern geht es überall hin – durch die schmalsten Gassen, das größte Chaos und auf Panoramastraßen ins Glück. Was für ein Spaß, selbst einmal aufzusteigen und durchzustarten. Florentiner Verleiher bieten die coolen Motorroller (Führerschein ist natürlich Pflicht) im Retro-Design und begleitete Touren durch Florenz oder die sanft-hügelige Chianti-Region.
Anbieter über www.getyourguide.de

㉓ San Marco

Was?	Wirkungsstätte des malenden Mönchs Fra Angelico
Warum?	Zauberhafte Fresken
Wann?	Frühmorgens, dann wirkt das einfallende Licht mystisch
Wie lange?	1,5 Stunden
Was noch?	Die Mönchszellen des fanatischen Bußpredigers Savonarola, der hinter diesen Mauern lebte
Resümee	Ein Ort mit besonderer Aura

Bruder Angelikus war ein Dominikanermönch und ein künstlerisches Ausnahmetalent. Auch in Rom schmückte er Kirchen mit Fresken und Tafelbildern aus. Für San Marco in Florenz und das dazugehörige Konventgebäude malte der Mönch biblische Figuren vor Landschaftskulissen.

Kirche und Konvent stehen hier seit dem 13. Jh. 1437 beauftragte Cosimo de' Medici Michelozzo, die Anlage für den Dominikanerorden aus dem nahe gelegenen Fiesole zu erweitern. In den 1580er-Jahren wurde die vornehme, düstere Kirche erneuert, die etwa 200 Jahre später eine neue Fassade (wohl von Agostino Nobili) erhielt.

Seinen Ruhm verdankt das Kloster San Marco dem Dominikaner Fra Angelico, der die Räume ausmalte.

Fresken, die das Herz berühren

Hauptattraktion sind die Fresken Fra Angelicos in den Konventsgebäuden, deren mystische Heiterkeit das Herz berührt. Der Künstler gehörte dem Dominikanerorden an und arbeitete mit seinen Schülern an den Fresken. Bereits im ersten Kreuzgang stößt man auf eines der bedeutendsten Fresken von San Marco: »Hl. Dominikus mit dem Gekreuzigten«.

Der Kreuzgang Sant'Antonino, Ort entspannter Kontemplation

Die Tür rechts vom Eingang führt zu einer kleineren Galerie in der ehemaligen Pilgerherberge mit sämtlichen Florentiner Werken Fra Angelicos, die man nach dem Zweiten Weltkrieg hier zusammentrug, darunter »Die Kreuzabnahme« (1432) mit dem Porträt Michelozzos (Figur mit schwarzer Haube hinter Christus) und der »Linaioli-Tabernakel« von 1433.

Das großartige »Kreuzigungsfresko«, das im Kapitelsaal eine ganze Wand einnimmt, enthält ungewöhnlicherweise Figuren, die außerhalb des Lebensumfelds Christi angesiedelt sind, darunter die hll. Dominikus und Franziskus. Oben liegt das Dormitorium, am Treppenaufgang Fra Angelicos großartige »Verkündigung« (1442), ein Meisterwerk der in der Renaissance sich entwickelnden Zentralperspektive. 44 Mönchszellen bilden die Kulisse je eines Freskos von Fra Angelico oder einem seiner Schüler zum Leben Christi.

KLEINE PAUSE

Bei **Mimmo** speist man in einem Theater aus dem 17. Jh.: Traditionelle toskanische Gerichte werden in einem schönen Ambiente serviert (Via San Gallo 57–59r, Tel. 055 48 10 30, www.ristorantedamimmo.it, Di abends geschl.).

✝ 199 F3
✉ Piazza San Marco 1
☎ 055 238 86 08
🕐 Kirche: tgl. 7–12 und 14–20 Uhr; Museo di San Marco: tgl. 8.15–13.50 Uhr; 1., 3. (und 5.) So, 2. und 4. Mo des Monats sowie an manchen öffentlichen Fei geschl.; letzter Einlass 30 Min. vor Schließung
💰 8 €
🚌 mehrere Linien, u. a. C1, 1, 6, 14 und 23

Nach Lust und Laune!

24 Loggia del Bigallo

Leicht läuft man vorbei an der marmornen Vorhalle (14. Jh.) am Domplatz (Piazza di San Giovanni/Via dei Calzaiuoli), errichtet für die Misericordia, eine der bedeutenden wohltätigen Erzbruderschaften. Sie war im 15. Jh. mit der des Bigallo (»Doppelhahn«) verbunden, die ähnliche soziale Anliegen vertrat und dem Gebäude seinen Namen gab. Jahrelang diente es als »Fundamt« für unerwünschte Säuglinge. Die verlassenen Kinder wurden für drei Tage aufgenommen. Erhoben in dieser Zeit keine Eltern einen Anspruch, gab man sie weiter zu Pflegestellen.

Heute beherbergt hier ein kleines Museum (ganzjährig geöffnet) die Kunstsammlung beider Organisationen, darunter das Fresko »Madonna della Misericordia« (1342) aus der Schule Bernardo Daddis mit der ältesten Ansicht von Florenz.

> ✢ 199 E1
> ✉ Piazza di San Giovanni
> ☎ 055 28 84 96
> 🕐 vorrübergehend wg. Restaurierung geschl., Wiedereröffnung 2023
> 💶 5 € 🚌 C2

25 Museo dell'Opera del Duomo

Werke von Michelangelo, Donatello, Arnolfo, Ghiberti, Pisano, della Robbia und del Verrocchio – Meisterwerke aus Mittelalter und Renaissance, die ursprünglich Dom, Campanile und Baptisterium schmückten, sind hier auf 6000 m² versammelt. Staunen lässt auch die Fassade der Dom-Vorgängerkirche Santa Reparata.

Die Loggia del Bigallo liegt direkt am lebhaften Domplatz.

DER NORDEN

Michelangelos »Pietà« im Museo dell'Opera del Duomo

Gleich im Erdgeschoss wird man vom Nachbau im Maßstab 1 : 1 der nie vollendeten Domfassade überrascht. Dort wurden einige der Originalskulpturen, u. a. eine Madonna mit Kind von Arnolfo di Cambio, aufgestellt. Gegenüber befinden sich die restaurierten Originalpforten des Baptisteriums (S. 87, Abb. S. 88). Von dort geht es weiter zu zwei Hauptwerken, der spektakulären »Magdalena« von Donatello und einer Pièta von Michelangelo.

Weiter oben dokumentieren Fassadenvorschläge für den Dom in Skizzen und Modellen den Wandel im Architekturgeschmack zwischen dem 15. und 19. Jh., u. a. ein Modell der Kuppel sowie ein Foto der Grundsteinlegung der Fassade von 1860 durch König Vittorio Emanuele II. samt Maurerkelle und weiteren Memorabilien. An den Architekten Brunelleschi erinnern seine Totenmaske (1446), eine Rekonstruktion des Gerüsts, das er entwickelte, und Arbeitsgeräte.

- ✠ 200 A1
- ✉ Piazza del Duomo 9
- ☎ 055 230 28 85
- 🌐 https://duomo.firenze.it
- 🕐 tgl. 9–19.45 Uhr
- 🎫 verschiedene Kombitickets für den Domkomplex, siehe S. 89
- 🚌 C1 und C2

26 Palazzo Medici Riccardi

Der bahnbrechende Bau des massiven Palazzo, fast 100 Jahre Sitz der Medici, bedeutete einen Wendepunkt in der Renaissancearchitektur. Hinter seinen klotzigen Wänden verbirgt sich eine der reizvollsten Kapellen der Stadt, bis heute eine der besterhaltenen Innenraumdekorationen des 15. Jhs.

Cosimo il Vecchio, Begründer der Dynastie, der ein besonderes Faible für Architektur besaß, zählt zu den großen Inspiratoren der Renaissancekunst in Florenz. Als Entwürfe Brunelleschis für seinen Palast in seinen Augen zu protzig gerieten, beauftragte er seinen Lieblingsarchitekten Michelozzo mit der Errichtung eines dezenteren Symbolbaus. Dessen schwere Rustikafassade aus mächtigen, roh behauenen Steinquadern erwies sich als stilbildend für andere Renaissance-Palazzi.

Prachtvolle Fresken schmücken die Galleria di Luca Giordano im Palazzo Medici Riccardi.

Der Palast war Familiensitz der Medici (1444–1540). In dieser Zeit trachteten sie danach, die alte Adelselite der Stadtrepublik zu entmachten. Ehemalige Schlüsselbauten wie Duomo (S. 82) und Palazzo Vecchio (S. 61) verloren zunehmend an Bedeutung, während der neue Medici-Palast zum unbestrittenen Machtzentrum avancierte. Heute sind im Palazzo Medici Riccardi (in den der Name eines späteren Besitzers einfloss) die Amtsräume der Stadtpräfektur untergebracht.

Unbestrittenes Juwel ist die Cappella dei Magi, deren Fresken in opulenten Farben den »Zug der Könige« zeigen. Sie wurden vermutlich im Auftrag von Cosimos ältestem Sohn Piero dem Gichtigen 1459 bis 1463 von Benozzo Gozzoli ausgeführt. Angesiedelt in einer toskanischen Ideallandschaft, besitzen sie eine fast märchenhafte Anmutung – magische Szenen mit exotischen Vögeln, prächtig geschmückten Pferden, Herrschergestalten und trutzigen Burgen. An ihrem Straußenfederemblem kann man Mitglieder der Medici-Familie ausmachen – an der rechten Wand Pieros Sohn Lorenzo Il Magnifico (auf weißem Pferd in der Mitte), gefolgt von Cosimo (auf einem Schimmel), dazwischen Piero (ohne Hut) sowie dessen Bruder Lorenzo (mit kegelförmigem Hut, zu Pferde). Den Künstler selbst erkennt man in der dem König folgenden Menge. Um die Kapelle aufzusuchen, durchqueren Sie zunächst den ersten Hof, treten dann durch die Tür links und über das Treppenhaus in den 2. Stock, dann führt eine Tür links in die Kapelle.

Die Galleria di Luca Giordano (1. Stock) mit verschwenderischem Stuck, gemalten Spiegeln und Leuchtern erinnert an den neapolitanischen Maler des Deckenfreskos der »Apotheose der Medici«. Filippo Lippis ernste »Madonna mit Kind« in einem angrenzenden Raum diente ursprünglich als Altarbild der Palastkapelle. Das Gebäude wird für Wechselausstellungen genutzt.

✝ 199 E2
✉ Via Cavour 1
🌐 www.palazzomediciriccardi.it
🕐 Do–Di 9-19 Uhr 💰 10 €
🚌 C1, 14 und 23

27 Museo dell'Opificio delle Pietre Dure

Wiederum die Medici führten in Florenz eine neuartige Mosaiktechnik ein: Einlegearbeiten aus *pietre dure*, »harten Steinen« (Marmor und Halbedelsteine). Ferdinando I. gründete das Opificio 1588 als Werkstätte für die mit der Ausstattung des Familienmausoleums beschäftigten Handwerker – der Cappella dei Principi (S. 93) als spektakulärstem Beispiel ihrer Profession.

Heute im ehemaligen Konvent San Niccolò logierend dient das Opificio als staatliche Ausbildungsstätte dieses einzigartigen Florentiner Kunstgewerbes. Das angegliederte kleine Museum präsentiert eine exquisite Sammlung: Diverse Marmorsorten und Handwerksgeräte finden sich hier neben einer großartigen Auswahl an Objekten: Kabinette, Vasen, Tische, Rahmen, sogar Porträts der Medici-Großherzöge – als *Pietre-dure*-Halbedelsteineinlagen oder in *Scagliola*-Technik, einer preiswerteren Imitation in Stuckmarmor.

✝ 199 F2
✉ Via degli Alfani 78 ☎ 055 26 51 11
🌐 www.opificiodellepietredure.it
🕐 Mo–Sa 8.15-14 Uhr 💰 4 € 🚌 C1

28 Giardino dei Semplici

Trotz einer gewissen Verwilderung präsentiert sich der Botanische Garten von Florenz, der verborgen abseits der Touristenpfade jenseits des Klosters San Marco liegt, als grüne Oase. Er wurde 1545 von Cosimo I. de' Medici gegründet, um exotische Pflanzen und Heilkräuter *(semplici)* für medizinische Zuberei-

Florentiner Mosaik: Pietra-dura-Tischplatte

tungen in Apotheken kultivieren zu können. Heute gehört er mit seinen rund 9000 Spezies zum Botanischen Institut der Universität. Zehn Minuten Hagel im November 2014 haben 90 % des Bestands der schönen alten Bäume beschädigt.

† 199 F3
✉ Via Micheli 3
☎ 055 275 74 02
🌐 www.ortobotanicoitalia.it/ toscana/unifirenze
🕐 April–Ende Sept. Di–So 10–19, Mitte Okt.–März Sa/So 10–16 Uhr
💰 6 € 🚌 mehrere Linien, u. a. C1, 1, 7, 11 und 17

29 Santissima Annunziata

Von Serviten gegründet, entwickelte sich die Kirche zu einem bedeutenden Wallfahrtsort mit späteren Um- und Erweiterungsbauten, beginnend unter Michelozzo 1444–77.

Gleich links ist das Gnadenbild der Muttergottes in einem Marmortabernakel (stark restauriert). Als 1252 ein Mönch beim Malen mit dem Antlitz Mariens kämpfte, schlief er angeblich ein und fand beim Aufwachen das von einem Engel fertiggestellte Fresko vor. Das später im Barockstil umgestaltete Innere wird durch farbigen Marmor, reichlich Gold und freskenverzierte Seitenkapellen bestimmt: Die Cappella Feroni (Feronikapelle, 1. links) von Giovanni Battista Foggini gilt als ein Florentiner Barockjuwel.

Durch einen später angefügten Portikus gelangt man in den Vorhof. Die freskierten Bogenfelder (Szenen aus dem Leben Christi sowie des

Fresko Andrea del Sartos im Vorhof von Santissima Annunziata

Ordensheiligen Filippo Benizzi) stammen von führender lokalen Künstlern: Jacopo da Pontormo, Rosso Fiorentino, Alesso Baldovinetti und Andrea del Sarto.

Die loggienumsäumte Piazza SS. Annunziata mit Kirche und Findelhaus (S. 104) gilt als eine der elegantesten Platzanlagen der Stadt; im Zentrum stehen ein Reiterdenkmal Ferdinands I. von Giambologna und zwei manieristische Brunnen. Sie ist alljährlich Schauplatz wichtiger Feste: an Mariä Verkündigung (Annunciazione, 25. März) und der Festa della Rificolona (7. Sept.) bei der man mit einem Laternenumzug der Geburt der Madonna gedenkt.

Die Mitte der Piazza della Santissima Annunziata nimmt das Reiterstandbild Ferdinands I. ein.

- ✝ 200 B3
- ✉ Piazza Santissima Annunziata
- 🕐 tgl. 16–17.15 Uhr
- 🎫 frei 🚌 6, 14, 23, 31 und 32

30 Museo Archeologico

Ein willkommenes Kontrastprogramm zur Renaissance mit Stippvisite in der Antike bietet Italiens bedeutendste Etruskische Sammlung neben einer der führenden zur Ägyptischen Kunst. Nach schweren Schäden durch die Flutkatastrophe von 1966 werden einige der Exponate nicht mehr ausgestellt. Besondere Highlights: ein ägyptischer Kampfwagen aus Holz und Knochen (14. Jh. v. Chr., Fundort: Theben); die sogenannte François-Vase, ein bemalter Volutenkrater aus einem Etruskergrab bei Chiusi (um 570 v. Chr.); eine etruskische Bronze-Chimäre (5. Jh. v. Chr.) als merkwürdiges Mischwesen mit Löwenkörper, Ziegenkopf und Schlangenschwanz.

- ✝ 200 B2
- ✉ Piazza SS. Annunziata 9b
- 🌐 www.musei.firenze.it/museo_archeologico_nazionale.htm
- 🕐 Mo und Mi 8.30–14, Di und Fr 8.30–19, Do 14–19 Uhr
- 🎫 8 € (oder mit dem Ticket für die Uffizien, das auch hier gilt)
- 🚌 6, 14, 23, 31 und 32

31 Spedale degli Innocenti

Als erstes Waisenhaus Europas wurde 1445 in Florenz das Findelhaus gegründet und bereits im selben

Jahr wurden die ersten Babys, die »Innocenti« (Unschuldigen), aufgenommen. Seither konnten Mütter ihre unerwünschten Säuglinge anonym auf ein drehbares Steinrad *(ruota)* legen und eine Glocke läuten – eine Art frühe »Babyklappe«.

Babyerkennungszeichen im Museum des Spedale degli Innocenti

Das Gebäude Filippo Brunelleschis im Auftrag der Seidenweberzunft (Arte della Seta) ist ein viel kopiertes Musterbeispiel der Frührenaissance mit einer lang gestreckten schlanken Loggia aus Rundarkaden, deren Jochhöhe fast exakt ihrer Breite entspricht, elegant gegliedert durch die Abfolge grauer Steinbänder und weiß verputzter Wandflächen. Liebevoll gestaltete Terrakottamedaillons von Andrea della Robbia an der Fassade zeigen Wickelkinder. Ein Kreuzgang und das Museo dello Spedale degli Innocenti (MUDI) mit einer reichen Sammlung an Kunstwerken (Gemälden aus der Zeit vom 14. bis 17. Jh.) sind für Besucher zugänglich. Zu sehen sind u. a. Ghirlandaios »Anbetung der Heiligen Drei Könige« sowie eine Botticelli zugeordnete »Mutter mit Kind«.

✣ 200 B2
✉ Piazza Santissima Annunziata 12
☎ 055 203 71
🌐 www.istitutodeglinnocenti.it
🕐 tgl. außer Di 11–18 Uhr; Anmeldung spätestens am Vortag des geplanten Besuchs) erforderlich
💰 7 € 🚌 6, 14, 23, 31 und 32

32 Museo Stibbert

Das um das Jahr 1860 von Frederick Stibbert gegründete Museum ist ein wahres Raritätenkabinett: In über 60 Räumen sieht man Waffen, eine Sammlung von mehr als 10 000 Rüstungen, Kostüme, Möbel, Skulpturen, Bilder aus dem 16. bis 19. Jh. und Kuriositäten. Aufregend für Kinder ist die Sala della Cavalcata, in der europäische und orientalische Reiterfiguren in Originalgröße ausgestellt sind.

✣ 200 bei B5
✉ Via Stibbert 26 ☎ 055 47 55 20
🌐 www.museostibbert.it
🕐 Museum: nur geführte Touren, immer zur vollen Stunde Mo–Mi 10–14, Fr–So 10–18 Uhr; Park: April–Okt. Fr–Mi 8–19, Nov.–März 8–17 Uhr
💰 Museum 8 €, Park frei 🚌 Bus 4 von Santa Maria Novella in 15 Min.

Wohin zum ... Essen und Trinken?

Preise für ein Drei-Gänge-Menü (ohne Getränke und Service):
€ unter 35 Euro
€€ 35–50 Euro
€€€ über 50 Euro

Casa del Vino €
Durch die Nähe des »Haus des Weines« zum Mercato Centrale drängen sich oft die (einheimischen) Besucher – Touristen trifft man eher selten. Alle Weine kann man in Flaschen kaufen, viele davon werden glasweise an der Bar zu leckeren Crostini oder Panini ausgeschenkt.
✢ 199 E2 ✉ Via dell'Ariento 16r
☎ 055 21 56 09 ⊕ www.casadelvino.it
❶ Mo–Do 9.30–15.30, Fr/Sa 10–22.30 Uhr, Aug. geschl.

Coquinarius €€
Ein absolutes Muss; Vorbestellung dringend empfohlen. Riesige gerahmte Poster bestimmen die Atmosphäre, in der man Fantastisches serviert: Die Gemüse-Quiche ist köstlich und für die Ravioli mit Ziegenkäse-Birnen-Füllung würde wohl so mancher seinen letzten Cent geben.
✢ 199 E1 ✉ Via delle Oche 11r
☎ 055 230 21 53 ⊕ www.coquinarius.it
❶ Mo–Sa 12–16 und 19–24 Uhr

Gozzi Sergio €–€€
Schlichte Trattoria, in der man stolze Portionen deftiger Florentiner Küche aus Spitzenprodukten des nahen Mercato Centrale auf den Tisch bringt. Die Karte mit Klassikern ist übersichtlich: Zu *minestrone di verdura* (Gemüsesuppe), Bistecca alla Fiorentina und als Dessert *cantucci* (Mandelkekse), die man in Vin Santo tunkt, trinkt man kräftigen Hauswein. Montags und donnerstags gibt es *trippa* (Kutteln), dienstags und freitags frischen Fisch. Hervorragend und günstig.
✢ 199 E2
✉ Piazza San Lorenzo 8r ☎ 055 28 19 41
❶ Mo–Sa 12–15 Uhr, Aug. geschl.

La Giostra €€
Der Habsburger Erzherzog Soldano führt sein Restaurant unter dem Motto »in food we trust«. Es wird viel Wert auf Qualität und die traditionelle toskanische Küche gelegt, wobei immer auch aktuelle Richtungen der Kochkunst einbezogen sind. Gute Küche und großes Weinsortiment. Die Weine, u. a. aus der Toskana und dem Piemont stammend, ruhen zunächst einige Zeit im Weinkeller.
✢ 200 B1 ✉ Borgo Pinti 10r
☎ 055 24 13 41
⊕ www.ristorantelagiostra.com
❶ Mo–Fr 12.30–14.30, tgl. 19–24 Uhr

La Mescita Fiaschetteria €
Fiaschetterie sind traditionelle Weinbars. Hier werden die Weine glasweise zu einer preiswerten Auswahl kleiner Häppchen oder einfacher Gerichte serviert, zum Beispiel Pasta. Besonders mittags randvoll mit Studenten.
✢ 200 B2
✉ Via degli Alfani 70r, Ecke Via dei Servi
☎ 33 36 50 02 73 ❶ tgl. 11–16 Uhr

Da Nerbone €
Unter den preiswerten, gut besuchten Restaurants der Stadt ist kaum eines so originell wie das winzige Lokal an einer lebhaften

Speisen im Gewölbekeller: Coquinarius

Ecke des Mercato Centrale. Marktleute und einheimische Kunden drängen sich an Tischen und Theken und wählen leckere Zwischengerichte und einfache warme Mahlzeiten. Lange bewährt.
† 199 E2
✉ Mercato Centrale ☎ 055 21 99 49
🕐 Mo–Fr 7–14, Sa bis 17 Uhr, Streetfood-Markt im 1. Stock tgl. 9–24 Uhr

Taverna del Bronzino €€€
Seit Jahren überzeugt das elegante Lokal die Hautevolee in einem reizvollen Ambiente mit raffinierter regionaler Küche. Man speist in einem Gebäude aus dem 16. Jh. Die Speisekarte mit Klassikern wie *bistecca alla Fiorentina* oder *tagliatelle al Chianti* wird durch wechselnde Tagesmenüs ergänzt. Der Weg hierhin lohnt, auch wenn das Restaurant etwas abseits im Norden liegt.
† 199 F4 ✉ Via delle Ruote 27r
☎ 055 49 52 20
🌐 www.tavernadelbronzino.net
🕐 Mo–Fr 12.30–14.30 und 19.30–22.30, Sa 19.30–22.30 Uhr, Aug. geschl.

Rund um den Dom gibt es etliche Cafés.

Trattoria Mario €
Bei Mario, einer Florentiner Institution, macht man keine Zugeständnisse an stilvolles Dinieren. Ein völlig unprätentiöser Platz zum Essen (nur mittags) am Mercato Centrale für Studenten, Einkaufsbummler und Händler. Montags und dienstags gibt es Kutteln auf Florentiner Art zubereitet, freitags Fisch – und die ganze Woche dasselbe Dessert: *cantucci* (Mandelkekse), die man in den Dessertwein Vin Santo tunkt.
† 199 E3
✉ Via Rosina 2r/Piazza del Mercato Centrale
☎ 055 218 55 0 🌐 www.trattoriamario.com
🕐 Mo–Sa 12–15.30 Uhr

Zanobini €
Einfache Weinbar mit Holzwänden, meist gut besucht von einheimischem Publikum (und immer gern empfohlen), und das trotz ihrer etwas dezentralen Lage abseits der Besucherströme rund um den San-Lorenzo-Markt. Hier trinkt man sein Gläschen Wein zu deftigen Brotscheiben mit Käse oder Salami. In einem Hinterzimmer kann man viele Weine auch in Flaschen kaufen.
† 199 D2 ✉ Via Sant'Antonino 47r
☎ 055 239 68 50
🕐 Mo–Sa 9–14 und 15.30–20 Uhr, Fei geschl.

Zà Zà €–€€
Früher wurde es leicht übersehen, doch heute ist das Zà Zà schon lange etabliert und auch wegen seiner Lage nahe dem Mercato Centrale so beliebt, dass man gelegentlich auf einen Tisch warten muss. Bei einem Besuch versteht man gleich, aus welchem Grund: rustikale Steinwände, an denen Bilder und alte Fotos hängen (ein weiterer, größerer Speiseraum liegt im Keller); meisterhafte Küche mit den Basics der Region bei günstigen Festpreisen und Auswahl aus mehreren verführerischen Menüs. Tipp: Versuchen sollte man die zu Recht »zelebrierten« warmen Antipasti und leckere Crostini mit Taleggio-Käse, Pfeffer und Essig.
† 199 E3
✉ Piazza del Mercato Centrale 26r
☎ 055 215 4 11 🌐 www.trattoriazaza.it
🕐 tgl. 11–23 Uhr

Wohin zum ... Einkaufen?

Im Norden kauft man gern auf einem der großen Märkte ein: dem Lebensmittelmarkt Mercato Centrale und dem Straßenmarkt von San Lorenzo. Auch befinden sich hier ausgezeichnete Buch-, Feinkost- und Weinläden.

BÜCHER UND MUSIK

Alberti
Die Fundgrube für alle Musikliebhaber. Am Borgo San Lorenzo ist man spezialisiert auf Oper, Klassik und Jazz, im Laden an der Via de' Pucci auf Dancefloor, Pop und Rock.
✥ 199 E2
✉ Borgo San Lorenzo 45–49r und Via de' Pucci 41–47
☎ 055 29 42 71 oder 055 28 43 46
⊕ www.albertinuova.it
❶ beide: Mo 15.30–19.30, Di–Sa 9–19.30 Uhr

Paperback Exchange
Der etablierte Secondhand-Buchladen südlich des Doms bietet eine größere Auswahl englischer Titel zu (italienischen) Kunstthemen. Großer Umschlag an gebrauchten Paperbacks (wie der Name andeutet ...).
✥ 200 A1
✉ Via dell'Oche 4r
☎ 055 29 34 60 ⊕ www.papex.it
❶ Mo–Fr 9–19.30, Sa 10.30–19.30 Uhr, Juli/Aug. Sa nachmittags geschl.

LEBENSMITTEL UND WEIN

Eataly
2500 m² italienische Esskultur: Aus jeder Region des Stiefels die besten Gaumenfreuden, Bücher zum Thema und Kochkurse – südländische Atmosphäre vor Ort und für zu Hause! Eataly ist Teil eines Unternehmens, das in Turin gegründet wurde, um dem Fast Food Aspekte der Nachhaltigkeit und der Verantwortung entgegenzusetzen. Das Konzept der Eataly-Märkte steht dem Slow Food sehr nahe, das ja eng mit dem Piemont verbunden ist. Eine weitere Filiale im Mercato Centrale.
✥ 199 E2
✉ Via Martelli 22r ☎ 055 015 36 10
⊕ www.firenze.eataly.it
❶ tgl. 10–22.30 Uhr

Focacceria Pugi
In Florenz sein und keine *schiacciata* bei Pugi kaufen? Das stößt bei Florentinern auf Unverständnis. Schließlich ist das leicht gesalzene, mit Olivenöl beträufelte Fladenbrot schön feinporig, weich und knusprig. Eigentlich ist hier alles gut, was aus dem Ofen kommt.
✥ 199 F3 ✉ Piazza San Marco 9/B
☎ 055 28 09 81 ⊕ www.fornopugi.it
❶ Mo–Sa 7.30–20 Uhr

Robiglio
Die traditionelle Pasticceria (oder Manufaktur für Backwaren und Pasta) unterhält drei Läden in Florenz. Das Hauptgeschäft bildet ein elegantes Ambiente für eine Tasse Tee oder Kaffee zu den exquisiten Kuchen. Ein weiterer Laden liegt südlich des Doms an der Via de' Tosinghi.
✥ 200 B2 ✉ Via dei Servi 112r
☎ 055 21 45 01 ⊕ www.robigliocatering.com
❶ Mo–Sa 7.30–20 Uhr

HAUSHALTSWAREN

Bartolini
Die 1921 gegründete Firma ist ein solcher Fixpunkt im Stadtbild, dass Einheimische diesen Ort in der Stadt gern als »angolo Bartolini« (Bartoliniwinkel) bezeichnen. Hier gibt's neben feinem Porzellan und Glaswaren von weltweit führenden Herstellern (wie Alessi, Wedgwood, Spode oder Riedel) alles, was man für den Haushalt braucht.
✥ 200 B2 ✉ Via dei Servi 72r
☎ 055 29 14 97 ⊕ www.bartolinifirenze.it
❶ Mo–Fr 10–13 und 14–19, Sa 10–13 Uhr

Frette
Der international bekannte italienische Hersteller produziert feine Heimtextilien, wie Bett- und Tischwäsche, in unverwechselbarem Design.

Mercato Centrale: größte Markthalle der Stadt

✝ 200 A2 ✉ Via Cavour 2
☎ 055 21 13 69 ⊕ www.frette.com
◐ Mo 15–19, Di–Sa 10–19, So 11–18 Uhr

MÄRKTE

Mercato Centrale
Der Florentiner Zentralmarkt verdient ebenso Beachtung wie die berühmten Museen der Stadt. 1874 eröffnet, ist er heute der größte überdachte Lebensmittelmarkt Europas, ein eindrucksvoller Bau aus Stein, Eisen und Glas. Erbaut wurde er von Giuseppe Mengoni, jenem Architekten, der die berühmte Galleria Vittorio Emanuele in Mailand entwarf. Nach einem gelungen Umbau gibt es in der oberen Etage hippe Esslokale, Bars und eine Kochschule. Unten bieten die Stände weiterhin Käse, Schinken, Fleisch- und Wurstwaren, Olivenöle, Pasta sowie eine riesige Palette weiterer Lebensmittel für den alltäglichen Bedarf und für Gourmets. Ideal zum Erwerb von Mitbringseln oder Picknickzutaten für einen Ausflug. Weine kauft man in der Regel besser in Osteria-Läden wie Zanobini (S. 106) oder Casa del Vino (S. 105).
✝ 199 E2 ✉ Via dell'Ariento
◐ Mitte Juni–Mitte Sept. Mo–Sa 7–14, sonst Sa bis 17 Uhr, obere Etage tgl. 9–24 Uhr

Mercato San Lorenzo
Auf dem Markt von San Lorenzo um die gleichnamige Markthalle erhält man neben T-Shirts und günstiger Kleidung auch Lederjacken, Schuhe, Hand- und Reisetaschen zu moderaten Preisen. Die Qualität der Lederwaren ist oft überraschend gut und die Preise für einen Markt recht hoch, doch aufgrund der starken Konkurrenz lässt sich zuweilen handeln. Achtung: Günstiger kauft man auf dem Tagesmarkt am Parco delle Cascine (S. 135). Und: Vorsicht vor Taschendieben, besonders im Gedränge!
✝ 199 E2/3
✉ Piazza del Mercato/Via Panicale/Via Sant'Antonino ◐ Di–Sa 8–19 Uhr

PAPIER UND SCHREIBWAREN

Il Papiro
Papierwaren und Geschenkartikel aus typisch florentinisch marmoriertem Papier oder bedrucktem Leder, edle Tinten und Federn, Siegel und Siegelwachs, Tage- und Notizbücher.
✝ 203 E1/F3
✉ Piazza del Duomo 24r/Via Cavour 49r
☎ 055 28 16 28 und 055 21 52 62
⊕ www.ilpapirofirenze.it
◐ Mo–Sa 10–13 und 14–19, So 10–18 Uhr

PARFÜMS / KOSMETIK

Farmacia SS. Annunziata
Dieser Laden, der seine Produkte in alten Holzschränken unter dekorativem Gewölbe präsentiert, wurde 1561 gegründet, als der kräuterkundige Domenico di Vincenzo Brunetti in die Nähe der Kreuzung Via dei Servi/Via degli Alfani zog. Ob Rosmarinseife oder Salbeizahnpasta, Babyshampoo mit Kamille oder ein ausgefallenes Heidelbeer-Aftershave – alles ist handgefertigt nach Originalrezepten und geht in der firmentypischen edlen schwarz-weißen Verpackung über den Ladentisch.
✝ 200 B2 ✉ Via dei Servi 80r
☎ 055 21 07 38
⊕ www.farmaciassannunziata1561.it
◐ Mo–Fr 9–19, Sa 11–19 Uhr (Filiale an der Porta Rossa 43r auch So 15–19 Uhr)

Wohin zum ... Ausgehen?

Der nördliche Teil der Stadt mag tagsüber Studenten und Touristen in Scharen anziehen, doch abends wird es ruhiger, da die meisten ins Oltrarno-Viertel jenseits des Flusses weiterziehen. Doch gibt es auch hier Livemusik in Bars oder in der einen oder anderen Kirche ein klassisches Konzert.

JAZZ, FOLK UND KLASSIK

Kirchen wie San Lorenzo oder der Dom bieten zuweilen Gastkonzerte mit Chor- oder Orgelmusik. Genaueres bei den Tourist Informationen (S. 186) oder auf Anschlägen am jeweiligen Veranstaltungsort.

LIVEMUSIK UND BARS

Die beste Adresse für südamerikanische Musik ist das populäre Girasol (Via del Romito 1, Tel. 055 47 49 48, www.girasol.it, Mi-Sa 19-3, So/Mo 19-24 Uhr, vom Zentrum nur mit dem Taxi, da nördlich der Fortezza da Basso gelegen). Gehaltvolle Cocktails, Salsakurse und Mi, Fr und So »Disco Dinner« - erst Pizza dann Tanzen - mit lateinamerikanischer, Sa mit Popmusik der 70er und 80er.

Das seit 20 Jahren bestehende Auditorium Flog (Via Michele Mercati 24b, Tel. 055 47 79 78, Tickets 055 21 08 04, www.flog.it) noch weiter nördlich erweist sich bis heute als Lieblingsadresse für Livemusik-Fans. Italienische und internationale Bands gastieren. Im Sommer veranstaltet das Flog auch Freilichtkinoabende!

Die Adresse für Clubgänger am Nabel der Zeit ist der Club Tenax (Via Pratese 46, Tel. 055 30 81 60, www.tenax.org, Okt.-Mai Fr/Sa ab 22 Uhr) in einem nördlichen Vorort in der Nähe des Flughafens Peretola, denn als etablierte Riesendisco mit gelegentlichen Live Acts zählt er zu den führenden Night Spots der Stadt. Die nächtliche Exkursion dorthin lohnt sich, wenn Sie einmal eine lokale Band live erleben wollen oder dann und wann auch internationale Stars (Hinweise finden Sie in der Presse oder auf Postern). Ansonsten sorgen DJs für tanzbare Musik von House bis Latin und wechselnde Themennächte. Mehrere Bars und reichlich Sitzgelegenheiten.

THEATER UND KONZERTE

Im schönen Teatro della Pergola, dessen Ursprung auf das Jahr 1656 zurückgeht (Via della Pergola 12/32, Tel. 055 226 41, www.teatrodellapergola.com), finden regelmäßig Theaterproduktionen und Kammerkonzerte sowie im Frühsommer auch einige Aufführungen im Rahmen des Maggio Musicale Fiorentino (S. 136) statt.

Am Rand des Zentrums und umspült von den Verkehrsmassen fungiert die riesige Fortezza da Basso (Viale Filippo Strozzi), die auf das Jahr 1534 zurückgeht, heute als Mehrzweckhalle. Überwiegend wird sie für Messen genutzt.

Auch in den Hallen der ehemaligen Stazione Leopolda (Viale Fratelli Rosselli 5, www.stazione-leopolda.com) werden regelmäßig Messen, Ausstellungen und Performances organisiert.

Mode-Designer in der Stazione Leopolda

Der Ponte Vecchio ist eines der Wahrzeichen von Florenz.

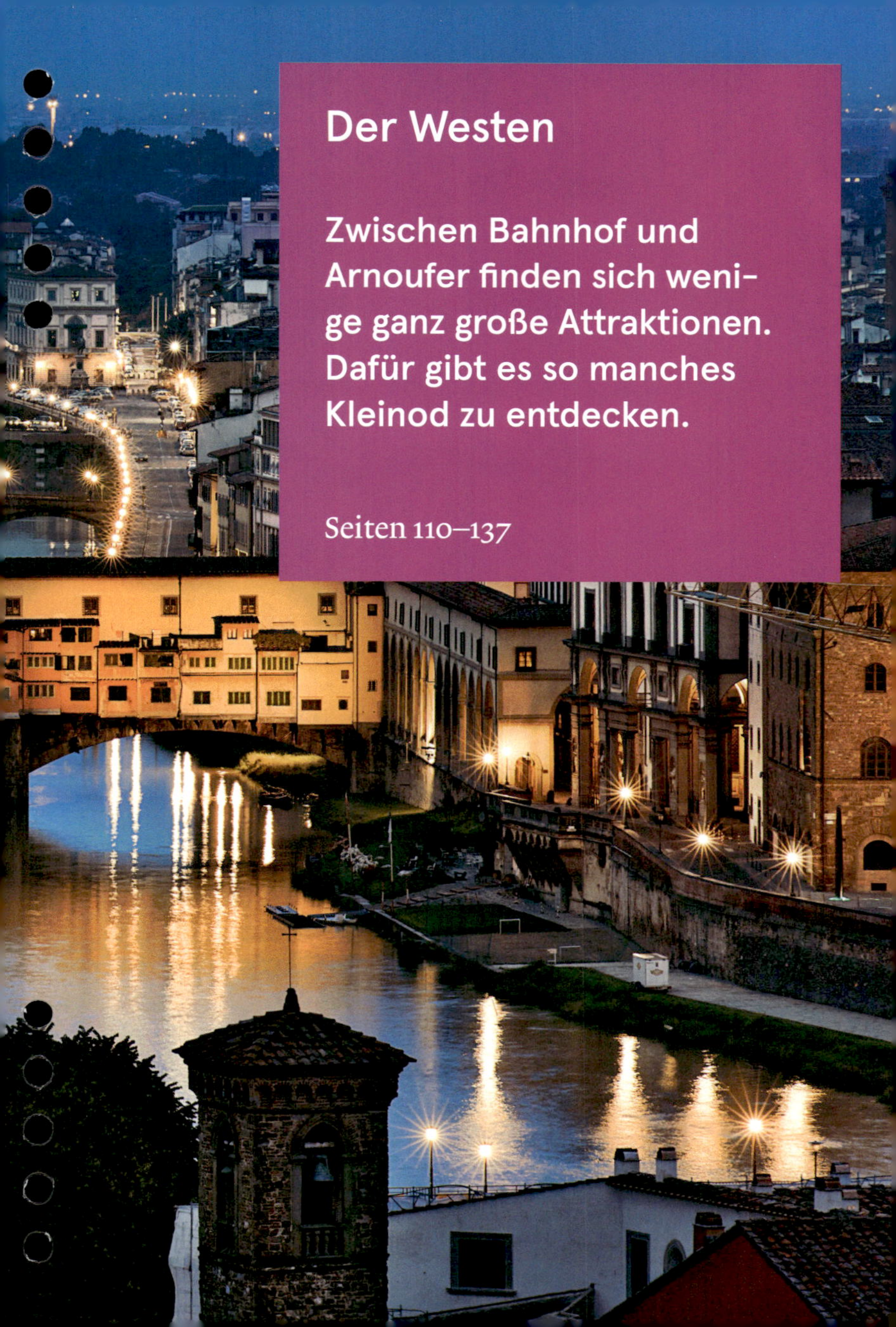

Der Westen

Zwischen Bahnhof und Arnoufer finden sich wenige ganz große Attraktionen. Dafür gibt es so manches Kleinod zu entdecken.

Seiten 110–137

Erste Orientierung

In diesem ältesten, höchst vielseitigen Viertel von Florenz findet man noch Spuren des römischen Lagers Florentia und enge mittelalterliche Gassen – nunmehr gesäumt von prächtigen Bauten der Renaissance, erbaut, als die Reichen der Stadt miteinander um die schönsten Paläste, Kirchen und Denkmäler wetteiferten.

Der Bezirk erstreckt sich vom Hauptbahnhof Santa Maria Novella (einem der wenigen modernen Gebäude im Zentrum) bis zum Ponte Vecchio, der ältesten Brücke der Stadt und eines ihrer Wahrzeichen. Zu entdecken gibt es hier jede Menge – von der ehrwürdigen Kirche Santa Maria Novella und ihren zahlreichen Kunstschätzen über den Palazzo Davanzati, der einen anschaulichen Eindruck vom Leben der wohlhabenden Oberschicht im Mittelalter vermittelt, bis zur Piazza della Repubblica und ihren Straßencafés. Auch einkaufen lässt es sich hier bestens, zum Beispiel in den Nobelläden von Gucci, Prada, Bulgari und Co. in der Via de' Tornabuoni.

TOP 10
- ❺ ★★ Ponte Vecchio
- ❽ ★★ Santa Maria Novella

Nach Lust und Laune!
- 33 Officina Profumo-Farmaceutica di Santa Maria Novella
- 34 Ognissanti
- 35 Palazzo Strozzi
- 36 Museo Marino Marini
- 37 Palazzo Rucellai di Leon Battista Alberti
- 38 Piazza della Repubblica
- 39 Mercato Nuovo
- 40 Palazzo Davanzati
- 41 Santa Trinità

Mein Tag
mit Shopping

Einkaufen macht Spaß, besonders in Florenz. Edle Boutiquen und bunte Märkte, Juweliere, Hutmacher, Parfümeure … bieten ein breitgefächertes Warenspektrum. Einfach unwiderstehlich.

9.30 Uhr: Cornetto mit Aussicht

Beginnen Sie Ihren Tag an der 38 Piazza della Repubblica im Rinascente (S. 133). Auf dem Dach des Kaufhauses befindet sich das Café La Terrazza, das Postkartenpanorama zum Kaffee verheißt.

Gestärkt können Sie sich durch die Verkaufsetagen treiben lassen – Bekleidung, Schuhe, Accessoires – alles unter einem Dach vereint. Beste Adresse für Bücher ist Feltrinelli (S. 132) unter den Arkaden. Das Angebot umfasst jede Menge Florenz-Literatur und Kunstbände, auch in englischer Sprache.

11.30 Uhr: Bronzeschwein und Silberschmuck

Schlendern Sie im Schatten der Arkaden weiter bis zur Loggia del 39 Mercato Nuovo (S. 128). Seit dem 16. Jh. sind unter dem eleganten Gewölbe Händler vor Regen geschützt. Die heutigen bieten Taschen, Gürtel, Tücher und Shirts.

Besuchen Sie das Bronze-Wildschwein Porcellino. Das Berühren seiner Schnauze bringt Glück, heißt es. Na dann.

Wie schon die Kaufleute im Mittelalter verlassen Sie das Zentrum über den ❺ ★★ Ponte Vecchio (S. 118). Auf der berühmten Brücke verkaufen Juweliere Glänzendes und Hochkarätiges. Zumindest umschauen kann man sich ja mal …

12 Uhr: Ans andere Ufer

Am gegenüberliegenden Arnoufer finden sich auch heute noch winzige Läden, Handwerks- und Kunsthandwerksbetriebe.

11.30 Uhr

15.30 Uhr

Die Apotheke Officina Profumo-Farmaceutica di Santa Maria Novella ist fast 800 Jahre alt (rechts).

Internationale Schmuck- und Modelabels säumen die Via Tornabuoni (oben); auf der Ponte Vecchio präsentieren Manufakturen Florentinische Goldschmiedekunst (links)

Handschuhe aus feinstem Leder in allen erdenklichen Farben gibt es bei Madova (Via de' Guicciardini 1), gleich hinter der Brücke. Werfen Sie auch einen Blick in die traditionelle Silberschmiede Argentiere Pagliai (Borgo S. Jacopo 41).

13 Uhr: Pasta auf dem Kirchplatz

Die beschauliche Piazza di Santo Spirito ist längst kein Geheimtipp mehr, aber verglichen mit dem Rummel am Ponte Vecchio geht es hier immer noch sehr geruhsam zu. In der Trattoria La Casalinga (S. 160) isst man seit eh und je so gut wie bei »Mama«.

14.30 Uhr: Museale Schuhe

Salvatore Ferragamo, Schuhmacher aus Süditalien, eroberte vor fast 100 Jahren die Füße der Hollywoodstars (S. 18). Sein Mode-Imperium residiert heute noch in Florenz. Schuhe, die Epoche machten, können Sie im Ferragamo Museum (S. 136) bewundern.

15.30 Uhr: Flanieren auf der Designermeile

Gucci, Prada, Pucci, Fendi, Ferragamo und Armani ... die großen Namen der Modewelt verfügen alle über eine Filiale auf der Via de' Tornabuoni, der elegantesten Shoppingmeile der Stadt.

16 Uhr

16 Uhr: Hüte und Düfte

Ihre Kopfbedeckung kaufen Florentiner seit Generationen bei Grevi. Der fast 150 Jahre alte Hutmachersalon hat nun ein neues Domizil – in der Via dei Fossi (7r). Die Klassiker sind aus Stroh mit einem breiten Ripsband.

In der Via della Scala residiert eine der ältesten Apotheken der Welt: die beeindruckende 33 Officina Profumo-Farmaceutica di Santa Maria Novella (S. 126).

17 Uhr: Prosecco-Pause

Jetzt haben Sie sich eine Erfrischung verdient. Die Bar des Grand Hotel Minerva (S. 137) ist der perfekte Ort dafür – hier haben Sie beim Prosecco die anmutige Kirche Santa Maria Novella im Blick.

19.30 Uhr: Fein speisen

In der Cantinetta des Weinguts Antinori (S. 130) können Sie den Shoppingtag stilvoll ausklingen lassen. Hier speist man toskanisch in der Empfangshalle des eleganten Palazzo Antonori unter hoher Holzdecke. Dazu gibt es natürlich immer den passenden Wein. Tische und Bar füllen sich im Laufe des Abends mit Florentiner Society, die mitunter extravagante Garderobe ausführt. Eine Reservierung ist empfehlenswert.

MEIN TAG

❺ ★★ Ponte Vecchio

Was?	Die älteste Brücke der Stadt
Warum?	Florentiner Wahrzeichen und historische Edel-Einkaufsmeile
Wann?	Zu jeder Tages- und Nachtzeit
Wie lange?	Zum Rübergehen eine Minute, ein Schaufensterbummel kann lange dauern ...
Was noch?	Den schönsten Blick auf den Ponte Vecchio gewährt die Nachbarbrücke, Ponte alle Grazie
Resümee	Malerischer geht es nicht!

Ponte Vecchio, die »Alte Brücke«, ist das Lieblingsmotiv der Fotografen und Freiluftmaler. Anmutig spannt sich das Bauwerk über den Fluss, pittoresk wirken ihre über die stützenden Bögen hinausragenden Aufbauten, harmonisch fügen sich die orange- und ockerfarbenen Fassaden in die toskanische Landschaft ein. Nicht nur die Fluten des Arno, auch den Zweiten Weltkrieg hat der Ponte Vecchio zum Glück fast schadlos überstanden.

Eine hölzerne Brücke hatte hier bereits seit der Römerzeit existiert und war schließlich 1345 durch diesen eventuell

Ponte Vecchio: Die älteste Arnoquerung in Florenz ist zugleich die berühmteste.

von Taddeo Gaddi entworfenen, beständigeren Steinbau ersetzt worden. Die Brücke versah Giorgio Vasari im Jahr 1565 mit dem überdachten Durchgang des Corridoio Vasariano (S. 55). Dieser Geheimgang der Medici diente der schnellen Verbindung zwischen Wohn- und Arbeitspalast: trockenen Fußes und ohne Zusammentreffen mit dem gemeinen Volk auf der Brücke.

Anders als heute, wo schicke Juweliergeschäfte das Bild beherrschen, gingen hier im Mittelalter Metzger und Fischhändler ihrem Gewerbe nach, ebenso Gerber, die ihre Felle vor dem Beizen mit Pferde-Urin acht Monate ins Wasser des Flusses hängten. Zur leichteren Reinigung der Brücke beließ man eine Lücke in der Bebauung. Diesem ganzen »anrüchigen« Treiben bereitete vermutlich Großherzog Ferdinando I. ein Ende, der täglich auf dem Weg zum Palazzo Pitti die Brücke passierte und 1593 hier Juweliere und Goldschmiede ansiedelte.

Mord auf der Brücke

Im Zuge eines Streits zweier Florentiner Adelsfamilien wurde 1215 am Fuße der Brücke wegen eines gebrochenen Eheversprechens Buondelmonte de' Buondelmonti durch die Amidei, Brüder der verschmähten Braut, ermordet. Dies geschah vor dem Hintergrund des tief gehenden Konflikts zwi-

schen den alteingesessenen, um ihre feudalen Privilegien besorgten Ghibellinen und den Guelfen als »Emporkömmlingen«, die wesentlich für den wirtschaftlichen Aufschwung der Stadt verantwortlich waren und sie im 13. Jh. zunehmend auch politisch beherrschten. Kämpfe zwischen papstfreundlichen »schwarzen« Guelfen und »weißen« Opponenten führten zu bürgerkriegsähnlichen Zuständen und 1302 zur Ausweisung der Weißen, darunter des Dichters Dante Alighieri (S. 32).

Flutkatastrophe

Hochwasser, Schlachten und Bomben hat der Ponte Vecchio über die Jahre unversehrt überstanden – bis zum 4. November 1966, als ein furchtbares Unwetter die Region heimsuchte und auch die ehrwürdige Brücke in Mitleidenschaft zog. Die schlimmste Katastrophe, die Florenz je erlebte, richtete immensen Schaden an der historischen Substanz der Stadt an.

Abends werden die Verkaufsräume auf der Brücke mit Holzläden verschlossen.

KLEINE PAUSE

Zu Recht ist das kleine Kellerrestaurant **Buca dell'Orafo** (Volta di Girolami 28r, Tel. 055 21 36 19, www.bucadellorafo.com, Mo 12.30–14.30, Di–Sa 12–14.30 und 19.30–22 Uhr) seit Langem beliebt.

✟ 203 E4 ✉ Ponte Vecchio   ✦ frei 🚌 B und D

Magischer Moment

Guten Morgen, Florenz!

Stehen Sie richtig früh auf, im Sommer am besten um sechs Uhr, ziehen Sie bequeme Schuhe an und machen Sie einen Morgenspaziergang am Lungarno Amerigo Vespucci – der Sonne entgegen. Der Zeit entrückt wirkt die Stadt, wenn die Touristen noch in den Betten liegen! Es scheint, als würde man sich durch ein Gemälde bewegen, das ein Künstler vor langer Zeit gefertigt hat. Zurück geht's am gegenüberliegenden Arnoufer, wo ein Abstecher ins Santo-Spirito-Viertel lohnt. Die ersten Bars öffnen die Türen – Zeit für den ersten Kaffee.

❽ ★★ Santa Maria Novella

Was?	Kirche und Kloster an der gleichnamigen Piazza
Warum?	Meisterwerke von unschätzbarem Wert
Wann?	Frühmorgens, vor dem großen Ansturm
Wie lange?	Mit Museum eine bis 1,5 Stunden
Was noch?	Florentiner Gotik vom Feinsten
Resümee	Ergreifend schönes Gotteshaus

Die Basilika und der dazugehörige Klosterkomplex gehören zu den Florentiner Schatzkammern allerersten Ranges. Hinter der prachtvollen Marmorfassade verbergen sich Werke von Giotto, Ghirlandaio, Filippino Lippi und die Trinità von Masaccio – ein Meilenstein der europäischen Kunstgeschichte.

Die Franziskaner waren schon da. Die Augustiner auch. Wie die anderen Ordensgemeinschaften, so haben sich auch die Dominikaner im frühen 13. Jh. in Florenz niedergelassen. 1221 wurde ihnen vom Papst die damals noch vor den Toren der Stadt gelegene Kirche Santa Maria delle Vigne (»Heilige Maria der Weinberge«) zugewiesen.

Santa Maria Novella wurde als erste Dominikanerkirche in Florenz 1246 angelegt.

DER WESTEN

Ein paar Jahrzehnte später war sie den Ordensbrüdern zu klein. Sie holten in Rom die Genehmigung zum Neubau ein. Ab 1279 wurde unter der Ägide der Mönche Santa Maria Novella gebaut, die neue Kirche und größte Klosteranlage der Stadt, die 1420 von Papst Martin V. geweiht wurde. Vier weitere Jahrzehnte dauerte es, bis auch die vorgesetzte Fassade unter der Leitung des Architekten Leon Battista Alberti (S. 127) fertiggestellt war. Alberti verschmolz vorhandene gotische mit Renaissanceelementen zu einem harmonischen Ganzen – etwa bei den großen Spiralvoluten im oberen Bereich, mithilfe derer er die Dächer der Seitenkapellen kaschierte.

Meisterwerk perspektivischer Darstellung

Das Kircheninnere, dessen lichte Gewölbe sich über ein weites Schiff spannen, bietet Florentiner Gotik vom Feinsten. Das Mittelschiff erscheint auf den ersten Blick extrem lang – eine optische Täuschung, hervorgerufen durch die konvergente Platzierung der Säulen zum Altar hin. Von der ursprünglichen Freskenpracht an den Wänden ist wenig übrig, da sie im 16. Jh. übertüncht und viele Fenster verkleinert wurden, um den Bau von Seitenkapellen zu ermöglichen.

Masaccios »Trinità« in Santa Maria Novella

In der Mitte des linken Seitenschiffs prangt Masaccios epochales Fresko »La Trinità« (1427): in der Mitte unter einem kassettierten Tonnengewölbe der gekreuzigte Heiland, darunter Maria und Johannes, darüber der Gottvater und der Heilige Geist (in Form einer Taube unter dessen Bart). Masaccio wendete erstmals die Gesetze der Perspektive in der Malerei korrekt an, folglich gilt dieses Werk als Meisterwerk perspektivischer Darstellung. Links und rechts unten im Eck, außerhalb der Kapelle, sind kniend die Stifterfiguren der Familie Lenzi postiert, der Auftraggeber des Freskos.

Fresken zum Florentiner Alltag

Die Fresken der etwas erhöht im östlichen Querschiff liegenden Cappella Strozzi (14. Jh.) zeigen Szenen aus Dantes

»Göttlicher Komödie«: im Zentrum das »Jüngste Gericht«, flankiert von »Paradies« und »Hölle«. Die Gestalt des Dichters ist unter den Engeln des »Paradieses« auszumachen, gemeinsam mit Heiligen und Mitgliedern der Familie Strozzi.

Die Hauptkapelle des Allerheiligsten, die Cappella Tornabuoni hinter dem Altar, wurde von der gleichnamigen Familie nach der Pestepidemie des Jahres 1348 in Auftrag gegeben. Domenico Ghirlandaios 1485 bis 1490 entstandene Fresken zum »Leben der Heiligen Jungfrau« (links) und dem »Leben Johannes des Täufers« (rechts) spiegeln den damaligen Florentiner Alltag, mit Porträts der Würdenträger unter Glorifizierung der Tornabuoni, die betend auf der gegenüberliegenden Seite erscheinen. Ihre stolze Zurschaustellung auf dem Fresko und die enge Verbindung zu den Medici (Giovanni Tornabuoni war Geschäftsführer der Medici-Bank und Onkel Lorenzos des Prächtigen) sollen den Ordensbruder Savonarola (S. 15) so erbost haben, dass er den gesamten Zyklus als profan und frivol verdammte.

Vertreibung Joachims aus dem Tempel – Ghirlandaios Fresken in der Cappella Tornabuoni sind im Florentiner Alltagsleben des 15. Jhs. angesiedelt.

Die Cappella di Filippo Strozzi zur Rechten ist mit Fresken Filippino Lippis ausgeschmückt, von einem der ersten Manieristen der Stadt. Auch der Entwurf des Buntglasfensters der Kapelle wird ihm zugeschrieben. Die Sakristei wiederum birgt als Kleinod von Giotto ein gemaltes Holzkruzifix (um 1290).

Andachtsraum für die spanische Entourage

Die Kreuzgänge (Chiostri Monumentali) neben der Kirche (separater Eingang) werden als Museum genutzt, mit zwei Hauptattraktionen: Cappellone degli Spagnoli und Chiostro Verde (Grüner Kreuzgang), benannt nach dem vorherrschenden Farbton auf Paolo Uccellos nur fragmentarisch erhaltenen Fresken des frühen 15. Jhs.

Der Cappellone degli Spagnoli (Spanische Kapelle), ursprünglich Kapitelsaal des Dominikanerklosters, wurde im 16. Jh. von Eleonora von Toledo, der Gattin Cosimos I., zum Andachtsraum für ihre aus Spanien stammende, in Florenz

Über 56 Bögen verfügt der Große Kreuzgang vor Santa Maria Novella.

ansässige Entourage umgewidmet. Auf wandfüllenden Fresken, dem größten Wandgemälde des späten 14. Jhs., verherrlichte hier Andrea (di Bonaiuto) da Firenze den Kampf der Dominikaner gegen die Ketzerei: Auf einer Sektion der rechten Wand werden sie explizit als »Hunde Gottes« (lat. *domini canes*) dargestellt, die verirrte Schafe heim in die Herde führen. An der linken Wand markiert »Der Triumph des Thomas von Aquin« den Anspruch der Theologie, das Wissenssystem der Scholastik auf eine sichere (Glaubens-)Basis zu stellen (Thomas von Aquin wirkte als Philosoph und Angehöriger des Dominikanerordens).

Der heute als Unteroffiziersschule der Carabinieri genutzte Chiostro Grande (Großer Kreuzgang) kann nur mit Sondergenehmigung besichtigt werden.

KLEINE PAUSE
Nach so viel Kunstgenuss tut ein Energie-Kick gut. Die **Pasticceria Deanna** (Piazza della Stazione 54r, tgl. 6.30–19.30 Uhr) ist für ihre superfrischen *paste* (Mini-Kuchen) bekannt.

✝ 199 D2
✉ Piazza di Santa Maria Novella
☎ Museum: 055 28 21 87
🛈 Kirche und Museum: April–Sept. Mo–Do 9–19, Fr 11–19, Sa 9–17.30, So 13–17.30 Uhr; letzter Einlass 45 Min. vor Schließung
💰 7,50 €
🚌 mehrere Linien, darunter 6, 11, 12, 36, 37 und C2

Nach Lust und Laune!

33 Officina Profumo-Farmaceutica di Santa Maria Novella

Unweit der Santa Maria Novella (S. 122) findet man eine der ältesten Apotheken der Welt. Dominikanermönche gründeten sie im Jahr 1221. Im Garten zogen sie Heilpflanzen für die Klinik des Klosters. Als 1612 die Apotheke für die klosterexterne Kundschaft geöffnet wurde, gewannen ihre Produkte europaweit schnell an Ruf. Was heute an Kosmetika oder Düften anmutig verpackt über den Ladentisch wandert, ist größtenteils nach alten Rezepten hergestellt.

Hübsche Fläschchen in der Officina Profumo-Farmaceutica di Santa Maria Novella

✟ 198 C2
✉ Via della Scala 16
☎ 055 21 62 76 ⊕ www.smnovella.it
🕐 tgl. 9–20 Uhr
🎟 frei 🚌 6, 11, 12, 36, 37 und C2

34 Ognissanti

Die Kirche Ognissanti (Allerheiligen), im 13. Jh. vom Humiliatenorden erbaut, wurde Hauskirche der Vespucci, einer wohlhabenden Handelsdynastie, deren Spross Amerigo als Namengeber für die Neue Welt zu Ruhm gelangte. Domenico Ghirlandaio verewigte ihn auf seinem Fresko »Madonna della Misericordia« (Schutzmantelmadonna, 1472) in der zweiten Seitenkapelle rechts: als Knaben zur Linken der Jungfrau. In der Mitte des Kirchenschiffs wartet rechts ein eindrucksvolles Fresko des »Hl. Augustinus« (1480) von Sandro Botticelli (der in der Kirche begraben liegt), links als Pendant Ghirlandaios »Hl. Hieronymus« (1480). Von ihm stammt auch das »Letzte Abendmahl« (1480) im angrenzenden Refektorium. Zum Reliquienschatz der Kirche gehört die Mönchskutte, die angeblich der hl. Franziskus trug, als er seine Stigmata empfing.

✟ 198 C1
✉ Borgo Ognissanti 42
⊕ https://chiesaognissanti.it
🕐 Mo/Di, Do-Sa 9.30–12.30 und 16–19.30, So 16–19.30 Uhr
🎟 frei
🚌 C3, D, 36, 37 und 13

35 Palazzo Strozzi

Der größte Palast von Florenz wurde im 15. Jh. für den Bankier Filippo di Matteo Strozzi erbaut – zur Machtdemonstration und Demütigung seiner Erzfeinde, der Medici. 15 ältere Gebäude mussten für diesen Prunkbau weichen – seinen Grundstein hatte der abergläubische Bauherr zu einem von seinen Astrologen empfohlenen Termin legen lassen. Erlebt hat er die Fertigstellung des Gebäudes allerdings nicht mehr. Entstanden ist ein Meisterwerk Florentiner Renaissancebaukunst mit nur drei Stockwerken, die jedoch jeweils so hoch sind wie ein durchschnittlicher Palast. Alle sind mit Rustikaquadern verkleidet, die nach oben hin immer regelmäßiger und glatter werden.

Heute sind hier kulturelle Institutionen untergebracht, und der erste Stock bietet renommierten Kunstausstellungen regelmäßig Platz. In den Kellerräumen des Centro di Cultura Contemporanea Strozzina findet stets ein engagiertes Programm mit Ausstellungen, Installationen, Kurzfilmen und Performances statt.

✢ 203 D5
✉ Piazza degli Strozzi
☎ 055 264 5155
⊕ www.palazzostrozzi.org
www.strozzina.org
◐ tgl. außer Do 10–20, Do bis 23 Uhr
💶 15 € (für alle Ausstellungen)
🚌 6, 11, C1, C2

36 Museo Marino Marini

In der 1809 säkularisierten romanischen Kirche San Pancrazio wurde 1988 das erste Museum für moderne Kunst der Stadt eingerichtet. Etwa 180 Werke des Bildhauers, Malers und Grafikers Marino Marini (1901 bis 1980) – der vor allem durch seine Pferdedarstellungen bekannt ist – kann man in modern konzipierten Räumen mit 360-Grad-Einblicken betrachten. 2013 wurde die angrenzende Kapelle nach langen Restaurierungsarbeiten wieder zugänglich gemacht. Der hier von Leon Battista Alberti errichtete prunkvolle Sacello del Santo Sepolcro ist das Grabmal des Kaufmanns und Humanisten Giovanni Rucellai, der mit dem Renaissancearchitekten Alberti freundschaftlich verbunden war.

✢ 203 D5
✉ Piazza San Pancrazio
☎ 055 21 94 32
⊕ www.museomarinomarini.it
◐ Sa–Mo 10–19 Uhr
💶 10 € 🚌 6, 11, 22, C1, C2

37 Palazzo Rucellai di Leon Battista Alberti

Der reiche Kaufmann Giovanni Rucellai ließ bis 1451 den großen Palazzo Rucellai bauen, der als das anschaulichste Exemplar der Renaissancearchitektur in Florenz gilt. Baumeister Leon Battista Alberti (1404–72) hatte genaue Vorstellungen: »schön verziert, fein artikuliert und vornehm, statt prunkvoll und imposant«. Einige Jahre später entstand, ebenfalls nach Plänen Albertis, eine Loggia vor dem Palazzo. Noch heute wird der Palast von der Familie Rucellai bewohnt und ist daher nicht zugänglich.

☦ 203 D5
✉ Via della Vigna Nuova 18 🚌 6 und 11

38 Piazza della Repubblica

Dieser Platz spielt seit jeher eine bedeutende Rolle in der Geschichte von Florenz: Hier erstreckte sich das Forum des römischen Florentia, hier wurde im Mittelalter der wichtigste Markt der Stadt abgehalten –

Großbürgerlicher Flanierplatz: Piazza della Repubblica

die Colonna dell' Abbondanza, ein Säulenmonument mit allegorischer Figur des »Überflusses«, zeugt noch heute davon. Später befand sich an dieser Stelle das Zentrum des jüdischen Ghettos. Sein heutiges Gesicht mit dem monumentalen Triumphbogen erhielt der Platz durch den Architekten Giuseppe Poggi. Vielen Einheimischen sind die zeltartigen Vorbauten der vornehmen Traditionskaffeehäuser ästhetisch ein Dorn im Auge, bei den Touristen kommen sie aber gut an.

☦ 203 E5
✉ Piazza della Repubblica
🎫 frei 🚌 C2

39 Mercato Nuovo

Einen Markt gab es hier schon im 11. Jh. Der ein halbes Jahrtausend später errichtete Bau diente zunächst Gold- und Silberhändlern sowie Bankiers als Geschäftsstätte. Heute beherrschen Lederwaren, Souvenirs und Tand aller Art das Bild, und die Loggia ist an Sommerabenden regelmäßig von Straßenmusikanten okkupiert. Präsent ist immer auch die eine oder andere *tripperia* – ein mobiler Verkaufsstand für *trippa* (Kutteln, S. 8) in Panini. Dazu schmeckt am besten ein Gläschen Wein.

In der Loggia markiert ein Marmorkreis den Standort des einstigen Prangers, an dem betrügerische Händler mit faulem Obst und Gemüse beworfen wurden.

Das bronzene Wildschweinchen Porcellino (Abb. S. 114) von Pietro Tacca am Südrand des Platzes ist die Kopie eines römischen Originals aus dem 17. Jh. (heute in den Uffizien). Streicheln Sie die Schnauze des Porcellino – das soll Glück bringen und helfen, eines Tages sicher nach Florenz zurückzukehren.

✧ 203 E5
✉ Loggia del Porcellino, Via Porta Rossa ⏱ März–Okt. tgl. 9–20, sonst Di–So 9–19.30 Uhr
🎟 frei 🚌 C2

40 Palazzo Davanzati

Der mittelalterliche Wohnturm aus dem 14. Jh. ist einer der wenigen seiner Art, die die Zeiten überdauert haben. Hinter seinen Mauern residiert das Museo della Casa Fiorentina Antica. Es bietet ein lebendiges Bild vom Leben der Florentiner Adligen, Geschäftsleute und Künstler im Mittelalter. Besonders sehenswert sind die Loggia im Erdgeschoss und die Raumflucht der ersten Etage.

✧ 203 E5
✉ Via Porta Rossa 13
☎ 055 238 86 10
⏱ Di–Do 8.15–13.50, Fr–So 13.15–18.50 Uhr, Mo und 1., 3. und 5. So im Monat geschl.
🎟 6 €, 1. So des Monats frei 🚌 C2

41 Santa Trinità

Die spätgotische, im Grundriss Santa Maria Novella nachempfundene Pfarrkirche beherbergt diverse Grabkapellen von Familien, die in diesem Bezirk wohnten, darunter die Strozzi, Davanzati, Spini und Doni. Nicht nur bei Bau und Ausstattung ihrer Palazzi, auch bei der Gestaltung ihrer Grabkapellen wetteiferten sie um Größe und Glanz.

Der ursprünglich schmucklose Bau aus dem 11. Jh. erhielt 1593 die heutige Barockfassade. Die Cappella Scali (2. im linken Querschiff) birgt eines der schönsten Grabmäler der Stadt: Es wurde von Luca della Robbia (1454–57) für Benozzo Federighi, den Bischof von Fiesole, gestaltet.

Glanzstück des ganzen Sakralbaus jedoch ist die im rechten Querschiff gelegene Cappella Sassetti mit Ghirlandaios Freskenzyklus zum »Leben des hl. Franziskus von Assisi« (1483–86). Er verbindet die Heiligenlegende mit humanistischem Gedankengut und einer Selbstdarstellung des Stifters Francesco Sassetti. Das Florenz zu Lebzeiten des Künstlers bildet die Kulisse, mit Bauwerken (darunter Santa Trinità noch mit gotischer Fassade) und prominenten Zeitgenossen wie Lorenzo dem Prächtigen.

Der Platz vor der Kirche Santa Trinità

✧ 203 D5
✉ Piazza Santa Trinità
⏱ Mo–Sa 8–12 und 16–18, So 8.30–10.45 und 16–18 Uhr; Messen: Mo–Sa 7.30 und 18.30, So 7.30, 11 und 18.30 Uhr
🎟 frei 🚌 C3 und D

NACH LUST UND LAUNE!

Wohin zum ... Essen und Trinken?

Preise für ein Drei-Gänge-Menü (ohne Getränke und Service):
€   unter 35 Euro
€€   35–50 Euro
€€€   über 50 Euro

Lokale sind im Westen der Stadt zwar nicht so dicht gesät wie etwa rund um den Dom, doch es gibt einige, die einen Besuch lohnen. Auch für einen Drink oder gegen den kleinen Hunger findet man in diesem Viertel gute Adressen. Man muss nicht viel Geld anlegen, um richtig gut zu speisen – dafür sorgen in bewährter Weise Trattorie und Osterie, vor allem in der Gegend um Santa Maria Novella.

Belle Donne €€
Das Dekor ist wirklich beeindruckend: Berge von Obst, Gemüse und Blumen, die kunstvoll im Kontrast zum betont schlichten Ambiente arrangiert sind, empfangen den Besucher in diesem kleinen Lokal. Im Erdgeschoss gibt es lange Holztische auf den Fliesenböden, die Wände bestehen aus unverputztem Stein. Die Tagesgerichte sind mit Kreide auf eine Tafel geschrieben. Spezialität der unprätentiösen Osteria sind toskanische Gerichte, darunter *ossobuco* (geschmorte Beinscheibe) oder *budino di castagne* (Maronenpudding). Das Lokal gehört zur Gruppe Casa Trattoria, die sich der ländlichen Kultur der Toskana verschrieben hat.
✝ 203 D5 ✉ Via delle Belle Donne 16r
☎ 055 238 26 09
⊕ www.belledonneosteria.it
◐ tgl. 12–14.30 und 19–22.30 Uhr, 10 Tage im Aug. geschl.

Caffè Amerini €
Ähnlich wie das nahe gelegene Rose's (S. 131) unterscheidet sich dieses Lokal von den meisten seiner Konkurrenten durch schräges modernes Design unter einem ortstypischen alten Gewölbe. Sandwiches, Salate und andere Snacks ordert man an der Theke und lässt sie anschließend am Tisch servieren – ob zu einem legeren Frühstück oder Mittagessen (Sitzplatz gegen einen geringen Aufpreis).
✝ 203 D5 ✉ Via della Vigna Nuova 61–63r
☎ 055 28 49 41 ◐ Mo-Sa 9–20 Uhr

Cantinetta Antinori €€–€€€
Das »Weinkellerchen« im renommierten Palazzo Antinori gehört einem der bedeutendsten Weinproduzenten Italiens, der auch Olivenöl und andere Agrarerzeugnisse seiner Güter vertreibt (www.antinori.it). Mit seinem Namen verbindet sich die neue Generation der *Supertuscans* (Supertoskaner), einer nicht-offiziellen Kategorie toskanischer Weine. Unter den kleinen Mahlzeiten und köstlichen Snacks, die im großzügig-eleganten Speiseraum im familieneigenen Palazzo serviert werden, findet man toskanische Klassiker wie *pappa al pomodoro* (Tomaten-Brot-Suppe) oder Ribollita (Gemüseeintopf). Wahlweise sitzt man an der Bar im Erdgeschoss oder blickt von der Galerie auf die anderen Gäste herab. Trotz der eher lässigen Atmosphäre sollte man zum exquisiten Ambiente passend gekleidet erscheinen.
✝ 203 D5 ✉ Piazza Antinori 3
☎ 055 29 22 34
⊕ www.cantinetta-antinori.com
◐ Mo-Sa 12–16, 19.30–23 Uhr, Aug. geschl.

Obicà Mozzarella Bar €€
Im Innenhof des vornehmen Palazzo Tornabuoni dreht sich alles um Mozzarella. Man kann alle in Italien vertretene Sorten in ihren vielfältigen Zubereitungsarten genießen. Der Name der Kette stammt aus dem Neapolitanischen und bedeutet »Hier ist es!«.
✝ 203 D5 ✉ Via Tornabuoni 16
☎ 055 277 35 26 ⊕ http://obica.com
◐ Mo-Do 12–15.30, 18.30–23.30, Fr-So 12–16 und 18.30–24 Uhr, Aperitivo (Sie bestellen ein Getränk und dürfen sich am Buffet mit Kleinigkeiten bedienen) tgl. 18.30–20 Uhr

RED – La Feltrinelli Firenze
Die Buchhandlung Feltrinelli (italienweite Kette) residiert prominent unter den Arkaden an der Piazza della Repubblica. Vor oder nach dem Schmökern kann man sich in dem integrierten Restaurant mit Snack oder Pasta stärken – viele Einheimische tun das auch.

✛ 203 E5 ✉ Piazza della Repubblica 26
☎ 055 21 93 90
🕐 tgl. 9–20 Uhr

Rose's €
Wem nach Abwechslung von eher bodenständigem Dekor samt rustikaler Küche ist, der ist hier genau richtig: Hell, modern und schick, könnte diese Bar genauso in New York beheimatet sein. Mittags ist dies der ideale Ort für einen Light Lunch, vielleicht ein Tagesgericht wie *omelette* oder *penne cacio e pepe* (Penne mit Käse und Pfeffer), während es abends nett ist, auf einen Drink vorbeizukommen.
✛ 203 D5 ✉ Via del Parione 26r
☎ 055 28 70 90 🌐 www.roses.it
🕐 Mo–Sa 12–15.30 und 19–1.30 Uhr

SE·STO On Arno €€€
So viel Schönheit lässt den Atem stocken: Auf der Dachterrasse des direkt am Arno gelegenen Luxushotels Westin Excelsior (6. Stock) bietet sich ein 360-Grad-Blick vom Feinsten, die Küche ist so wie das Ambiente – *state of the art*, mediterran und leicht. Beliebt ist auch der Aperitivo – am frühen Abend, bei einem Gläschen Prosecco oder Wein bedient man sich mit Kleinigkeiten vom Buffet. Unbedingt reservieren!
✛ 198 C1
✉ Piazza Ognissanti 3
☎ 055 271 51
🌐 www.sestoonarno.com
🕐 Restaurant tgl. 12–22.30, Bar 11–1, Aperitivo 19–21 Uhr

Trattoria 13 Gobbi €€
Die »Dreizehn Buckligen« sind wie geschaffen für ein romantisches Diner zu zweit, mit gedämpfter Beleuchtung und leiser Tafelmusik. Auf den Tisch kommt liebevoll zubereitete toskanische Kost – etwa Grillfleisch von außergewöhnlicher Zartheit oder, besonders empfehlenswert, das Rinderfilet in Sauce. Auch die Desserts lassen keine Wünsche offen, ebenso wenig wie die umfangreiche Weinkarte, bereitwillig erläutert vom freundlichen Personal. Wer möchte, kann auch draußen im kleinen Innenhof dinieren.
✛ 202 C5
✉ Via del Porcellana 9r
☎ 055 28 40 15
🌐 www.casatrattoria.com
🕐 tgl. 12.30–15 und 19.30–23 Uhr

Perfekter Ausklang: Aperitivo am Abend auf der Dachterrasse des Sesto on Arno

Die Via de' Tornabuoni gilt als eleganteste Shoppingmeile der Stadt.

Trattoria Gargani €€–€€€
In diesem gemütlichen Speiselokal mit Holzdecke und pastellfarbenen Wänden (sowie witzigen Fresken) sitzt man bei dezenter Beleuchtung fast nur unter Einheimischen, die sich neben typisch Toskanischem z. B. *pesce spada* (Schwertfisch), Lamm mit Rosmarin oder Johannisbeeren, Risotto mit Spargel oder *baccalà* (Stockfisch) schmecken lassen. Solide Auswahl regionaler Weine.
✢ 203 D5
✉ Via del Moro 48r
☎ 055 239 88 98
🌐 www.garganitrattoria.com
🕐 tgl. 19–23.30 Uhr

Wohin zum ... Einkaufen?

Mit der Via de' Tornabuoni oder Via della Vigna Nuova gibt es im Westen der Stadt großzügige Boulevards mit ebensolchen Läden, wie man sie sonst in Florenz kaum findet. Das Angebot an – vor allem – Mode und Schuhen ist breitgefächert. Viele Geschäfte sind allerdings montags geschlossen. Abseits der Einkaufsmeilen wartet aber auch manche interessante Adresse, etwa im Borgo Ognissanti und auf der Via del Porcellana mit exquisiten Schuhgeschäften, Modeboutiquen und Kunstgewerbeläden. Rings um den Hauptbahnhof Santa Maria Novella schließlich liegen reihenweise bescheidenere Geschäfte für Souvenirs und Kleidung.

BÜCHER

Alinari
1852 gegründet führt das älteste Fotografieunternehmen der Welt neben Büchern zum Thema und Ausstellungskatalogen eine exzellente Auswahl an Bildbänden zu Kunst, Geschichte und Landschaften sowie Multimediaprodukte.
✢ 199 D2 ✉ Largo Fratelli Alinari 15
☎ 055 239 51
🌐 www.alinari.it
🕐 Mo–Fr 9–13 und 14–18 Uhr

Feltrinelli
Große, bestens bestückte Buchhandlung unter den Arkaden der Piazza della Repubblica, in der man gegen den Hunger zwischendurch auch gut essen kann.
✢ 199 E1 ✉ Piazza della Repubblica 26
☎ 055 21 93 90 🌐 www.lafeltrinelli.it
🕐 tgl. 9–20 Uhr

Loretta Caponi
Signora Caponi hat sich seit ihrer Kindheit der Stickerei verschrieben – heute erhalten edle Stoffe, Negligees, Bettwäsche und Accessoires in ihrer Manufaktur das gewisse Etwas.

✝ 199 D1 ✉ Piazza Antinori 4r
☎ 055 21 10 74
⊕ www.lorettacaponi.com
🕐 Mo-Sa 10-19 Uhr

KLEIDUNG UND ACCESSOIRES

Armani
Zur unaufdringlichen Eleganz eines Giorgio Armani muss man kaum etwas sagen. Einen Flagship Store gibt es in der edlen Via Tornabuoni. Emporio Armani, der günstigere Ableger, erwartet seine Kundschaft nur ein paar Schritte weiter, in der Via Roma.
✝ 199 D1
✉ Via de' Tornabuoni 83r
☎ 055 21 90 41 ⊕ www.armani.com
🕐 tgl. 10-19 Uhr
✝ 207 E5 ✉ Via Roma 14r
☎ 055 28 43 15
🕐 Mo-Sa 10-19.30, So 10-14 und 15-19 Uhr

Cellerini
Es gibt hier, nahe der Via del Moro, elegante, handgearbeitete Taschen und andere Lederwaren, meist aus eigener Fabrikation, zu erwerben.
✝ 199 D1 ✉ Via del Sole 9
☎ 055 28 25 33 ⊕ www.cellerini.it
🕐 Mo-Fr 10-18, Sa 10-13 Uhr

Emilio Pucci
Marchese Emilio Pucci machte in den 1950er und 1960erJahren mit seinen leuchtenden, extravagant bedruckten Seidenstoffen (S. 18) Furore. Sie waren dann auf einmal in den 1990ern wieder stark gefragt, nachdem sein Stern zwischenzeitlich etwas gesunken war. Heute ist das Label wieder total angesagt – beim Florentiner Szenevölkchen.
✝ 199 D1
✉ Via de' Tornabuoni 20-22r
☎ 055 265 80 82 ⊕ www.emiliopucci.com
🕐 tgl. 10-19 Uhr

Gucci
Dies ist gewissermaßen der Geburtsort des berühmten Designer-Labels (S. 17) mit mondänem Showroom für Konfektion, Schuhe und Accessoires. Qualität, Coolness und Topaktualität garantiert.
✝ 199 D1
✉ Via de' Tornabuoni 73r
☎ 055 26 40 11 ⊕ www.gucci.com
🕐 tgl. 10-19.30 Uhr

Infinity
Seit zwei Jahrzehnten bietet das italienisch-amerikanische Inhaberpaar hier Gürtel aus Leder und Metall mit schlichter oder auffälliger Schließe, Hand-, Reise- und Aktentaschen sowie andere Lederwaren in Hunderten von Variationen an. Es werden auch nach Kundenwunsch entsprechende Accessoires gefertigt: Einen individuellen Gürtel kann man im Allgemeinen ein paar Stunden nach der Bestellung abholen, Taschen dauern eine Woche. Neben den üblichen Lederqualitäten werden hier u. a. Hirsch und Elch verarbeitet.
✝ 203 E4 ✉ Borgo SS Apostoli 18r
☎ 055 239 84 05
⊕ www.infinityfirenze.com
🕐 tgl. 10-19.30 Uhr

Luisa Via Roma
Kultboutique der *alta moda,* wegweisend in Kollektionen und Interieur: Schon die Schaufensterdekoration mutet surreal an. Durch den Laden navigiert man, von Videokunst begleitet, über Touchscreens.
✝ 203 E5
✉ Via Roma 19-21r
☎ 055 906 41 16
⊕ www.luisaviaroma.com
🕐 tgl. 10.30-19.30 Uhr

KAUFHÄUSER

Rinascente
Die Filiale einer landesweiten Kaufhauskette ist renommierter und geräumiger als der nahe Konkurrent Coin (S. 71), bleibt aber trotz exklusiven Rufs und großzügigen Auftretens doch in Sortiment und Präsentation ein wenig hinter jenem zurück. Doch dessen ungeachtet ist es für diejenigen, die weniger Zeit haben, eine solide Adresse, wenn es um Konfektion, Küchenbedarf, Tischwäsche und Ähnliches geht. Gönnen Sie sich hier auf der Dachterrasse einen Cappuccino und genießen Sie den wunderschönen Blick!

WOHIN ZUM ...

⌖ 203 E5 ✉ Piazza della Repubblica 1
☎ 055 21 91 13 ⊕ www.rinascente.it
🕐 tgl. 9–21 Uhr

STOFFE

Casa dei Tessuti
Mit Tuchwaren ist Florenz einst reich geworden und weist diesbezüglich eine lange Tradition auf. Immerhin länger als ein halbes Jahrhundert existiert auch dieses edle Geschäft westlich der Piazza del Duomo, wohin die Florentiner gerne auf der Suche nach feinsten Stoffen aus Seide, Baumwolle, Samt, Damast und Wolle pilgern.
⌖ 203 E5 ✉ Via dei Pecori 20–24r
☎ 055 21 59 61 ⊕ www.casadeitessuti.com
🕐 Mo 15–19, Di–Sa 10–13 und 15–19 Uhr

Geschmacksveredler jedes Gerichts: Trüffel

LEBENSMITTEL UND WEIN

Alimentari Mariano
Der herrlich altmodische Feinkostladen ist eine gute Adresse für lukullische Spezialitäten aus der Toskana: Pastasorten aus kleiner Produktion, bestes Olivenöl, ausgesuchte Käse- und Wurstspezialitäten. Man kann sich auch Panini machen lassen, z. B. mit Roastbeef und Gemüse. Wer einen Stehplatz an den hohen Holzfässern ergattert, kann Wurst- oder Käseteller bestellen.
⌖ 203 D5 ✉ Via del Parione 19r
☎ 055 21 40 67 🕐 Mo–Fr 8–15.30 und 17.30 bis 19.20, Sa 8–15.30 Uhr

Procacci
Von Oktober bis März locken frische Trüffeln, die edelsten und teuersten Pilze der Welt. Außerhalb der Saison erhält man sie eingelegt in Glas, als Konserve und in vielen anderen Zubereitungsformen. Ein *panino tartufato* (Trüffel-Brötchen) der bereits im Jahr 1885 gegründeten Firma gehört fest zur Florentiner Stadtkultur.
⌖ 203 D5 ✉ Via de' Tornabuoni 64r
☎ 055 211 6 56 ⊕ www.procacci1885.it
🕐 Mo–Sa 10–21, So 11–20 Uhr

Venchi
Ein Fest für Augen und Gaumen: Feinste Qualitätsschokolade seit 1878 in Form von Pralinen, Tafeln, bestem Eis etc.
⌖ 203 E5 ✉ Piazza del Mercato Nuovo 6/7
☎ 055 28 85 05 ⊕ www.venchi.com
🕐 So–Do 9–24, Sa/So 9.30–1, Fr/Sa bis 24 Uhr

Vini & Delizie
Empfehlenswert vor allem für Weinkenner – aber auch für alle, die einfach nur eine gute Flasche Grappa mit nach Hause nehmen möchten. Hier bekommt man auch Olivenöle aus der Toskana und anderen Regionen Italiens.
⌖ 199 D1 ✉ Via dei Banchi 45r
☎ 055 21 56 86
🕐 Mo–Do 11–21.30, Fr/Sa 11–22 Uhr

SCHMUCK

Tharros Bijoux
Hübscher kleiner Laden mit Schmuck nach Renaissancevorbildern: Manches hier hat man zuvor vielleicht schon auf einem Gemälde in den Uffizien gesehen! Zivile Preise, abhängig natürlich vom verwendeten Material – Rubine, Saphire oder Smaragde kosten verständlicherweise etwas mehr.
⌖ 203 E4 ✉ Borgo SS. Apostoli 32r
☎ 055 28 41 26 ⊕ www.tharros.com
🕐 Mo–Fr 10–13 und 15–19, Sa 10–13 Uhr

Tommaso Pestelli
Kunstvoll gefertigte Schmuckstücke, eher verspielt als schlicht, sind sie Spezialität des Goldschmieds, der in seinem Atelier, das er »Wunderkammer« nennt, die Familientradition fortführt.
⌖ 203 E4 ✉ Borgo SS. Apostoli, 20/R
☎ 055 230 24 88

🌐 www.pestelli.com
🕐 Mo–Fr 9.30–13 und 14.30–19, Sa 9.30–12.30 Uhr

MÄRKTE

Cascine
Jeden Dienstag findet im Parco delle Cascine am Arno der große Wochenmarkt von Florenz statt. Recht weit westlich des Zentrums gelegen, erreicht man ihn am besten mit dem Taxi oder dem E-Bus der Linie C2 oder C3 bis zur Piazza Vittorio Veneto. Kaufen kann man hier an Hunderten von Ständen: von preiswerter Kleidung über Haushaltswaren bis zu Lebensmitteln – und dies für wenig Geld.
✚ 199 bei A2
✉ Viale Abramo Lincoln, Parco delle Cascine
🕐 Di 8–14 Uhr

Mercato dei Fiori
Wenn Sie am Donnerstagmorgen in der Nähe der Piazza della Repubblica sein sollten, machen Sie einen Abstecher zu diesem reizenden kleinen Blumenmarkt – mitnehmen kann man hier als Tourist ja gewöhnlich nichts (aus praktischen Gründen), aber genüsslich in Farben und Düften schwelgen.
✚ 203 E5
✉ Via Pellicceria / Piazza della Repubblica
🕐 Do 10–19 Uhr

Mercato Nuovo
Traditionsreicher, quirliger Markt für Lederwaren, Souvenirs und Tand (S. 128).
✚ 203 E4
✉ Loggia del Porcellino, Via Porta Rossa
🕐 März–Okt. tgl. 9–20, sonst Di–So 9–19.30 Uhr

PARFÜMS / KOSMETIK

Dr. Vranjes
Die betörenden und eleganten Düfte aus hochwertigen Ingredienzien werden manuell hergestellt und in luxuriösen Flakons verkauft.
✚ 203 D5 ✉ Via della Spada 9r
☎ 055 28 87 96 🌐 www.drvranjes.it
🕐 Di–Sa 10–19.30, So 11–19.30 Uhr

Spezierie Palazzo Vecchio
Uralte Apotheke mit schönen Wandfresken und einer bestechenden Auswahl an Seifen, Parfüms und anderen Waren dieser Art, hergestellt nach traditionellen toskanischen Klosterrezepten.
✚ 203 E4 ✉ Via Vacchereccia 9r
☎ 055 239 60 55
🌐 www.spezieriepalazzovecchio.it
🕐 Mo–Sa 10–19.30, 1. und letzter So im Monat 11–21 Uhr

DRUCKGRAFIK

Giovanni Baccani
Florenz ist übersät mit verführerischen Läden, in denen man Druckgrafiken erwerben kann, doch einer der schönsten seiner Art ist dieser, gegründet 1903 von dem Rahmenmacher Giovanni Baccani. Die Auswahl an Grafik (auch gerahmt) ist riesig. Besonders attraktiv: alte Florentiner und italienische Motive, und dies zu wirklich akzeptablen Preisen.
✚ 198 C1 ✉ Borgo Ognissanti 22r
☎ 055 21 44 67 🌐 www.giovannibaccani.it
🕐 Mo–Sa 9–13 und 15.30–19.30 Uhr

Der pittoreske Ponte Vecchio ist ein Lieblingsmotiv vieler Künstler.

Il Tamarino

Lassen Sie sich von Sophia und Pier Francesco die verschiedenen Techniken der Stiche und Radierungen erklären – oder bestellen Sie hier ein kleines Kunstwerk nach Ihrem Lieblingsmotiv.

⌖ 203 D5 ✉ Via del Moro 46r
☎ 055 28 24 57 ⊕ www.iltamarino.com
◐ Mo-Sa 10-19 Uhr

SCHUHE UND LEDERWAREN

Salvatore Ferragamo

Den Grundstein seines Erfolges legte der Schumacher Salvatore Ferragamo als Lieferant von Hollywoodstars (S. 18). Sein Unternehmen befindet sich immer noch in Familienbesitz. Hier im Stammgeschäft (mit beeindruckendem Showroom) findet man neben den nach wie vor dominierenden Schuhen auch Kleidung und Accessoires aus Leder. Sehenswert ist das Schuhmuseum im 2. Stock des Palazzo Spini Feroni.

⌖ 203 D5 ✉ Via de' Tornabuoni 16r
☎ 055 29 21 23 ⊕ www.ferragamo.com
◐ tgl. 10-19.30 Uhr
🍴 8 €

Saskia

Die Berlinerin Saskia Wittmer fertigt exzellente Maßschuhe – aus Kalbs-, Kamel- oder Krokoleder! Allerdings nur für Männer. Sie hat bei den besten Schuhmachern gelernt und gehört inzwischen selbst zu den besten ihrer Zunft.

⌖ 198 B2 ✉ Via di Santa Lucia 24r
☎ 055 29 32 91
⊕ www.saskiascarpesumisura.com
◐ Mo-Fr 10-13 und 16-19, Sa 9-13 Uhr

Tod's

Von diesem Label begann man in Italien erst Notiz zu nehmen, nachdem es sich mit seinen noppenbesetzten lässig-eleganten Tretern bei Promis in den USA zum unentbehrlichen Accessoire entwickelt hatte – die man hier günstiger bekommt als dort oder anderswo in Europa.

⌖ 203 D5 ✉ Via de' Tornabuoni 60r
☎ 055 21 94 23 ⊕ www.tods.com
◐ Mo-Sa 10-19.30, So 14-19 Uhr

WOHNEN / DESIGN

Mario Luca Giusti

Schönes Design – einfach, elegant und exklusiv für Ihren Esstisch. Der Florentiner Designer kreiert Gläser, Teller, Schalen und Krüge aus synthetischen Materialien in verschiedenen Tönen, von Transparent über Weiß bis Schwarz.

⌖ 203 D5
✉ Via della Vigna Nuova 88r
☎ 055 239 95 27 ⊕ www.mariolucagiusti.com
◐ tgl. 10-19.30 Uhr

Wohin zum ... Ausgehen?

Bars und Clubs gibt es hier zuhauf. Am äußersten Rand des Viertels sind mehrere Dance Clubs beheimatet, darunter die größte Disco der Toskana. Fans von Klassik, Oper und Ballett kommen in diesem Quartier ebenfalls auf ihre Kosten.

THEATER

Am Nordwestrand des Zentrums zieht das Nuovo Teatro dell'Opera – ein avantgardistischer Bau mit großartiger Akustik – seit einigen Jahren die Klassikfans an. Ganz bequem bringt einen die ab Hauptbahnhof pendelnde Straßenbahn (Linie T1) hin. Geschaffen wurde das Opernhaus vor allem für den Maggio Musicale Fiorentino, das älteste Klassik-Festival Europas (Viale Fratelli Rosselli, Tel. 055 277 93 50, www.maggiofiorentino.com). Für den avantgardistischen Bau verantwortlich zeichnete der römische Architekt Paolo Desideri; für das jährliche Festivalprogramm hingegen ist Fabio Luisi verantwortlich. Sein Vorgänger, der berühmte Zubin Mehta, wird als Ehrendirektor auf Lebenszeit geehrt. Auch jenseits der Festivalmonate Mai und Juni kann man hier hochkarätige Konzerte, Opern und Ballettaufführungen erleben.

Kabarett, Konzerte sowie politisches Theater – mit dieser guten Mischung des Programmangebots kann das Teatro Puccini

(Via delle Cascine 4, Tel. 055 36 20 67, www.teatropuccini.it), das in der Vergangenheit auch als Tanzsaal und Boxring herhielt, auf ein treues Stammpublikum zählen.

CLUBS

Das Yab ist ein populärer Dance Club (Via Sassetti 5r, Tel. 055 21 51 60, www.yab.it, Mo, Mi, Fr/Sa 23–4 Uhr), in dem man gern die ganz feine Garderobe zeigt. Bei beinahe allen Clubs in Florenz erwirbt man zusammen mit der Eintrittskarte ein Budget für einen Mindestverzehr an Drinks (auf der Karte festgehalten). Man bezahlt in jedem Fall, auch wenn man die Getränke gar nicht konsumiert.

BARS

Zum Sonnenuntergang, zur Blauen Stunde und noch später ist Florenz von oben einfach spektakulär. Auf der Dachterrasse des Grand Hotel Minerva kann man – bei kleinen Snacks und Drinks – die Sommerabende verbringen (Piazza Santa Maria Novella 16, Tel. 055 272 30, www.grandhotelminerva.com, Juni–Sept. tgl. 11–24 Uhr, Happy Hour um 19 Uhr).

Ebenso aufregend schön ist die Dachterrassenbar im 6. Stock des Westin Excelsior (S. 131, Bar 12–1.30 Uhr).

Einen klaren Kontrast dazu bildet das Fiddler's Elbow (Piazza di Santa Maria Novella 7r, Tel. 055 21 50 56, www.thefiddlerselbow.com, tgl. 12–2 Uhr), ein kleiner, quirliger Irish Pub.

Sehen und gesehen werden heißt es im Colle Bereto (Piazza Strozzi 5r, Tel. 055 28 31 56, www.cafecollebereto.com, Mo–Sa 8–2, So 9–2 Uhr): bei einem leckeren *aperitivo* oder nach dem Abendessen bei einem Absacker.

Sei Divino (Borgo Ognissanti 42r, Tel. 055 21 57 94, www.seidivinofirenze.com, tgl. 18–1 Uhr) heißt eine Weinbar am Borgo Ognissanti. Unter dem urigen Gewölbe des Lokals werden bis weit nach Mitternacht gepflegte Tropfen ausgeschenkt. Über hundert Weinsorten stehen zur Wahl. Alle kann man glasweise probieren – ein Paradies für Weinliebhaber.

Abendliche Events, auch auf der Via de' Tornabuoni, begleiten die jährlich mehrfach stattfindenden Modetage der Pitti Immagine.

Oltrarno gilt als lebendiges Viertel südlich des Arno.

Oltrarno

Ein Viertel im Wandel: Wenn die alteingesessenen Handwerksbetriebe abends schließen, öffnen trendige Bars ihre Türen.

Seiten 138–161

Erste Orientierung

Die Erkundung des Viertels Oltrarno (»jenseits des Arno«) am südlichen Flussufer ist besonders reizvoll, denn hier erlebt man Florenz einmal ganz anders: grün und entspannt – und abends auch ganz schön quirlig und hip.

Oltrarno war einst als Viertel derjenigen verschrien, die nicht über die Mittel verfügten, im Zentrum zu wohnen. Dies änderte sich, als die großherzogliche Familie der Medici 1550 ihren Herrschaftssitz vom nördlichen Arnoufer in den Palazzo Pitti verlegte und von dort in der Folgezeit weit über die Toskana herrschte. Andere Adelsfamilien folgten ihrem Beispiel und errichteten in der Nähe luxuriöse Palazzi.

Heute ist Oltrarno für nette Restaurants und Bars, aber auch immer noch für Kunsthandwerker-Ateliers und Antiquitätengeschäfte bekannt. Sehenswert sind v. a. die Cappella Brancacci und die Kirche San Miniato al Monte.

TOP 10
- **9** ★★ Palazzo Pitti
- **10** ★★ San Miniato al Monte

Nicht verpassen!
- **42** Santa Maria del Carmine & Cappella Brancacci

Nach Lust und Laune!
- **43** Santa Felicita
- **44** Giardino di Boboli
- **45** Santo Spirito
- **46** Museo Zoologico La Specola
- **47** Forte di Belvedere
- **48** Villa & Giardino Bardini
- **49** Museo Bardini
- **50** Tornabuoni Arte

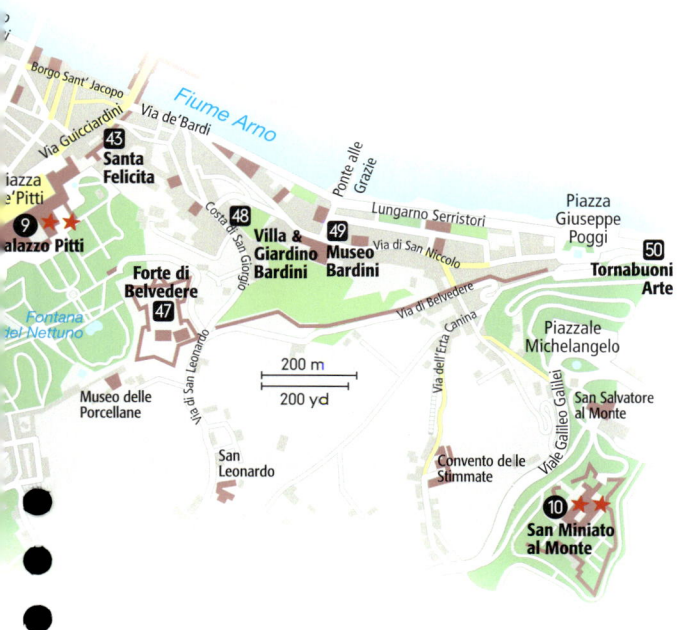

Mein Tag
im Grünen

So viel Kunst, so viele Museen – Sightseeing in Florenz kann ganz schön anstrengend sein. Gönnen Sie sich einen Tag auf der grünen, entspannteren Seite der Stadt.

10 Uhr: Kochen bei MaMa Florence

🕙 10 Uhr: Kochen bei MaMa Florence

Wollten Sie schon immer authentisch italienisch kochen? Dann melden Sie sich – am besten vor Ihrer Reise – bei MaMa Florence (S. 145) an. Die Profis der Kochschule bringen Ihnen in vier Stunden eine ganze Menge bei – mal ist Fleisch das Klassenthema, mal Fisch, mal Pasta … Das Ergebnis wird in gemütlicher Runde gemeinsam verspeist.

🕝 14.30 Uhr: Grünes Freilichtmuseum

Nach dem Essen ist ein ausgedehnter Spaziergang durch den herrlichen 44 Boboli-Garten (S. 156, Ticket aufbewahren) genau das Richtige. Der Garten, den einst die Medici zu ihrem Amüsement anlegen ließen, ist eine Art grünes Freilichtmuseum mit Skulpturen, Amphitheater, Gartentempel, Wasserspielen, künstlicher Grotte …

16 Uhr: Wahnsinnspanorama

18.30 Uhr: Romantik pur

20 Uhr: Einkehren in San Niccolò

14.30 Uhr: Grünes Freilichtmuseum

17 Uhr: Treppauf

17.30 Uhr: Gregorianische Gesänge

🕐 16 Uhr: Wahnsinnspanorama

Mit dem Boboli-Ticket können Sie auch durch den 48 Garten der Villa Bardini (S. 158) spazieren. Schöner liegt Ihnen Florenz nirgendwo zu Füßen. Wie wäre es mit einer Kaffeepause im Parkcafé?

🕐 17 Uhr: Treppauf

Konditionstraining ist nun angesagt, wenn Sie die Stufen der Scalea del Monte alle Croci, den kürzesten Weg hinauf zur Basilica San Miniato al Monte, zügig hinaufsteigen. Sie können es aber auch gemächlicher angehen und die we-

14.30 Uhr

17 Uhr

Der steile Aufstieg zur San Miniato al Monte ist zwar anstrengend, aber oben angekommen, werden Sie für die Mühen belohnt.

400 Jahre alte Gartenkunst trifft auf die Moderne im Boboli-Garten: Skulptur »Tindaro Screpolato« von Igor Mitoraj.

niger steile Via del Monte alle Croci nehmen. Oben angekommen, stehen Sie vor einer der faszinierendsten Kirchen der Stadt.

17.30 Uhr: Gregorianische Gesänge

Die 1000-jährige Kirche ❿ ★★ San Miniato al Monte (S. 151) besticht mit der grün-weißen Marmorfassade und den geometrischen Flächen, innen mit Freskenmalereien und feinen Marmorintarsien im Fußboden des Hauptschiffes. Lassen Sie die Atmosphäre auf sich wirken, wenn die Mönche des Klosters die Messe zelebrieren und dabei gregorianische Gesänge anstimmen. Hinter der Kirche, auf dem Cimitero delle Porte Sante, liegen zahlreiche namhafte Florentiner begraben, u. a. Carlo Collodi, Autor des Kinderbuchklassikers »Pinocchio«.

18.30 Uhr: Romantik pur

Die Piazzale Michelangelo, angelegt 1865, als Florenz kurzzeitig die Hauptstadt des frisch vereinten Nationalstaates Italien war, ist die Aussichtsterrasse der Stadt. Wenn der Sonnenuntergang näher rückt, müssen Sie sich entscheiden, ob sie sich einen der besten Fotoplätze an der Brüstung des Piazzale sichern wollen oder dem Treiben der Touristen ganz entspannt bei

8.30 Uhr

Die Aussicht von der Piazzale Michelangelo ist an klaren Tagen grandios.

einem Aperitif im La Loggia (S. 153) zuschauen wollen.

Später, zur blauen Stunde, ist immer noch Zeit, das Panorama zu genießen – und den Musikern zu lauschen, die die hochromantische Stimmung mit ihren Songs weiter steigern.

20 Uhr: Einkehren in San Niccolò

Über die Scalea oder die Via Monte delle Croci geht es nun wieder runter zur Porta San Miniato und hinein ins Viertel San Niccolò, wo es an einladenden Lokalen nicht fehlt.

Die Hostaria del Bricco ist eine gute Adresse für authentische Toskana-Küche. Ein Klassiker ist das Il Rifrullo (S. 161), wo sich Studenten – aber auch ältere Semester – am Buffet bedienen und bis in die frühen Morgenstunden zusammensitzen.

Kochschule MaMa Florence
202 B3 ✉ Viale Petrarca 12
☎ 055 202 40 12 ⊕ www.mamaflorence.com
✦ Kurs p. P. 118 € (inkl. Mittagessen und Wein)

Hostaria del Bricco €€
203 F3 ✉ Via di San Niccolò 8r
☎ 055 234 50 37 ⊕ www.osteriadelbricco.com
✦ Di–So 12–15 und 19–23 Uhr

MEIN TAG

❾ ★★ Palazzo Pitti

Was?	Protzige Residenz
Warum?	Schauen, wie die Medici lebten
Wann?	Ideal für einen Regentag (außer Montag)
Wie lange?	Je nach Interesse 1,5 bis 4 Stunden
Was noch?	Der herrliche Boboli-Garten
Resümee	Eine Schatzkammer erster Güte

Wetteifer und Selbstherrlichkeit waren treibende Kräfte im Florenz der Medici. Luca Pitti, reich geworden als Bankier im Dienste der Medici, träumte von einem Palazzo, der alle anderen Florentiner Residenzen in den Schatten stellen sollte. Das überambitionierte Bauvorhaben trieb Pitti jedoch in den Ruin – und ausgerechnet die Medici zogen später in seinen Palazzo.

Hinter dem Palazzo Pitti erstreckt sich mit dem Giardino di Boboli ein herrlicher Park.

Luca Pitti hatte sich am Medici Palast (heute Palazzo Medici Riccardi) orientiert. Imposanter als dieser sollte sein Palazzo sein. Vor allem größere Fenster sollte er haben. Die Pläne ließ sich der Bankier noch von Dom-Baumeister Brunelleschi zeichnen, der den Beginn der Bauarbeiten 1457 aller-

Moderne Skulptur vor dem Haupteingang des Palazzo Pitti

dings nicht mehr erlebt hat. Bald sprengten die Kosten den Finanzrahmen des Bauherrn, 1465 war der Bankier bankrott und die Bauarbeiten wurden eingestellt. Fast 100 Jahre lang blieb der Palazzo unvollendet. Erst 1549 entdeckten die Medici die Immobilie für sich.

Pittis Palazzo geht an die Medici
Eleonora de Toledo, Gemahlin von Cosimo I. de' Medici und Tochter des spanischen Vizekönigs von Neapel, versprach sich von der Lage abseits des Zentrums frische Luft und positiven Einfluss auf ihre Gesundheit. Der Palast, wie er ursprünglich geplant war, genügte nun wiederum den Ansprüchen der Medici nicht. Sie beauftragten Bartolomeo Ammanati mit der Erweiterung des Baukörpers zu einer dreiflügeligen Anlage, die sich auf einer Seite zu dem Giordino di Boboli (S. 156) hin öffnet. Dank ihrer stattlichen Mitgift konnte sich Eleonora leisten, den inzwischen so berühmten Park anlegen und derart großzügig ausschmücken zu lassen.

Der heutige Palazzo ist infolge weiterer An- und Umbauten etwa dreimal so groß wie ursprünglich geplant: Allein die Hauptfassade misst über 200 m in der Länge.

Hochrangige Kunstschätze
Das Innere birgt sechs Einzelmuseen: Galleria Palatina (S. 148), Galleria d'Arte Moderna (Galerie Moderner Kunst,

Bilder und Skulpturen des späten 18.–20. Jhs.), Museo degli Argenti (Schatzkammer, S. 150) und Appartamenti Monumentali (Prunkgemächer, S. 149), Galleria del Costume (Kostümmuseum) sowie Museo delle Carozze (Kutschenmuseum) mit einer kleinen Sammlung historischer Kutschen und Sänften (Besichtigung nur nach Anmeldung). Das Museo delle Porcellane (Porzellanmuseum) dagegen ist nur durch den Giardino di Boboli zugänglich.

Lassen Sie sich durch die Dimensionen des Palazzo und seine hochrangigen Kunstschätze nicht einschüchtern, sondern konzentrieren Sie sich bei Ihrem Besuch am besten je nach Interesse auf ein bis zwei Sammlungen. Und wenn es zu anstrengend wird, kann man sich – sofern man auch ein Ticket dafür erworben hat – in den Boboli-Garten (S. 156) zurückziehen.

Galleria Palatina

Anfang des 19. Jhs. wurden die ehemaligen Privaträume der Medici unter den Herrschern von Habsburg-Lothringen der Öffentlichkeit zugänglich gemacht. Ihre reiche Ausstattung umfasst Florentiner Kunst von der Frührenaissance bis zum Manierismus, darunter sind Schlüsselwerke zeitgenössischer Meister aus ganz Italien und Europa, von Raffael, Tizian und Tintoretto wie auch von Rubens und van Dyck.

Antonio Canovas »Venus Italica« kokettiert mit Besuchern des »Saals der Venus« im Palazzo Pitti.

Königlich wohnen: Prunkraum im Palazzo Pitti

Anders als in den Uffizien (S. 50) ist die Anordnung der Gemälde nicht chronologisch, sondern folgt individuellen Präferenzen der Medici-Großherzöge – das heißt dekorativen Kriterien ohne Rücksicht auf Thema, Stilrichtung oder Entstehungszeit.

Allegorische Deckenfresken (1641–47) von Pietro da Cortona illustrieren die Bildung des jungen Cosimo III. de' Medici durch die antiken Götter (Säle 24–28, rückwärts): Sala di Venere – Bewahrung des Prinzen durch Minerva (Weisheit) vor dem Einfluss der Venus (sinnliche Liebe), Sala di Apollo – Unterweisung durch den Gott in Künsten und Wissenschaften, Sala di Marte – Unterricht des Mars in Kriegsführung, Sala di Giove – Aufnahme durch Jupiter in den Olymp, Sala di Saturno – Geleit zu Saturn, dem Urvater der Götter, und Krönung mit bleibendem Ruhm.

Appartamenti Monumentali

Die farbenprächtigen Prunkgemächer (1. Etage, Südflügel) mit viel Gold, prächtigem Stuck und Mobiliar verschiedener Epochen waren ursprünglich Wohnräume der Medici und wurden mit veränderter Ausstattung von der Dynastie Habsburg-Lothringen und 1865–71 als Residenz König Vittorio Emanueles II. genutzt, dessen Baldachinthron sich in der

Prächtiger Deckenschmuck in der Galleria Palatina

Sala del Trono erhalten hat. Ein Glanzstück ist die Sala Bianca (Weißer Salon), der Ballraum des Palastes.

Museo degli Argenti

Das »Silbermuseum« in den Sommergemächern der Großherzöge (Erdgeschoss und Mezzanin unter der Galleria Palatina) birgt eine fantastische, eigenwillige Sammlung von Medici-Preziosen. Silber, wie der Name andeutet, und eine schillernde Auswahl an Gold-, Bernstein-, Glas- und anderen Kunstobjekten: neben Pietre-dura-Arbeiten aus dem Besitz Lorenzos des Prächtigen (in der Sala Buia) auch römische und byzantinische Arbeiten sowie im Mezzanin Familienschmuck.

KLEINE PAUSE

Das **Caffè Pitti** (S. 159) gegenüber dem Palazzo serviert Pasta, kleine Gerichte und Salate, aber auch Cocktails und andere Erfrischungen.

✢ 203 D3
✉ Piazza Pitti 1
☎ 055 29 48 83
⊕ www.uffizi.it/en/pitti-palace
❶ Di–So 8.15–18.50 Uhr

🎟 Kombiticket für alle Museen im Palazzo März–Okt. 16 €, Kombiticket mit Boboli-Garten (S. 156) 22 €
🚌 D, 11, 36 und 37

❿ ★★ San Miniato al Monte

Was?	Eine der schönsten Kirchen Italiens
Warum?	Grandiose Architektur, toskanische Romanik
Wann?	Um 17.30 Uhr, wenn die Mönche ihre Messe mit gregorianischen Gesängen feiern
Wie lange?	Mindestens eine halbe Stunde
Was noch?	Cimitero delle Porte Sante – Friedhof berühmter Florentiner
Resümee	Der Aufstieg ist jede Stufe wert

Die tausend Jahre alte Klosterkirche, eine der schönsten in ganz Italien, besticht durch ihre Lage auf einem der höchsten Hügel des Stadtgebiets. Architektur und Panorama in perfekter Harmonie. Kein Wunder, dass San Miniato die Lieblingskirche von Verliebten ist. Paare aus aller Welt, dokumentieren ihr Glück vor der anrührend schönen Florenz-Kulisse.

Der Bau der Kirche geht auf das frühe 11. Jh. zurück – 2018 feierte die Stadt die 1000-jährige Geschichte von San Miniato. Benannt wurde das Gotteshaus nach dem heiligen Minias, der als Spross einer armenischen Adelsfamilie um 250 eine Pilgerreise nach Rom unternommen haben und bei Florenz – von den damals noch nicht bekehrten Römern – enthauptet und auf dem Hügel, hoch über dem Arno, begraben worden sein soll.

Fassade aus Marmor und Serpentin

Nach dem steilen Aufstieg zur luftigen Terrasse auf dem Hügel weiß man gar nicht, was man zuerst bewundern soll, die grün-weiße Marmorfassade mit ihrem für die Protorenaissance (Vorrenaissance) typischen geometrischen Muster oder den hinreißenden Blick über die Stadt. Im Zentrum des Giebels prangt ein mehrfarbiges Mosaik des

Fassadendetail der San Miniato al Monte

Magischer Moment

Panorama mit Rosenduft

Lieben Sie Rosen? Dann gibt es keinen schöneren Ort in Florenz als den Giardino delle Rose unterhalb der Kirche San Miniato al Monte. Steigen Sie auf der Scalea del Monte alle Croci hinauf, nach wenigen Stufen erreichen Sie das Tor in der Mauer und betreten den Rosengarten, ein Stück Florenz, das noch Geheimtippstatus hat. Lassen Sie sich auf einer Bank nieder und vom Duft betören. Und falls die Blumen schon verblüht sind, bleibt der Blick auf Firenze, die »Blühende«, die Ihnen hier zu Füßen liegt.
Tgl. 9 Uhr bis Sonnenuntergang, Eintritt frei

13. Jhs.: »Christus als Weltenrichter mit Maria und dem hl. Minias« unter einem goldenen Adler mit Stoffballen in den Klauen: Emblem der Tuchhändlerzunft »Arte di Calimala«, die den Bau zu jener Zeit finanzierte.

Erhöhter Chor und versetzte Kanzel

Nicht weniger würdevoll präsentiert sich der auf drei Ebenen angelegte Kircheninnenraum – mit Hauptschiff, erhöhtem Chor und Hauptaltar, der sich direkt über der Krypta mit den Reliquien des hl. Minias befindet. Im erhöhten Chor wurde die aufwendig verzierte Kanzel seitlich versetzt, sodass sie sowohl für die Gemeinde als auch für die jenseits einer kunstvollen Trennwand sitzenden Mönche sichtbar war.

Im Fußboden des Hauptschiffs sind erlesene Marmormosaiktafeln aus dem 13. Jh. im byzantinischen Stil eingelassen, die Tierkreiszeichen tragen, während die Apsis von einer weiteren Mosaikdarstellung »Christus mit Maria und dem hl. Minias« beherrscht wird.

Den ältesten und interessantesten Bereich der Kirche bildet die Krypta aus dem 12. Jh. Sie ruht auf 36 unterschiedlichen Marmorsäulen, deren antike Kapitelle aus Gebäuden der Römerzeit stammen. Hier werden Messen gehalten – oft auch Abendandachten mit gregorianischem Gesang.

Tonnengewölbe der mit blau glasierten Terrakotta-Tondi verzierten Kapelle Michelozzos (1428)

KLEINE PAUSE

Tafelfreuden unter freiem Himmel auf der Panoramaterrasse des **La Loggia** (Piazzale Michelangelo 1, Tel. 055 234 28 32, www.ristorantelaloggia.it, tgl. 11–23 Uhr), einer klassizistischen Villa des 19. Jhs.

✝ 204 C1
✉ Via del Monte alle Croci
☏ 055 234 27 31
🌐 www.sanminiatoalmonte.it

🕐 Mo–Sa 9.30–13 und 15–19, So 8.15–13 und 15–19 Uhr; Messen So 8.30, 10, 11.30, 17.30, Mo–Sa 18 Uhr
🎟 frei 🚌 12 und 13

㊷ Santa Maria del Carmine & Cappella Brancacci

Was?	Kirche eines Karmeliterklosters, berühmt für die Kapelle der Familie Brancacci
Warum?	Bahnbrechende Fresken der Frührenaissance
Wann?	Für den Besuch der Kapelle empfiehlt sich eine Reservierung
Wie lange?	30 Minuten oder länger
Resümee	Kleinod für Kunstliebhaber

Die Kirche des Karmeliterordens bildet nur den Rahmen – berühmt ist die Kapelle, die sich die wohlhabende Familie Brancacci in dem Gotteshaus bauen ließ. Der überwältigende Freskenzyklus Masaccios in der Kapelle zählt zu den bahnbrechenden Bilderfolgen der Frührenaissance.

Der Künstler stirbt, der Bauherr muss fliehen

Im Jahr 1423 beauftragte der politisch einflussreiche und vermögende Seidengroßhändler Felice Brancacci die Künstler Masaccio und Masolino da Panicale, seine Familienkapelle mit zwölf Szenen aus dem Leben des hl. Petrus auszuschmücken (der selbst in orangefarbenem Gewand erscheint). Der Umzug Masaccios nach Rom, wo er kurz darauf mit nur 27 Jahren verstarb, brachte 1428 die Arbeiten zum Erliegen; in jenen Jahren mussten auch die Brancacci als Gegner der Medici ins Exil gehen. Erst 50 Jahre später vollendete Filippino Lippi den Zyklus in leuchtenden Pastelltönen.

Die Blößen des Adam

Unterschiede in der künstlerischen Arbeitsweise werden schon an den Darstellungen von Adam und Eva (obere Eingangspfeiler) augenfällig: Während Masolino (rechts) dem Schlicht-Dekorativen verhaftet bleibt, präsentiert sich Masaccio (links) in eindringlicher emotionaler Kraft und setzt sich mit einem neuartigen Realismus deutlich von der höfisch-eleganten Malweise seiner Zeitgenossen ab. Masaccios Szene

»Petrus in Kathedra« (linke Wand, untere Reihe) enthält das einzige bekannte zeitgenössische Porträt des Architekten Filippo Brunelleschi. Er erscheint darin im Durchgang zur Rechten mit einer schwarzen Haube. Ein später hinzugefügtes, Adams Blöße verdeckendes Feigenblatt wurde bei der Restaurierung in den 1980er Jahren wieder entfernt.

Santa Maria del Carmine wird vor allem wegen der prächtigen Fresken der Cappella Brancacci besucht.

Ebenfalls von Masaccio stammt der »Zinsgroschen« (linke Wand, obere Reihe), der mehrere Ereignisse zusammenfasst: Christus (in der Mitte) befiehlt Petrus, einen Fisch zu fangen (links). In seinem Maul werde er einen Groschen finden, um die fällige Steuerabgabe zu zahlen (rechts). In der »Auferweckung des Sohnes des Theophilus« (linke Wand, untere Reihe, Mitte) fügte Masaccio mehrere Porträts von Mitgliedern der Brancacci-Familie in die Szenerie ein. Während ihres Exils wurden sie entfernt, von Filippino Lippi 1481–82 jedoch erneuert.

KLEINE PAUSE
In der Trattoria **Angiolino** (S. 159) munden Florentiner Klassiker wie Ribollita (S. 20), Kutteln und Grillfleisch in heiter-rustikaler Atmosphäre.

✝ 202 B/C4
✉ Piazza del Carmine 14
☎ Kirche: 055 276 82 24
⊕ www.museicivicifiorentini.comune.fi.it
🕐 Kapelle: Fr–Mo 10–17 Uhr; letzter Einlass 30 Min. vor Schließung; tel. Voranmeldung ratsam unter Tel. 055 261 67 88
🎟 Kirche frei; Kapelle 10 €, mit Führung 15 € 🚌 D, 11, 36 und 37

Nach Lust und Laune!

43 Santa Felicita

Die von Brunelleschi konzipierte Cappella Capponi (1. Kapelle rechts) besitzt mit ihrer Ausstattung durch Jacopo da Pontormo Schlüsselwerke manieristischer Malerei aus der Zeit 1525–28 – kühn, strahlend und gefühlsbewegt.

Achten Sie beim Verlassen der auf frühchristliche Anfänge zurückgehenden Kirche auf deren ungewöhnliches Äußeres mit verschiedenen späteren Anbauten. Die Kuppel etwa wurde Mitte des 16. Jhs. zugunsten einer Vorhalle abgetragen, über deren offenen Bereich heutzutage ein Teil des Corridoio Vasariano (S. 55) verläuft.

✢ 203 E4
✉ Piazza di Santa Felicita
☎ 055 21 30 18
🕐 Mo–Sa 9.30–12.30 und 15.30–17 Uhr 🎟 frei 🚌 D und C3

44 Giardino di Boboli

Der ausgedehnte Park, hügelaufwärts gelegen hinter dem Palazzo Pitti, erweist sich an heißen Sommertagen als magische Oase – mit Neptun- und Bacchusbrunnen (dem auf einer Schildkröte reitenden Hofzwerg Cosimos I. als Gott des Weins) und einer Orangerie voll duftender Zitrusgewächse. Eine elegante Zypressenallee führt zum Isolotto, einem Inselchen mit Statuen und Brunnen. Auf den 4,5 ha können sich auch Kinder wunderbar austo-

Mystisch: Blauregen-Laubengang im Giardino di Boboli

ben. Am oberen Ende der Anlage logiert in einem Kavaliershaus des 18. Jhs. das Museo delle Porcellane mit Porzellan aus dem Besitz der Medici.

☦ 202 C1/2
✉ Zugang vom Palazzo Pitti, Via Romana und Porta Romana
☎ 055 29 48 83 ⊕ www.uffizi.com
🕐 tgl. Nov.–Feb. 8.15–16.30, März 8.15–17.30, April/Mai, Sept./Okt. 8.15–18.30, Juni–Aug. 8.15–19.30 Uhr, 1. und letzter Mo im Monat geschl.
🎫 März–Okt. 10, Nov.–Feb. 6 € (Ticket gilt auch für Museo delle Porcellane und Giardino Bardini, S. 158)
🚌 C3, D, 11, 13, 36 und 37

Museo delle Porcellane
☦ 203 D2 ✉ Zugang durch den Giardino di Boboli
☎ 055 238 86 05
🕐 siehe Giardino di Boboli
🎫 Kombiticket Giardino di Boboli, Giardino Bardini März–Okt. 10 €, Nov.–Feb. 6 €

45 Santo Spirito

Hinter der unvollendeten Fassade des letzten großen Sakralbaus von Filippo Brunelleschi wartet die »schönste Kirche der Welt«. Derart lobende Worte fand jedenfalls Italiens großer Barockbaumeister Bernini rund 200 Jahre nach Brunelleschi für diesen Bau. Santo Spirito erscheint licht, luftig und harmonisch proportioniert mit von schlanken Säulen gesäumtem Hauptschiff und 38 stillen Seitenkapellen, die mit ihren bemalten Altartafeln beeindrucken. Über eine Vorhalle mit kassettiertem Tonnengewölbe am linken Seitenschiff gelangt man in die von Giuliano da Sangallo entworfene achteckige Sagrestia (Sakristei) mit zweischaliger Kuppel und den ersten der beiden Kreuzgänge mit plätscherndem Brunnen.

Im angrenzenden Cenacolo (Refektorium) ist ein Museum für die Hinterlassenschaften des einstigen Augustinerklosters untergebracht.

Der Rundgang »Il Giovane Michelangelo a Santo Spirito« durch Sakristei, Kloster und Refektorium führt zu den Werken, die der geniale Michelangelo für Santo Spirito geschaffen hat.

Auf der von der gelben Kirchenfassade dominierten lebhaften Piazza di Santo Spirito mit Platanen findet wochentags ein Gemüsemarkt statt (Mo–Sa 8–14 Uhr), jeden zweiten Sonntag im Monat sind hier Antiquitäten- und Secondhand-Stände aufgestellt.

Kirche
☦ 203 D4 ✉ Piazza di Santo Spirito
☎ 055 21 00 30
⊕ www.basilicasantospirito.it
🕐 Mo/Di, Do–Sa 10–13 und 15–18. So 11.30–13.30 und 15–18 Uhr; Messen Mo/Di, Do–Sa 9, 18, So 9, 10.30 und 18 Uhr 🎫 frei, Rundgang 2 €
🚌 C3, D, 11

46 Museo Zoologico La Specola

In der »Specola« (Sternwarte) befand sich das bis zu Beginn des 19. Jhs. weltweit einzige wissenschaftliche Museum zur Naturgeschichte. Es geht auf eine Sammlung der Medici zurück. Nicht nur Kinder sind von den Galapagos-Schildkröten, dem arktischen Wal oder dem größten Käfer der Welt begeistert.

† 202 C3
✉ Via Romana 17
☎ 055 275 64 44
🕐 derzeit geschl., Wiedereröffnung für 2023 geplant
🎫 6 € 🚌 D, 11, 36 und 37

47 Forte di Belvedere

Ferdinand I. beauftragte 1590 den Architekten Buontalenti mit dem Bau dieser Festungsanlage über der Stadt. Heute werden auf den weiten Wällen mit großartigem Blick Ausstellungen veranstaltet.

† 203 E2/3
✉ Via San Leonardo 1
☎ 055 200 14 86
🌐 www.museicivicifiorentini.comune.fi.it 🕐 Ausstellungen meist Di–So 10–20 Uhr 🎫 frei, Ausstellungen 3 €

48 Villa & Giardino Bardini

Einen herrlichen Blick auf die Stadt bietet der bezaubernde Garten der Villa Bardini. Den Aufstieg über die barocke Freitreppe zum Rondò Belvedere begleiten schöne Blumendüfte. In der Villa von 1641 sind Werke des Malers Pietro Annigoni (20. Jh.) ausgestellt, der u. a. J. F. Kennedy und die britischen Royals mit realistischer Maltechnik auf Leinwand bannte. Zudem werden Wechselausstellungen präsentiert.

† 203 E/F2/3

Villa Bardini
✉ Costa San Giorgio 2
☎ 055 20 06 62 33 🕐 Di–So 10–20 Uhr (wechselnde Ausstellungen)
🎫 10 € 🚌 Bus C3 und D

Giardino Bardini
🕐 Di–So 10–20 Uhr; Sa/So/Fei ist eine Reservierung erforderlich, unter www.firenzemusei.it oder +39 055 29 48 83
🎫 Kombiticket mit Giardino di Boboli März–Okt. 10 €

49 Museo Bardini

Der Kunsthändler, Maler und Sammler Stefano Bardini (1836 bis 1922) vermachte der Stadt Florenz den Stadtpalast mitsamt seiner Kunstsammlung: über 2000 Werke.

† 204 B3
✉ Via dei Renai 37 ☎ 055 234 24 27
🌐 www.museicivicifiorentini.comune.fi.it 🕐 Fr–Mo 11–17 Uhr 🎫 7 €
🚌 D und 23

50 Tornabuoni Arte

Der architektonisch bemerkenswerte Sitz der renommierten Kunstgalerie gleicht einem kleinen Museum. Auf über 500 m², verteilt auf zwei Etagen, werden regelmäßig Ausstellungen überwiegend italienischer Künstler des 20. Jhs. organisiert.

† 205 D3 ✉ Lungarno B. Cellini 3
☎ 055 681 26 97
🌐 www.tornabuoniarte.it
🕐 Mo–Fr 9–13 und 15.30–19.30 Uhr, Aug. geschl.

Wohin zum ... Essen und Trinken?

Preise für ein Drei-Gänge-Menü (ohne Getränke und Service):
€   unter 25 Euro
€€   25 – 50 Euro
€€€   über 50 Euro

Dass Oltrarno ein gewachsener, eher unprätentiöser Stadtteil ist, davon kündet auch die Vielzahl schnörkelloser Restaurants in Familienbesitz. Dass er augenblicklich an Popularität gewinnt, erkennt man nicht zuletzt an zahlreichen neuen, lässigen Speiselokalen, Cafés und Bars in unmittelbarer Umgebung seiner beiden Hauptplätze, Piazza del Carmine und Piazza di Santo Spirito. Besonders gilt dies für das Viertel San Frediano, das etwas abseits östlich des Zentrums von Oltrarno liegt.

4 Leoni €–€€
Touristen verirren sich kaum in diese Trattoria unweit des Palazzo Pitti. Das Ambiente wirkt rustikal, mit rohen Steinwänden und mächtigen Deckenbalken, behängt mit Trockensträußen. Es gibt toskanische Küche. Im Sommer sitzt man unter Sonnenschirmen auf der kleinen Piazza.
✣ 203 D4
✉ Via dei Vellutini 1r / Piazza della Passera
☎ 055 21 85 62 ⊕ www.4leoni.com
❶ tgl. 12–24 Uhr, Aug. geschl.

Angiolino €–€€
Traditionsreiche, gemütliche Trattoria: Tomatenranken und Kürbisse schmücken die Bar, von der alten Ziegeldecke des Hauptraums hängen Trockenblumen und Chilischoten. Karierte Tischwäsche und Weine in Korbflaschen komplettieren das Bild. Auf der Karte stehen einfache toskanische Gerichte ohne Schnickschnack – Crostini, Schinken, Salami, *pappa al pomodoro* (Tomaten-Brot-Suppe) neben Suppen, Pasta und Gegrilltem.
✣ 203 D4 ✉ Via di Santo Spirito 36r
☎ 055 239 89 76 ⊕ www.casatrattoria.com
❶ Di–So 12–15 und 19–22 Uhr

Le Barrique €
Gehen Sie nach dem Besuch der Cappella Brancacci ums Eck zu dieser netten kleinen *enoteca*. Hier gönnt man sich zu warmen und kalten Gerichten von der Karte bzw. Brot, Käse und anderen Kleinigkeiten ein Gläschen von den offen ausgeschenkten Weinen an der Bar.
✣ 202 B4 ✉ Via del Leone 40r
☎ 055 22 41 92
⊕ www.enotecalebarrique.com
❶ Di–So 12.30–14.30 und 19.30–22.30 Uhr

Caffè Pitti €
Unter den Lokalen auf der Piazza vor dem gleichnamigen Palazzo empfiehlt sich dieses wegen seines hübschen Kaffeehausinterieurs.
✣ 203 D3 ✉ Piazza Pitti 9r
☎ 055 239 98 63
❶ tgl. 12–23 Uhr

Caffè Ricchi €–€€
Meist findet man an zentralen Orten eine beliebte Bar wie diese, ideal für kleine Mahlzeiten zu jeder Tageszeit, aber auch den Drink am frühen oder späten Abend. Auf der Terrasse an der verkehrsfreien Piazza kann

Die Fontana dello Sprone setzt einen Akzent an der Via dello Sprone im Stadtteil Oltrarno.

man das Defilee der Flanierenden herrlich beobachten.
✝ 203 D4 ✉ Piazza di Santo Spirito 9r
☎ 055 21 58 64
⊕ www.ristorantericchi.com
❶ Bar: Sommer Mo–Sa 7–1, Winter Mo–Sa 7–21 Uhr; Restaurant: tgl. 12–15 und 18.30–23 Uhr

Casalinga €€
Altmodische Trattoria mit ordentlicher toskanischer Basisküche, freundlicher Bedienung und lebendiger Atmosphäre, wie man es bei einem seit Generationen von derselben Familie geführten Restaurant erwartet.
✝ 203 D3 ✉ Via del Michelozzi 9r, nahe Piazza di Santo Spirito
☎ 055 21 86 24 ⊕ www.trattorialacasalinga.it
❶ Mo–Sa 12–14.30 und 19–22 Uhr

Cuculia €€
Hier zaubert Olivier aus Venezuela für Vegetarier, Fischfans und Fleischesser multiethnische Interpretationen toskanischer Gerichte, die Roberta zwischen Bücherregalen und Blumenarrangements serviert. Sonntags gibt es zum Brunch einen Einheitsteller zum Einheitspreis.
✝ 202 B2 ✉ Via dei Serragli 3r
☎ 055 277 62 05 ⊕ www.cuculia.it
❶ Di–So 19–22.30, Do–So auch 12.30–15 Uhr

Fuori Porta €
»Vor dem Tor« bezieht sich in diesem Fall auf die Porta San Miniato, weshalb sich diese beliebte Enoteca beim Besuch der nahe gelegenen Kirche San Miniato al Monte ideal für eine Pause eignet. Die Bar listet etwa 600 Weine, von denen man rund 40 glasweise ausschenkt, aber auch Whisky, Grappa und ausgefallenere Getränke. Neben leckeren Snacks führt die Tageskarte eine Auswahl schmackhafter warmer Gerichte.
✝ 203 D1 ✉ Via del Monte alle Croci 10r
☎ 055 234 24 83 ⊕ www.fuoriporta.it
❶ Di–Fr 12–16, Fr auch 19–23, Sa 12–23, So 12–17 Uhr

Lungarno 23 €€
Kein Ort für Vegetarier, denn hier stammt alles vom einheimischen Chianina-Rind: Carpaccio, Roastbeef, Steaks und vorzügliche Burger in allen Varianten.
✝ 203 F3 ✉ Lungarno Torrigiani 23
☎ 055 234 59 57 ⊕ www.lungarno23.it
❶ tgl. 19–23 Uhr

Olio & Convivium €€
Klein und fein: Ob beim Mittagessen mit Geschäftsleuten oder abends im eher untypisch ruhigen Ambiente – hier kann man sich mit seinem Gegenüber unterhalten. Die kulinarischen Köstlichkeiten, das Olivenöl und die guten Weine können Sie auch mitnehmen!
✝ 203 D4 ✉ Via Santo Spirito 4
☎ 055 265 81 98 ⊕ www.oliorestaurant.it
❶ Di–So 19–22.30 Uhr

Pitta M'Ingolli €
Im Herzen des Oltrarno-Viertels, an der pittoresken Piazza Santo Spirito, lässt es sich in diesem heimeligen Café bei hausgemachten Kuchen oder herzhaften kleinen Speisen entspannen.
✝ 203 D4
✉ Piazza Santo Spirito 17r
☎ 055 26 42 56
❶ Mo–Fr 8–20, Sa/So 8–22 Uhr

Sant'Agostino €
Ein Juwel im Straßengewirr rund um Santo Spirito, dessen aufmerksame Eigentümer mit einem zeitgemäßen Trattoriakonzept (toskanische Küche) das Gebiet neu belebten.
✝ 202 C4 ✉ Via Sant'Agostino 23r
☎ 055 28 19 95 ❶ Mo–Fr 12–15 und 18–23, Sa/So 12–23 Uhr

Le Volpi e L'Uva €–€€
Die moderne, erstklassige Enoteca versteckt sich an einem kleinen Platz nicht weit vom Ponte Vecchio. Neben einer hervorragenden Auswahl offener Weine, die regelmäßig wechselt, serviert man eine Palette exzellenter Vorspeisen und Snacks – wie Crostini und Panini.
✝ 203 E4 ✉ Piazza dei Rossi 1r, nahe Piazza di Santa Felicita
☎ 055 239 81 32
⊕ www.levolpieluva.com
❶ Mo–Sa 11–21 Uhr

Wohin zum ... Einkaufen?

SCHMUCK

Lapini (Borgo San Frediano 50r, Tel. 055 21 32 76, www.paololapinifirenze.it, Mo–Fr 9–13 und 16–19.30 Uhr) hebt sich durch die Verarbeitung edelster Materialien und aparte Entwürfe von der Konkurrenz ab.

KUNST UND ANTIQUITÄTEN

Kunst und Antiquitäten findet man um die Via Maggio, die selbst etliche gut ausgestattete Galerien und Antiquitätengeschäfte vereint: Bei Raffaello Romanelli (Borgo San Frediano 70, Tel. 055 239 60 47) kann man Marmorreproduktionen bekannter Skulpturen, aber auch Objekte aus Bronze, Terrakotta und Alabaster anschauen – oder erwerben.

Guido Bartolozzi (Via Maggio 18, www.guido bartolozzi.com) und Paolo Paoletti (Via Maggio 30, Tel. 055 21 54 87) sind gute Adressen für Stilmöbel und Antiquitäten.

Bei Castorina (Via di Santo Spirito 13–15r, Tel. 055 21 28 85, www.castorina.net, Mo–Fr 9–13, 15–19, Sa 9–13 Uhr) ist man auf vergoldete Rahmen, Engel, dekorative Gipsabgüsse und andere Barockobjekte spezialisiert.

In der Buchbinderei Giulio Giannini & Figlio (Via dei Velluti 1r, Tel. 055 21 26 21, www.giuliogiannini.it) bekommt man edles Zubehör fürs Büro und zum Schreiben.

TEXTILIEN

Im Antico Setificio Fiorentino (Via Bartolini 4, Tel. 055 21 38 61, www.anticosetificiofio rentino.it, nur nach Anmeldung) von 1786 werden noch auf riesigen Webstühlen Sammlerstücke aus Seide nach antiken Mustern kreiert.

GLAS UND KRISTALL

In der Glas- und Kristallschleiferei Moleria Locchi (Via D. Burchiello 10, Tel. 055 229 83 71, www.locchi.com, Mo–Fr 9–13 und 15–18.30 Uhr) werden seit 200 Jahren Liebhaberstücke restauriert sowie Objekte in Handarbeit nach Kundenwunsch angefertigt und graviert.

Wohin zum ... Ausgehen?

BARS UND CLUBS

Die Loggia Roof Bar (Piazza Santo Spirito 9, Tel. 055 265 83 76) ist der Stolz des Hotels Palazzo Guadagni. Nicht nur Hausgäste starten auf der Dachterrassenbar mit einem kühlen Drink in der Hand romantisch in die Florentiner Nacht.

Das Volume (Piazza di Santo Spirito 5r, Tel. 055 238 14 60, www.volume.fi.it, tgl. 16.30–2 Uhr), Treffpunkt einer eher alternativen Clique, erwacht erst am Abend zum Leben.

Zoe im äußersten Osten (Via dei Renai 13r, Tel. 055 24 31 11, Mo–Fr 8.30–2, Sa/So 9–2 Uhr) erweist sich als locker-elegante Cocktailbar, in der später getanzt wird und man im Sommer draußen sitzt.

Im Il Rifrullo (Via San Niccolò 55r, Tel. 055 234 26 21, www.ilrifrullo.com, Mo–Do 7.30–1, Fr bis 2, Sa 8.30–2, So 8–1 Uhr) wird zum Frühstück Zeitung gelesen, zum Lunch diskutiert und nach dem Aperitif bis in die Puppen geflirtet.

Nachtschwärmer-Treff: Zoe

Das Pferderennen Palio di Siena zieht Jahr für Jahr viele Zaungäste an.

Ausflüge

Auch die früher um Macht und Größe konkurrierenden Nachbarstädte von Florenz beeindrucken mit ihrem kulturellen Erbe.

Seiten 162–173

Ein Ausflug ins Grüne kann im Kontrast zur Reizüberflutung, Hektik und sommerlichen Hitze von Florenz erholsam sein. Die schöne ländliche Toskana ist eine Attraktion für sich. Wem der Sinn nach einer kleineren Stadt steht, der unternimmt eine Tour nach Siena oder San Gimignano, die nicht weit entfernt liegen.

Ausflüge in die Stadt

Wenn in den Städten steinerne Bauten deren historische Sternstunden bezeugen, so trifft dies ganz sicher auch für die Toskana zu: Selbst eher unscheinbare Kommunen haben meist ein Goldenes Zeitalter erlebt, das seinen Ausdruck in schönen Palazzi, Kirchen und Plätzen fand – ein kulturelles Erbe, das mitunter sogar in entlegenen Dörfern spürbar ist.

In gewisser Weise ähneln sich derartige Orte: Meist findet sich ein zentraler Platz, gesäumt von größeren Profan- oder Sakralbauten – wie Rathaus oder Kirche, einer Loggia und einem Campanile – in der Regel von einer gewissen Höhe, damit die Glocken weithin zu hören waren. Sie riefen das Volk zu Versammlungen auf den Platz, signalisierten die Sperrstunde und warnten vor Gefahr. Der Hauptplatz der meisten toskanischen Städte dient auch als Kulisse für regionale Festlichkeiten und natürlich den abendlichen *struscio*, bei dem die Einheimischen adrett gekleidet die Schaufenster der Läden und einander gegenseitig bewundern. Sie folgen hierin dem in ganz Italien gültigen Prinzip des *fare una bella figura:* gut aussehen und (dabei) gesehen werden.

Die Toskaner sind stolz auf ihr Erbe, ihr Land und ihre Vorfahren, die sich bis zu den Etruskern zurückverfolgen lassen – stets jedoch besorgt, ihre größeren Städte nicht zu Museen zu machen und gänzlich dem Tourismus anheimzugeben. Als arbeitsamen Bürgern einer ökonomisch eigenständigen Region ist ihnen die römische Regierungsbürokratie ein Gräuel, und nicht wenige sehnen sich zurück nach der Unabhängigkeit der Toskana.

Typisch Toskana: Hügellandschaft nahe Monte Oliveto Maggiore

Ausflüge aufs Land

Wenn man in der Toskana eine Städtetour unternimmt, ist der Weg zugleich das Ziel – denn er führt durch bezaubernde Landschaften mit blumenübersäten Hügeln, zwischen denen sich einsame Bauernhöfe auf sonnenverbrannter Erde ducken. Malerische alte Villen mit bunt getünchten Fassaden ziehen vorbei, im Wechsel mit Olivenhainen, Weinbergen, Lavendel- oder Kornfeldern und Zypressenalleen. Sie bilden das magische ländliche Umfeld der stolzen Renaissancestädte mit ihren Kunstschätzen und verbinden sich mit ihnen zu einem einmaligen Gleichklang.

Siena

Was?	Nachbarstadt von Florenz und historische Konkurrentin
Warum?	Altstadt mit Mittelaltercharme
Wann?	Wochentags, denn sonntags sind Geschäfte geschlossen
Wie lange?	Mindestens einen halben Tag
Resümee	Muss man auch gesehen haben

Malerisch auf einem Hügel gelegen und weitgehend geprägt vom Mittelalter ist Siena vielleicht die schönste Stadt der Toskana. Anders als in Florenz leuchten hier die Häuserwände nicht honigfarben, sondern vorwiegend in Ziegelrot. Ihre Schönheit, bemerkte einmal ein Ratsherr, sei zugleich die größte Hypothek für die Stadtregierung.

Der Legende nach wurde Siena von Senius gegründet, Sohn des Remus (einer der beiden mythischen Gründungsväter Roms), – weshalb man hier allerorten auf Statuen der Wölfin trifft, die Remus und seinen Zwillingsbruder Romulus gesäugt haben soll. Siena erlebte seine Blütezeit im Mittelalter, als es zu den reichsten Städten Europas gehörte. Wie Florenz erwarb es seinen Wohlstand mit Tuchhandel und rief, zum Neid der Konkurrenten am Arno, die ersten internationalen Bankinstitute ins Leben, die in der damaligen christlichen Welt die finanziellen Interessen des Papstes vertraten.

Auch die Künstler Sienas zählten damals zu den führenden Italiens, unter ihnen waren Andrea Pisano, Simone Martini, die Brüder Lorenzetti und Duccio di Buoninsegna, die hinsichtlich Detailgenauigkeit und früher Experimente mit der Zentralperspektive in der Toskana zahlreiche Nachahmer fanden. Nie wieder jedoch erholte sich die Stadt völlig von der verheerenden Pestepidemie des Jahres 1348, der drei Viertel der Einwohnerschaft zum Opfer fielen. Fortan stand Siena im Schatten des aufstrebenden Florenz, gegen das es heute noch, trotz seiner Eleganz, ein wenig provinziell wirkt. Doch es ist nach wie vor ein reicher Ort: In seinen alten Mauern und dem Gewirr enger Kopfsteinpflastergässchen samt dunklen Bogengängen, die ihm eine fast mittelalterliche

Atmosphäre verleihen, birgt es bedeutende Kunstschätze, noble Geschäfte und fantastische Kellerrestaurants.

Wie in vielen Städten Italiens ist hier noch immer das System der *contrade* genannten mittelalterlichen Stadtbezirke lebendig – 40 von ihnen zählte Siena auf der Höhe seiner Macht, 17 sind es seit dem 17. Jh. Alle pflegen voller Stolz ihre eigenen Wappen und Traditionen, sozialen Einrichtungen und Kirchen, was sich unmissverständlich beim Palio zeigt (Abb. S. 164). Dieses waghalsige Pferderennen, erstmals 1283 bezeugt, wird zwischen den alten Stadtbezirken ausgetragen und findet jährlich am 2. Juli und 16. August statt. Jedes Pferd wird vor Beginn gesegnet. Mit Strohhalmen werden die Einzelrennen ausgelost, die mit nur drei Runden um die Piazza del Campo schnell absolviert sind. Der Gewinner erhält ein Banner *(palio)* als Trophäe, und abends findet in der siegreichen Contrada ein riesiges Bankett bei Kerzenlicht im Freien statt – eindrucksvoll!

Die Piazza del Campo in Siena ist einer der schönsten Plätze Italiens.

Der Hauptplatz der Stadt

Wohin man sich auch im Labyrinth der mittelalterlichen Gassen verirrt – alle scheinen sie letztlich wieder zur großen Piazza del Campo zurückzuführen, die gewiss eines der architektonisch interessantesten Beispiele italienischer Stadtplanung ist. Fächerartig entfaltet sich der Platz in neun Segmenten, voneinander getrennt durch Linien weißen Marmors. Wie im 13. Jh. vorgeschrieben, säumen ihn einheitlich rosafarbene Palazzi, um die Würde des Paradestücks der Stadt zu betonen. Dominiert wird er vom majestätischen Palazzo Pubblico mit dem zweithöchsten Glockenturm Italiens.

Der Palast und sein Turm

Seit dem 13. Jh. der Sitz der Stadtregierung, beherbergt der Palazzo Pubblico (Rathaus) am unteren Ende des Campo heute mit dem Museo Civico (Stadtmuseum) unter anderem auch eine schöne Sammlung Sieneser Malerei und verfügt mit Ambrogio Lorenzettis allegorischem Freskenpaar »Die gute und die schlechte Regierung« (1337–39) in der Sala della Pace über eines der bedeutendsten nicht religiösen Gemälde des mittelalterlichen Europa.

Der 102 m hohe Glockenturm wurde seinerzeit erbaut als Symbol des freien Stadtstaates, der die Feudalherrschaft ablöste. Torre del Mangia wird er nach seinem ersten Glöckner genannt, den man aufgrund seiner Faulheit als *Mangiaguadagni* (»Verdienstfresser«) verspottete. 505 Stufen führen nach oben – zu einem unvergesslichen Rundblick.

Die achteckige Kanzel von Niccolò Pisano beeindruckt im Duomo Santa Maria Assunta in Siena.

Gotteshaus im Streifengewand

Hoch auf dem Hügel steht der von 1215 bis 1376 erbaute Dom Santa Maria Assunta in seinem markanten Streifengewand aus verschiedenfarbigem Marmor. Das riesige Kirchenschiff zeugt noch von dem vermessenen Plan, hier das größte Gotteshaus der Christenheit zu errichten, bei dem der fertige Bau zum Querschiff einer neuen Kirche werden sollte. Dies vereitelte jedoch die Pest, sodass auch das neue, 1339 begonnene südliche Seitenschiff unvollendet blieb. Dort befindet sich heute das Museo dell'Opera del Duomo mit Skulpturen von Giovanni Pisano, die einst die Fassade schmückten, und einer Maestà (einer thronenden Madonna mit Jesuskind) des Hochaltars von Duccio.

Vom ehemaligen Einfriedungswall des Doms hat man einen wunderbaren Blick auf Siena und Umgebung. Die Hauptfassade der Kirche präsentiert sich als Schauwand in rosa und weißem Marmor mit einem Skulpturenzyklus von Giovanni Pisano (Kopien) und einer Vielfalt von Giebeln, Vorsprüngen, Säulchen, Figuren und Ornamentbändern.

Sehenswert im Innern sind die achteckige Kanzel von Niccolò Pisano mit Szenen aus dem Neuen Testament und der Marmorboden mit seinen mosaikartig eingelegten biblischen Szenen sowie Duccios gewaltiges Rundfenster in der Chorwand. Weiteres Highlight ist die Libreria Piccolomini im linken Seitenschiff mit der Büchersammlung von Enea Silvio Piccolomini (Papst Pius II.). Hier sind u. a. Fresken Pinturicchios bemerkenswert, der sich in der Entwurfphase vom damals noch kaum bekannten Raffael unterstützen ließ.

KLEINE PAUSE
In der **Bar Conca d'Oro** bei Alessandro Nannini (Via Banchi di Sopra 24, Mo–Fr 7.30–19.30, Sa 8–21, So 8–19.30 Uhr). Manchmal kommt auch Alessandros berühmte Schwester Gianna vorbei.

Anreise
🚗 Mit dem Auto einstündige Fahrt über die mautfreie Superstrada del Palio. Auf der Panoramastraße Chiantigiana SS 222 braucht man länger. Sienas Innenstadt ist für Autos gesperrt, doch stehen gut ausgeschilderte Parkplätze zur Verfügung.
🚆 Mit dem Zug gelangt man fast stündlich von Florenz nach Siena (Fahrtzeit 90 Min.), Sienas Bahnhof liegt 1,5 km außerhalb.

Tourist Information
✛ 206 C3
✉ I. A. T. Siena, Il Campo 7, Palazzo Berlinghieri
☎ 577 29 22 22
🌐 www.terredisiena.it
🕒 tgl. 9–18 Uhr

Museo Civico und Torre del Mangia
✛ 206 C3
✉ Piazza del Campo 1
☎ 057 729 26 15
🕒 Museum: Nov.–Feb. 10–18, März–Okt. 10–19 Uhr; Turm: Mitte Okt.–Feb. 10–16, März–Mitte Okt. 10–19 Uhr; letzter Einlass 45 Min. vor Schließung

🎫 6 €, Kombiticket inkl. Torre del Mangia 15 €, inkl. Torre del Mangia und Santa Maria della Scala 20 € (letzteres 2 Tage gültig)

Duomo, Baptisterium, Krypta, Museo dell'Opera del Duomo, Libreria Piccolomini
✛ 206 A/B 2/3 ✉ Piazza Duomo
☎ 057 728 30 48
🌐 www.operaduomo.siena.it
🕒 Domkomplex (inkl. Baptisterium, Krypta), Libreria Piccolomini und Porta del Cielo: März–Okt. Mo-Fr 10–19, Sa 10.30–18, So 13.30–18, Nov.–Feb. Mo-Sa 10.30–17.30, So 13.30–17.30 Uhr, Museo dell Opera (Dommuseum): April–Okt. Mo-Fr 9.30–19.30, Sa 10.30–18, So 13.30–18, Nov.–März Mo-Sa 10.30–17.30, So 13.30–17.30 Uhr
🎫 Eintritt Dom 10 €, Kombiticket (3 Tage Gültigkeit) für gesamten Domkomplex 17 €, inkl. Porta del Cielo 22 €, Tickets müssen reserviert werden und sind nur für den gebuchten Zeitraum gültig: https://operalaboratori.vivaticket.it oder Tel. 05 77 28 63 00

San Gimignano

Was?	Toskanische Kleinstadt
Warum?	Der Stadtkern wirkt wie ein Mittelalter-Freilichtmuseum
Wann?	Am besten im Frühling oder Herbst
Wie lange?	2–3 Stunden
Resümee	Das »Manhattan des Mittelalters« ist einen Abstecher wert

Weithin sichtbar ragen die Türme von San Gimignano in die Landschaft.

Auf einer Hügelkuppe gelegen, umgeben von Olivenhainen, Weingärten und Zypressen, ist San Gimignano einer der malerischsten Orte der Toskana und zudem für seine Geschlechtertürme, die *belle torri,* berühmt.

Von den ehemals 72 Türmen aus der Blütezeit San Gimignanos sind noch 14 erhalten. Erbaut wurden sie im 12. und 13. Jh. als Machtsymbole und Trutzburgen der hiesigen Adelsgeschlechter. Damals war die Einwohnerschaft doppelt so groß wie heute (8000 Einw.) und der Ort florierte als wichtige Station auf dem »Frankenweg«, der Via Francigena, der Pilger von Nordeuropa nach Rom führte. Mit der Pest von 1348 jedoch verebbte ihr Strom und der Niedergang der Stadt begann. Später wurden viele Türme abgerissen und die Steine zum Festungsbau verwendet.

Als der französische Dichter André Suarès auf seiner Kavalierstour durch Europa um 1900 San Gimignano besuchte, erschien es ihm als faszinierendste Stadt Italiens – obgleich sich, wie er festhielt, in der Augusthitze kaum ein Fremder dorthin verirre. Dies trifft heute bedauerlicherweise kaum noch zu, denn aufgrund der Nähe zu Florenz und Siena wird der malerische Ort täglich mit Busladungen von Touristen überschwemmt. Mit Sonnenuntergang aber hat man die schmucken Straßen wieder ganz für sich und kann sich in Ruhe der magischen, zeitlosen Atmosphäre unter den langen Schatten der Türme hingeben.

Die großen Plätze

Auf dem Weg zwischen den beiden Hauptplätzen, Piazza del Duomo und Piazza della Cisterna, kommt man sich vor der gewaltigen Kulisse der umgebenden Gebäude wie auf einer Bühne vor. Die Palazzi des Mittelalters erhob die UNESCO schon 1960 zum Weltkulturerbe.

Die Piazza della Cisterna ist seit acht Jahrhunderten Zentrum des öffentlichen Lebens und nach dem Brunnen in ihrer Mitte benannt. Auf seiner steinernen Einfassung sind noch die Kerben sichtbar, die Ziehtaue für die Wassergefäße hinterließen. Die Piazza del Duomo wird vom Palazzo del Podestà (mit dem vermutlich ältesten Turm der Stadt aus dem Jahre 1239) und dem Rathaus Palazzo del Popolo beherrscht, in dessen Obergeschossen heute das Museo Civico untergebracht ist.

Das mittelalterliche Stadtbild von San Gimignano blieb bis heute zum Großteil erhalten.

Im Museo Civico

In der freskengeschmückten Sala del Consiglio überzeugte Dante im Jahre 1300 als Abgesandter der Guelfen (S. 32) die Ratsherren von einer Allianz mit Florenz – gegen Pisa, Siena, Arezzo und Volterra. Im Gegenzug verlor San Gimignano allerdings seine Eigenständigkeit und geriet zunehmend unter Florentiner Einfluss. Prunkstück des Sitzungssaals ist heute die »Maestà« von Lippo Memmi. In den anderen Räumen des Museums trifft man auf hochkarätige Werke von Filippino Lippi, Benozzo Gozzoli, Pinturicchio (Bernardino di Betto die Vagio), Taddeo di Bartolo und Memmo di Filippuccio.

Vom Museum aus hat man auch Zugang zur Torre Grossa mit wunderschönem Blick über die Ziegeldächer.

Stiftskirche Santa Maria Assunta

Die schlichte romanische Fassade der Collegiata Santa Maria Assunta, der einstigen Kathedrale, fälschlich auch »Duomo«

Blick über die Dachlandschaft von San Gimignano

genannt, nimmt sich bescheiden gegen das prunkvolle Innere aus. Sie ist dem Dom von Siena nachempfunden und mit vier Freskenzyklen geschmückt. Bartolo di Fredi schuf 26 Szenen des Alten Testaments (1367), Lippo und Federico Memmi Szenen aus dem Leben Christi (1333–41), und Taddeo di Bartolos »Jüngstes Gericht, Himmel und Hölle« besticht durch zeichnerische und erzählerische Details. Die angrenzende Cappella di Santa Fina ist ein wahres Meisterwerk der Renaissance und zeigt Fresken Domenico Ghirlandaios zu den Wundern der hl. Fina, die diese als Mädchen vom Krankenbett aus bewirkte.

Galerie und Burgruine

Die Galleria Continua versteckt sich in den Räumen eines 1950er-Jahre-Kinos: Sie ist zu einer der mittlerweile wichtigsten Galerien für moderne und zeitgenössische Kunst Italiens avanciert. Der Garten der Rocca (Burgruine) mit Feigen- und Olivenbäumen und fantastischer Aussicht ist ideal zum Postkartenschreiben und zur Nachmittagssiesta.

KLEINE PAUSE

Toskanische Spezialitäten mit und ohne Fleisch werden in der urgemütlichen Altstadt-Trattoria **Chiribiri** (Via della Madonna 1, Tel. 0577 941948, tgl. mittags und abends) serviert – stets mit frischen Produkten der Saison. Unwiderstehlich: die hausgemachte Pasta.

Anreise
🚗 57 km südwestlich von Florenz gelegen, am besten mit dem Auto zu erreichen. Außerhalb der Stadtmauern gibt es ausreichend Parkplätze.

Tourist Information
✉ Piazza del Duomo 1
☎ 0577 94 00 08
🌐 www.sangimignano.com

Museo Civico und Torre Grossa
✉ Piazza del Duomo 2
☎ 0577 728 63 00
🌐 www.sangimignanomusei.it
🕐 tgl. April–Sept. 10–19.30 (letzter Einlass 19 Uhr), Okt.–März 10–17.30 Uhr ♦ 9 €

Collegiata Santa Maria Assunta und Museo Arte Sacra
✉ Piazza Luigi Pecori 1–2
☎ 0577 28 63 00
🌐 www.duomosangimignano.it
🕐 April–Okt. Mo–Fr 10–19.30, Sa 10–17, So 12.30–19.30, sonst Mo–Sa 10–17, So 12.30–17 Uhr; letzter Einlass 30 Min. vor Schließung; 2. Hälfte Jan. und 2. Hälfte Nov. geschl.
♦ Dom 4 €, Museum 3,30 €

Galleria Continua
✉ Via del Castello 11
☎ 0577 94 31 34
🌐 www.galleriacontinua.com
🕐 tgl. 10–13 und 14–19 Uhr

Und zur Stärkung ein Eis aus der Gelateria.

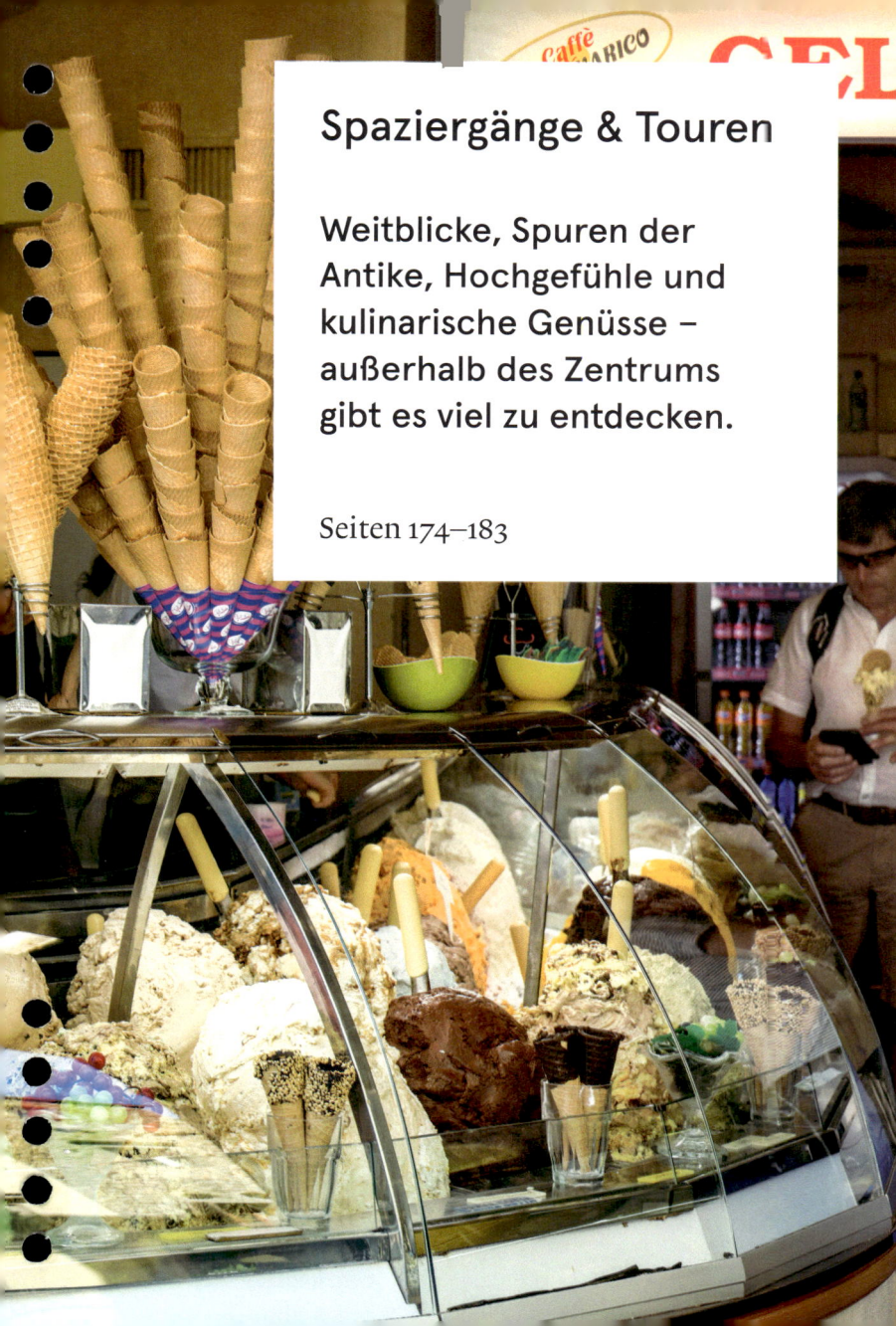

Spaziergänge & Touren

Weitblicke, Spuren der Antike, Hochgefühle und kulinarische Genüsse – außerhalb des Zentrums gibt es viel zu entdecken.

Seiten 174–183

Fiesole

Was?	Spaziergang
Wann?	Wenn in der Stadt unten bei Hitze kein Lüftchen weht
Länge	3 km
Dauer	2 Stunden (mit Besichtigung)
Start	30-minütige Fahrt mit dem häufig verkehrenden Bus der Linie 7 ab Piazza San Marco in Florenz zur Piazza Mino da Fiesole
Ziel	Piazza di San Domenico

Dieser Spaziergang in dem hübschen Ort nordöstlich über Florenz führt in das grüne hügelige Umland. Mit kühlenden Brisen und wundervoller Panoramasicht bietet er eine willkommene Abwechslung.

1–2

Der seit der Bronzezeit bewohnte Ort war eine bedeutende Etruskersiedlung, wurde im 3. Jh. v. Chr. von den Römern erobert, verlor jedoch nach der Gründung Florentias im 1. Jh. v. Chr. an Bedeutung. Den Hauptplatz Piazza Mino da Fiesole dominiert der dem hl. Romulus, Bischof von Fiesole, geweihte Duomo di San Romolo. Im 11. Jh. begonnen, erinnert sein spartanisches Inneres ein wenig an San Miniato (S. 151), mit Holzdach, drei Kirchenschiffen und Säulen mit romanischen Kapitellen. Über einen steilen Weg, links vom Bischofspalast, gelangt man zum Kloster San Francesco (1330, tgl. ab 7.30 Uhr). An diesem mit 345 m höchsten Punkt der Gegend hat man einen Blick über ganz Florenz und über das Arnotal.

2–3

Zurück Richtung Dom gehend, erreicht man über die erste Querstraße rechts, hinter der Kirche, die Via Dupré. An der

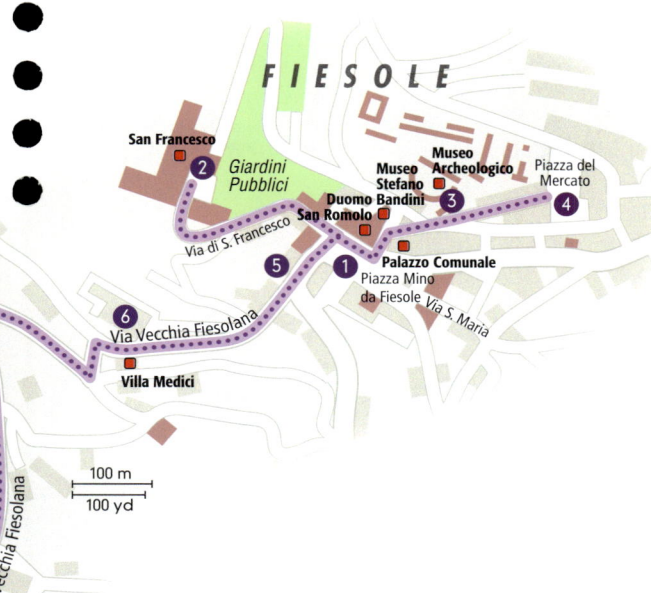

Straßengabelung führt ein Torweg geradeaus in die Zona Archeologica, ein schön in die Landschaft eingefügtes archäologisches Freilichtareal. Von den Relikten beeindrucken die Ruine eines Tempels, die Reste einer römischen Thermenanlage sowie das prächtig erhaltene römische Amphitheater mit 3000 Plätzen. Beim Sommerfestival Estate Fiesolana (www.estatefiesolana.it) wird es für Aufführungen genutzt. Das Museo Archeologico zeigt Funde, die vor Ort gemacht wurden.

3–4

Beim Verlassen des Areals links in die Via Portigiani, an der Tourist Information vorbei und geradeaus entlang der Via Marini kann man die typische Toskana-Landschaft bis weit in die Ferne bewundern.

4–5

An der Tourist Information vorbei gehen Sie zurück zum Torweg und geradeaus. Dort lohnt ein Besuch des neoklassizistischen Museo Bandini.

5–6

Kehren Sie zum Hauptplatz zurück und nehmen Sie dort die Via Dupré rechter Hand Richtung Süden bis zur Via Fra' Giovanni Angelico. Die erste Seitenstraße rechts, die Via Vecchia Fiesolana, führt in einer Rechtskurve hinter der Kirche San Girolamo steil abwärts. Nach einem kurzen Straßenstück zwischen hohen Mauern erreicht man linker Hand die Villa Medici, ein Herrenhaus mit dunkelgrünen Fensterläden. Es wurde als eines der ersten von zahlreichen Landhäusern der einflussreichen Familie errichtet.

6–7

Folgen Sie der Straße links hinab hinter die Villa und halten Sie sich an der Gabelung links der Via Bandini. An der Kreuzung Via Sant'Ansano geht es neben der braunrosa Kirche nach rechts; folgen Sie der gepflasterten Straße, die sich neben Landhäusern und Gärten steil abwärts windet, bis Sie unten eine Kreuzung erreichen. Hier halten Sie sich links, gehen an weiteren Villen vorbei und folgen dann der Hauptstraße.

Fiesole liegt malerisch inmitten einer grünen Landschaft.

7–8

Biegen Sie nach rechts von der Hauptstraße ab, bis Sie nach kurzem Weg die Badia Fiesolana (Mo–Fr 8–19 Uhr) erreichen, eine Kirche aus dem 15. Jh. mit grün-weißer Marmorfassade. Das Dekor innen besteht aus grauem Sandstein *(pietra serena)*. Der ehemalige Sitz des Bischofs von

Fiesole, zweifellos das wichtigste Sakralgebäude im Umkreis von Florenz, bietet schöne Ausblicke über die Landschaft. Der Name leitet sich ab von *badia*, Abtei. Einst gehörte der Bau dem Benediktinerorden.

8–9

Auf dem Weg zurück zur Hauptstraße stößt man auf die Kirche San Domenico (Sommer ab 7.30, im Winter ab 8.30 Uhr) aus dem 15. Jh., Turm und Vorhalle wurden 200 Jahre später angefügt. Im Inneren birgt sie Werke von Fra Angelico, der hier als Prior wirkte. Hier beginnt auch der Ort San Domenico – gut für eine Kaffee- oder Pizzapause. Gegenüber der Kirche ist die Haltestelle der Buslinie 7 (regelmäßige Verbindungen ins Zentrum von Florenz).

Das Teatro Romano im Archäologischen Park von Fiesole fasste 2000 Zuschauer.

KLEINE PAUSE

Im **Perseus Fiesolano** (Piazza Mino da Fiesole 9, Fiesole, Tel. 055 591 43, Mo–Sa 12.30–14.30 und 19–23 Uhr, So nur mittags) bekommt man gute toskanische Küche.

Tourist Information
✉ Via Portigiani 3
☎ 055 596 13 11
🌐 www.fiesoleforyou.it
🕐 Juni–Sept. Fr–Mo 10–13 und 16–18, April/Mai tgl. 10–13 und 14–17, März, Okt. Fr–So 10–13 und 14–16, Nov./Dez. tgl. außer Mi 10–13 Uhr

Duomo
✉ Piazza della Cattedrale 1
🌐 www.diocesifiesole.it
🕐 tgl. 8–12 Uhr, nachmittags unterschiedliche Öffnungszeiten

Zona Archeologica und Museo Archeologico
✉ Via Portigiani 1 ☎ 055 596 12 93
🌐 www.museidifiesole.it 🕐 März, Okt. tgl. 10–18, April–Sept. tgl. 10–19, Nov.–Feb. tgl. außer Di 10–15 Uhr
🎫 10 €, Kombiticket mit Bandini 12 €

Museo Bandini
✉ Via Dupe 1
☎ 055 596 12 93
🌐 www.museidifiesole.it
🕐 März, Okt. Fr–So 10–18, April–Sept. tgl. 9–19, Nov.–Feb. Fr–So 10–15 Uhr
🎫 5 €, Kombiticket mit Zona Archeologica 12 €

Östlich des Florentiner Doms

Was?	Spaziergang
Wann?	Möglichst am Vormittag, wenn die Märkte belebt sind
Länge	2 km
Dauer	1,5 Stunden (ohne Besichtigung)
Start/Ziel	Piazza del Duomo ✣ 200 A1

Der Rundgang führt aus dem hektischen Stadtzentrum hinaus in das stimmungsvolle Arbeiterviertel – wohin sich nur selten Touristen verirren. Hier folgen kleine Geschäfte, farbige Märkte und geschäftige Gassen dem Rhythmus des Florentiner Alltagslebens.

1–2

An der nördlichen Seitenapsis des Doms, links neben dem Museo dell'Opera del Duomo (S. 98), verlässt man den Domplatz auf der geschäftigen Via dei Servi. Sie verläuft in nordöstlicher Richtung stadtauswärts und diente früher als Prozessionsweg zwischen Duomo und Kirche Santissima Annunziata. Die erste Kreuzung (mit der Via de' Pucci) dominiert der gewaltige Palazzo Pucci zur Linken, einst Familiensitz des bekannten Modedesigners Marchese Emilio Pucci (S. 18).

Nach einer weiteren Kreuzung ist die Piazza della Santissima Annunziata erreicht, ein ausnehmend harmonisches, von eleganten Loggien gesäumtes Ensemble (S. 102). Rechts das Findelhaus Spedale degli Innocenti (S. 103) mit Vorhalle von Brunelleschi, der als einer der Ersten ein traditionelles Gebäude toskanischer Romanik mit antiken Proportionsregeln verband. Heute beherbergt

Das Museo Opera del Duomo zeigt Originalskulpturen des Doms.

das einstige Findelhaus ein Renaissancemuseum. Unabhängig vom Museumsbesuch kann man das Caffè del Verone im obersten Stock besuchen (Treppe oder Fahrstuhl) – eine Oase der Ruhe mit tollem Blick über die Dächer der Stadt.

2–3

Folgen Sie dem fließenden Verkehr durch den Torweg neben dem Findelhaus in die Via della Colonna. Dort erkennen Sie linker Hand das in einem malerischen Park gelegene Museo Archeologico (S. 103).

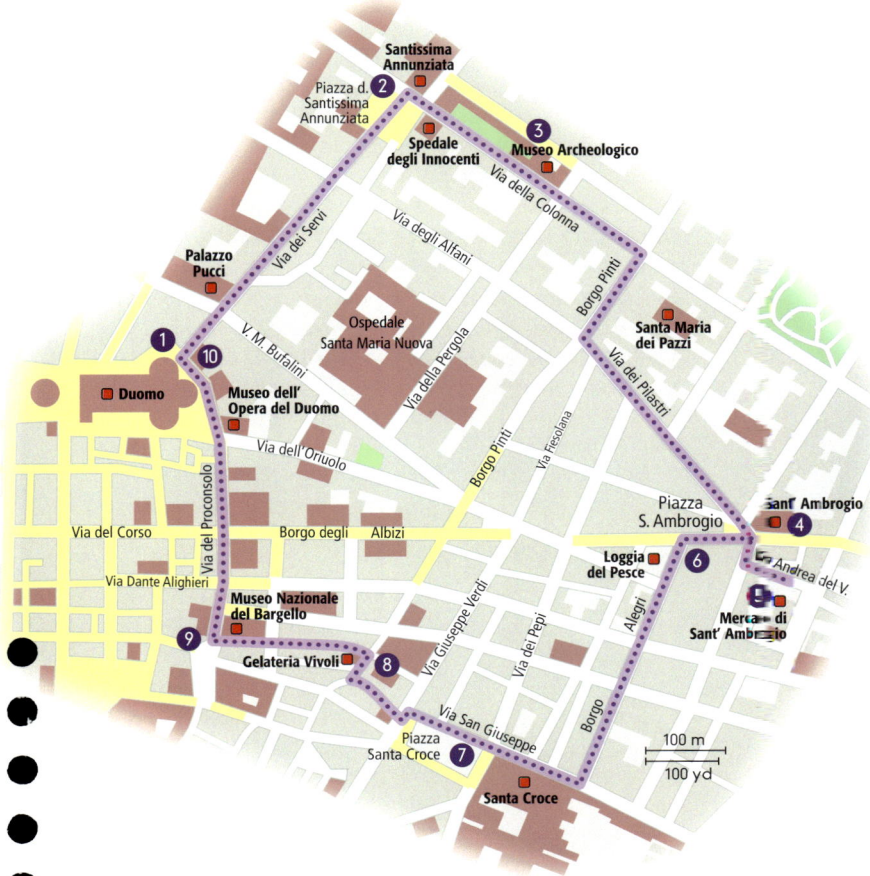

3–4

Biegen Sie an der zweiten Kreuzung rechts in den Borgo Pinti, vorbei an Kirche und heute als Schule genutztem ehemaligen Kloster Santa Maria Maddalena dei Pazzi, und werfen Sie einen Blick in den hübschen Garten gegenüber (Nr. 55).

An der nächsten Kreuzung geht es links in die Via de' Pilastri, geradeaus sehen Sie die schlichte Kirche Sant'Ambrogio, in die sich kaum Touristen verirren. Im Inneren birgt sie Grabplatten bedeutender Renaissancekünstler, von Andrea del Verrocchio etwa und Mino da Fiesole (sowie dessen meisterhaften Altartabernakel).

4–5

Über die Piazza di Sant'Ambrogio, die Via de' Macci in südlicher Richtung und dann die erste Straße links erreichen Sie den Mercato di Sant'Ambrogio (S. 72), ein recht bescheidenes Pendant zum Mercato Centrale in seiner repräsentativen Markthalle (S. 108) – im Angebot sind nicht nur Kleidung, sondern auch Obst, Gemüse, Pasta, Käse, Fleisch, Oliven, Antipasti und Weine der Region.

5–6

Es geht zurück zur Piazza di Sant'Ambrogio und links in die Via Pietrapiana, dann zur Piazza dei Ciompi (S. 194), die sich seit ihrer jüngsten Umgestaltung als urbane Oase präsentiert. Die von Vasari für die Fischhändler des Mercato Vecchio entworfene »Fischhalle« Loggia del Pesce wurde 1890 hierherversetzt.

Florentinische Gaumenfreuden

6–7

Den Campanile schon im Blick, gelangen Sie südlich der Piazza dei Ciompi über den Borgo Allegri (am Ende der Straße rechts) und die Via di San Giuseppe auf die großzügige Piazza Santa Croce mit der spektakulären gleichnamigen Kirche (S. 42) und pittoresker historischer Häuserzeile. Während der Blütezeit der Medici Ort feierlicher Zeremonien,

Turniere, ja sogar Hinrichtungen, ist sie heute Schauplatz des Calcio Storico (S. 195), eines historischen Fußballturniers, das seit 1530 jeden Sommer stattfindet.

Im tief gelegenen Bezirk Santa Croce, einem alten Handwerkerquartier, drängten sich jahrhundertelang Werkstätten von Möbeltischlern, Webern und Färbern.

Die Flutkatastrophe von 1966 (S. 120) hatte diesen Stadtteil am schwersten getroffen, wovon an der Ecke Via Giuseppe Verdi eine kleine Plakette kündet, die den damaligen Höchststand der Arnofluten anzeigt (6 m). Obgleich damals viele kleine Geschäfte in den Ruin getrieben wurden, gibt es in der Umgebung noch immer zahlreiche Werkstätten und Lädchen, in denen besonders die Einheimischen einkaufen.

7–8

Verlassen Sie die Piazza auf der Via Torta, die in westlicher Richtung ins Zentrum zurückführt. Mit ihrer Fortsetzung Via Bentaccordi und der Piazza de' Peruzzi bildet sie einen Bogen, der die Umrisse des ehemaligen römischen Amphitheaters nachzeichnet. Von der Via Torta aus rechts um die Ecke lockt die beliebte Eisdiele Gelateria Vivoli (S. 65).

8–9

Von der Via Isola delle Stinche führt die Via della Vigna Vecchia links zum trutzigen Palazzo del Bargello, dem ältesten öffentlichen Gebäude, heute Hort einer der hochrangigsten Sammlungen Italiens zu Skulptur und Kunsthandwerk der Renaissance (S. 56).

9–1

Hinter dem Bargello biegen Sie rechts ab in die Via del Proconsolo, die direkt zum Domplatz führt. Am Borgo degli Albizi (3. Kreuzung rechts), einer der ältesten Straßen der Stadt, reihen sich imposante Renaissancepalazzi. Weiter die Via del Proconsolo entlang geht es zurück zur Piazza del Duomo.

KLEINE PAUSE
Decken Sie sich am **Mercato di Sant'Ambrogio** fürs Picknick ein. Alternative: eine kleine Mahlzeit im **Caffè Cibrèo** (S. 67), Ecke Via de' Macci.

Was könnte italienischer sein, als mit der Vespa durch die Stadt zu rollen?

Praktische Informationen

Was vor der Reise wichtig ist, wie Sie vor Ort gut zurechtkommen und viele nützliche Infos mehr erfahren Sie hier.

Seiten 184–196

VOR DER REISE

Auskunft
Toscana Promozione
✢ 200 bei B5 ✉ Via V. Emanuele II 62–64
50134 Florenz
⊕ www.toscanapromozione.com
Das Fremdenverkehrsbüro verschickt Kataloge für die Reiseplanung.

Italienische Zentrale für Tourismus (ENIT)
Viele Informationen zur Toskana und ihrer Metropole Florenz hält das italienische Fremdenverkehrsamt ENIT auf seinem Portal www.italia.it bereit. Auf www.enit.de findet sich unter dem Stichwort »Prospekte« eine Auswahl an Prospekten zum Download.

ENIT Deutschland:
☎ +49 69 23 74 34 ⊕ www.enit.de
ENIT Österreich:
✉ Mariahilferstr. 1 B/XVI, 1060 Wien
☎ +43 15 05 16 39 ⊕ www.enit.at
ENIT Schweiz
✉ c/o Italienisches Generalkonsulat,
Tödistr. 65, 8002 Zürich
☎ +41 445 44 07 97 ⊕ zurigo@enit.it

Tourist Information in Florenz
✢ 199 D2 ✉ Piazza della Stazione 4
☎ +39 055 000
⊕ www.firenzeturismo.it
❶ Mo–Sa 9–19, So bis 14 Uhr

Info Point Santa Croce
✢ 204 C4 ✉ Borgo Santa Croce 29r
☎ 05 52 69 12 07 ❶ Mo–Sa 9–19, So bis 14 Uhr

Info Point Via Camillo Cavour
✢ 200 A2 ✉ Via Emilio Cavour 1r
☎ 055 29 08 32 ❶ Mo–Fr 9–13 Uhr

Infopoint Aeroporto
✢ 198 bei A3 ☎ 055 31 58 74
❶ tgl. 9–19 Uhr

Internet
www.visitflorence.com: offizielle Website des Touristenbüros
www.florenz-toskana.de: erste Übersicht und praktische Insider-Tipps

Botschaften / Diplomatische Vertretungen

Deutsches Honorarkonsulat in Florenz
✢ 203 F4
✉ Corso dei Tintori 3, 50122 Firenze
☎ +39 055 234 35 43
⊕ https://italien.diplo.de
❶ Mo–Do 9–10 und 14–15, Fr 9–10 Uhr

Österreichisches Honorarkonsulat
✢ 198 A2
✉ Lungarno A. Vespucci 58, 50123 Firenze
☎ +39 055 265 42 22
⊕ https://www.bmeia.gv.at
❶ Mo–Fr 10–12 Uhr

Schweizerisches Konsulat
✢ 203 D1 ✉ Piazzale Galileo 5, 50125 Firenze
☎ +39 055 22 24 34
⊕ https://eda.admin.ch/roma
❶ keine Zeiten; Anmeldung nötig

Elektrizität
In Italien herrscht 220 Volt Wechselstrom, neben den Steckdosen für Eurostecker trifft man aber auch noch auf die älteren dreipoligen Dosen. Einen Adapter erhalten Sie in der Regel an der Hotelrezeption – und ansonsten in jedem Elektrogeschäft.

Ermäßigungen
In den staatlichen Museen ist der Eintritt für EU-Bürger unter 18 Jahren frei, 18- bis 25-Jährige zahlen nur den halben Preis. Am **1. Sonntag im Monat** ist der Eintritt für alle in den staatlichen Museen frei (dazu gehören u. a. Uffizien, Palazzo Pitti, Museo Nazionale del Bargello, Galleria dell' Accademia).

Die **Firenze Card** gibt es für 85 € (www.firenzecard.it). Diese gewährt den einmaligen Eintritt in 60 Sehenswürdigkeiten, Museen, Villen, Kirchen und Gärten, wobei an den meisten der Sehenswürdigkeiten mit der Card langes Schlangestehen entfällt – für einige Attraktionen ist eine Reservierung erforderlich (Infos auf der Website). Ab Erstentwertung ist sie 72 Stunden lang gültig. Für weitere 7 € kann man eine Zusatzkarte erwerben, die im gleichen Zeitraum die kostenlose Nutzung des öffentlichen Verkehrsmittels erlaubt. Sie können die

Firenze Card auch aufs Smartphone laden. Man erwirbt sie online oder an zahlreichen Verkaufsstellen vor Ort in Florenz (etwa Tourist Info Point in der Via Cavour 1r oder an den Ticketschaltern des Palazzo Vecchio).

Feiertage
1. Januar: Neujahr
6. Januar: Dreikönigstag
März/April: Ostern
25. April: Tag der Befreiung
1. Mai: Tag der Arbeit
2. Juni: Tag der Republik
24. Juni: Johannistag
15. Aug.: Mariä Himmelfahrt
1. Nov.: Allerheiligen
8. Dez.: Mariä Empfängnis
25. Dez.: Weihnachten
26. Dez.: Weihnachten/Santo Stefano

Geld
Währung: Italien gehört zur Eurozone. Für die Schweiz gilt: 1 € = ca. 0,96 CHF, 1 CHF= 1,04 Euro (Stand: Ende 2022, tagesaktueller Wechselkurs auf www.oanda.com).
Kreditkarten: Die meisten Banken, Hotels, Geschäfte und Autovermieter akzeptieren die gängigen internationalen Kreditkarten *(carta di credito)*.
Quittungen: Laut Gesetz muss der Kunde alle Rechnungen und Zahlungsbelege mit sich führen, auch den Bon für ein Glas Wasser an der Bar.
Sperrnummern: Unter der einheitlichen Sperrnotruf-Nummer +49 116 116 kann man in Deutschland viele Bank- und Kreditkarten, Online-Banking-Zugänge, Handykarten und die elektronische Identitätsfunktion des Personalausweises bei Verlust sperren lassen.

In Österreich gilt für Maestro-Karten die Sperrnummer: ☎ +43 12 04 88 00. Weitere Nummern lassen sich online erfragen.

Die Schweiz hat keine einheitliche Notfallnummer; die wichtigsten sind:
☎ +41 44 659 69 00 (Swisscard)
☎ +41 848 888 601 (UBS Card Center)
☎ +41 58 9 58 83 83 (VISECA)
☎ +41 44 8 28 32 81 (PostFinance)
☎ 001 636 722 7111 (Mastercard).

Trinkgeld: In Restaurants wird Trinkgeld nicht unbedingt erwartet, freundlich ist es, einen guten Service mit 10 % der Rechnungssumme zu honorieren. Stadtführer, Taxifahrer, Hotelpersonal erhalten etwas Kleingeld nach Ermessen.

Gesundheit
Prinzipiell können Sie mit Ihrer **Europäischen Krankenversicherungskarte**, die in Deutschland besteht, auch ärztliche Dienstleistungen in Italien in Anspruch nehmen. Einschränkungen gibt es bei der Wahl von Praxen und Arzt: Nur beim staatlichen Gesundheitsdienst – in einem Krankenhaus und beim ärztlichen Notdienst *(pronto soccorso)* – wird die Leistung direkt über Ihre Kasse abgerechnet.

Wenn Sie eine Facharztpraxis aufsuchen, müssen Sie die Rechnung gleich vor Ort bezahlen. Die Kosten können Sie sich zu Hause von der Krankenkasse wiederholen, oft werden sie jedoch nicht in vollem Umfang erstattet. Es empfiehlt sich daher, eine **Auslandskrankenversicherung** abzuschließen, die im Notfall auch die Kosten für den Rücktransport übernimmt.

Erste Hilfe im Krankenhaus (24 Std.)
– **S. Maria Nuova**
  ✚ 199 F1/2 ✉ Piazza S. Maria Nuova 1
  ☎ 055 69 31 11
– **S. Giovanni di Dio**
  ✚ 202 bei A5 ✉ Via di Torregalli 3
  ☎ 055 693 21
– **S. Maria Annunziata**
  ✚ 205 bei F1 ✉ Via dell'Antella 58
  ☎ 055 693 61
– **Serristori**
  ✚ südl. v. Florenz ✉ Piazza XXV Aprile 10
  ☎ 055 950 83 35
– **Nuovo Ospedella del Mugello**
  ✚ nördl. v. Florenz ✉ Via della Resistenza/ Borgo San Lorenzo ☎ 055 845 11

Zahnärztlicher Notdienst/Dentista Firenze
✚ 204 bei C3 ✉ Viale dei Mille 18 B
☎ +39 37 10 12 27 12
⊕ www.dentista-firenze.com ❶ tgl. 8–20 Uhr
EU-Bürger erhalten Behandlung zu ermäßigten Tarifen, die Reiseversicherung sollte

jedoch Kosten für Zahnbehandlungen einschließen.

Deutschsprechende Ärzte
Wenn Sie sich von einem deutsch- oder englischsprechenden Facharzt untersuchen und beraten lassen möchten, hilft man Ihnen an der Rezeption Ihres Hotels bei der Suche nach einer passenden Praxis.

Apotheken
Medikamente erhalten Sie auf Rezept und im freien Verkauf. Apotheken sind mit einem grünen Neon-Kreuz gekennzeichnet. 24 Stunden geöffnet sind die Farmacia N° 13 im Hauptbahnhof Santa Maria Novella, die Farmacia Molteni (Via Calzaiuoli 72) und die Farmacia all'insegna del Moro direkt am Domplatz (Piazza San Giovanni 20r).

In Kontakt bleiben
Post: Hauptpostämter *(ufficio postale)* liegen in der Via Pietrapiana 53 und Via Pellicceria. Sie sind Mo–Fr 8.30–19, Sa 8.30–12.30 Uhr geöffnet. Briefmarken *(francobolli)* gibt es in Postämtern und Tabacchi-Läden. Postkarten und Standardbriefe innerhalb Europas losten 1,10 €. Finger weg vom gelben Zusteller Globe Postal Service! Er kostet das Doppelte und die Post kommt nicht immer an.
WLAN und Internet: Alle besseren Hotels verfügen über WLAN auf dem Zimmer oder in der Lobby. Auch in etlichen Bars, Cafés und Restaurants kann man kostenlos surfen. Kostenlosen Internetzugang bietet auch die Biblioteca delle Oblate (Via dell' Oriuolo, 2, Mo 14–22, Di–Fr 9–23, Sa 10–23 Uhr), wo Sie auch Arbeitsplätze für Ihren Laptop (max. 3 Std. pro Tag) oder Internetterminals (max. 1 Std. pro Tag) kostenlos nutzen können.

Internationale Vorwahlen
☎ Deutschland +49
☎ Österreich +43
☎ Schweiz +41
☎ Italien +39
Beim Telefonat vom Ausland nach Deutschland, Österreich und in die Schweiz wird die Null bei der Ortsvorwahl weggelassen. Ruft man vom Ausland nach Italien an, muss die Null mitgewählt werden.

Notrufe
Allgemeiner Notruf/Polizei: ☎ 112
Feuerwehr: ☎ 115
Krankenwagen: ☎ 118

Reisedokumente
Italien wendet das Schengenabkommen an, derzeit kommt es aber auch bei der Einreise aus EU-Ländern verstärkt zu Kontrollen, sodass Sie am Flughafen oder an den Grenzübergängen Personalausweis oder Reisepass parat haben sollten. In Italien brauchen Sie das Dokument dann sowieso – jedes Hotel muss seine Gäste polizeilich melden und verlangt daher beim Check-in ein Ausweisdokument. Wer mit dem Auto nach Italien reist, muss natürlich den nationalen Führerschein und die Fahrzeugpapiere mitführen.

Reisezeit
Für Florenz und die Toskana sind **Mai, Juni** und die **zweite Septemberhälfte** mit langen, warmen und sonnigen Tagen ideal. Dann ist natürlich auch am meisten los, Florenz wird regelrecht überrannt, weshalb man sich an den Hauptsehenswürdigkeiten immer auf lange Schlangen einstellen oder rechtzeitig online reservieren muss. **Juli und August** sind wegen der Hitze weniger empfehlenswert.

Auf dem Land sind das **Frühjahr** und der **Herbst** wegen der Farben am schönsten. Allerdings regnet es im Herbst öfter einmal. In den **Wintermonaten** lassen sich die Hauptattraktionen der Stadt ganz entspannt besichtigen.

Sicherheit
Florenz gehört zu den touristischen Hochburgen Italiens und ist damit auch für Taschendiebe und Trickbetrüger ein interessantes Pflaster. Besondere Vorsicht müssen Sie rund um die Hauptsehenswürdigkeiten walten lassen, auch am Bahnhof und auf den Märkten.

Grundsätzlich sollten Sie Ihre Wertsachen immer gut gesichert am Körper oder tief in der Tasche tragen. Was nicht unbedingt für den Tag gebraucht wird – größere Geldbeträge, Kreditkarten, Schmuck –, sollte vorsichtshalber im Hotelsafe verwahrt werden.

Sie sollten Fotokopien wichtiger Dokumente mit auf die Reise nehmen, alternativ können die Dateien auch digitalisiert in einer Cloud abgespeichert werden und sind so weltweit abrufbar.

Der beste Platz fürs Auto ist eine bewachte Garage. Dass keine Wertsachen im Auto sind, zeigen Sie durch geöffnetes Handschuhfach und geöffnete Kofferraumabdeckung.

Zollbestimmungen

Innerhalb der Europäischen Union (EU) ist der Warenverkehr für private Zwecke weitgehend zollfrei; allerdings gelten obere Richtmengen (z. B. für Reisende über 17 J. 800 Zigaretten, 10 l Spirituosen, 90 l Wein). Zollfrei sind auch Mitbringsel bis zu einem Wert von insgesamt 430 € (bei einer Flugreise) bzw. 300 € (Reise mit Pkw, Bus oder Bahn).

Zollfrei bei der Wiedereinreise in die Schweiz sind für Personen ab 17 J. z. B. 250 Zigaretten, 5 l Wein, 1 l Spirituosen sowie weitere Reisemitbringsel im Wert von bis zu 300 CHF (aktuelle Infos unter www.zoll.de und www.ezv.admin.ch).

ANREISE

.... mit dem Flugzeug

Für die Anreise sind die Flughäfen Florenz (Aeroporto Amerigo Vespucci), Pisa (Aeroporto Galileo Galilei, 80 km westlich) und Bologna (Aeroporto Guglielmo Marconi, 100 km nördlich) empfehlenswert.

Der Airport-Shuttle VOLAINBUS bringt Sie zwischen 6 und 23.30 Uhr in 30 Minuten vom **Florentiner Flughafen** (www.aeroporto.firenze.it/en) zum Hauptbahnhof Santa Maria Novella (einfache Fahrt 6 €, hin und zurück 10 €, www.ataf.net).

Florenz ist vom **Flughafen Pisa** (www.pisa-airport.com) gut erreichbar mit regelmäßig verkehrenden Direktzügen (1 Std., 9,90 €) oder mit dem Bus Terravision (www.terravision.eu, ca. 1 Std., 4,99 €).

Vom **Flughafen Bologna** (www.bologna-airport.it) geht's nach Florenz via Hauptbahnhof Bologna mit regelmäßig verkehrenden Schnellzügen, www.thetrainline.com (37 Min., je nach Tageszeit ab 15 €) oder Regionalzügen – mit Umstieg in Prato – (1 Std. 40 Min., 9,45 €) bzw. mit dem Bus Appennino Shuttle (www.appenninoshuttle.it, je nach Verkehr ca. 1,5 Std., 20 €).

Alle drei Flughäfen werden von mehreren europäischen Fluggesellschaften angeflogen, auch von sogenannten Billiglinien: Eurowings (Florenz, Pisa), Ryanair (Bologna, Pisa) und Easyjet (Bologna, Pisa).

.... mit dem Zug

Der zentral gelegene Hauptbahnhof von Florenz, **Santa Maria Novella,** liegt an der Hochgeschwindigkeitsstrecke Bologna–Rom und ist von Deutschland und Österreich aus über die Strecke Brenner–Innsbruck–Verona, von der Schweiz aus über Basel–Mailand gut erreichbar. Einige Züge halten im Durchgangsbahnhof Campo di Marte, von dem wiederum regelmäßig Pendelzüge zum Hauptbahnhof verkehren.

.... mit dem Auto

Auf der Brennerautobahn E 45 (Brenner–Verona–Modena–Bologna) oder der Gotthard-Autobahn E 35 (Lugano–Mailand–Bologna) geht es über Bologna nach Florenz. Das Zentrum der Toskana-Metropole erreichen Sie über die Autobahn-Ausfahrt Firenze-Certosa.

UNTERWEGS IN FLORENZ

.... mit Bus und Tram

Das Zentrum von Florenz ist relativ klein und lässt sich, wenn man Zeit und eine normale Kondition hat, bestens zu Fuß erkunden. Natürlich steht auch ein Netz an Bussen und Straßenbahnen zur Verfügung. Die Hauptlinien zu den touristischen Sehenswürdigkeiten sind C1, C2 und C3 und D.

Den **Strecken- und Linienplan** finden Sie im Internet unter www.ataf.net, in Papierform bekommen Sie ihn am ATAF-Kiosk auf der Piazza Stazione, dem Bahnhofsvorplatz. Tickets erhalten Sie dort natürlich auch,

können diese aber auch an den meisten Zeitungskiosken, in Bars und bei den mit »T« gekennzeichneten Tabakverkaufsstellen kaufen. Der Einzelfahrschein kostet 1,50 € und ist nach dem Abstempeln (in Bus oder Tram) 90 Minuten gültig. Einen Vier-Fahrten-Schein bekommen Sie für 4,70 €. Auch beim Busfahrer kann man Tickets erwerben, zahlt jedoch für das Einzelticket 2,50 €.
Frei Fahrt mit der Firenze Card: siehe Ermäßigungen S. 186.

… mit dem Auto
Das historische Zentrum ist größtenteils als verkehrsberuhigte Zone ZTL ausgewiesen und nur eingeschränkt befahrbar. Kennzeichen werden bei Ein- und Ausfahrt automatisch von Telekameras erfasst, die Einfahrt ohne Berechtigung kann teuer werden.

Wenn Sie eine Unterkunft im Zentrum buchen, teilen Sie dem Hotel vorab mit, dass Sie mit dem Auto kommen möchten. Man wird Sie über die besten Anfahrtsoptionen beraten und gegebenenfalls bei der Polizei Ihr Kennzeichen zur Ein- und Ausfahrt in der ZTL-Zone anmelden.

Parkplätze: Alternativ können Sie auch einen bewachten Parkplatz oder eine Tiefgarage ansteuern und von dort einen Bus nehmen oder sich per Taxi zum Hotel fahren lassen. Zentrumsnahe Parkplätze finden sich nahe dem Bahnhof Santa Maria Novella und an der Porta a Prato. Große Tiefgaragen liegen nahe der Piazza della Libertà (Einfahrt Via Madonna della Tosse), bei der Fortezza da Basso (Einfahrt Piazzale Caduti dei Lager) und bei der Piazza Beccaria.

Die Parkgebühren belaufen sich in der Regel auf 1 bis 3 € pro Stunde. Je zentraler Sie parken, desto teurer wird es. Spitzenreiter ist der Parkplatz San Lorenzo im Zentrum. 8 € pro Stunde werden dort verlangt. Tagestarife der Tiefgaragen belaufen sich auf 30 bis 45 €.

Mietwagen: Wenn Sie in Italien ein Auto mieten wollen, dann reservieren Sie am besten schon vor der Abreise. Eine Übersicht über die Angebote der in Florenz vertretenen Anbieter listet u. a. das Portal www.billiger-mietwagen.de. Sie können die Vertragsbedingungen vergleichen und direkt buchen.

… mit dem Taxi
Taxis gibt es viele in Florenz. Man kann sie aber nicht unterwegs heranwinken. Taxistände finden sich an allen größeren Plätzen der Stadt, an der Piazza Stazione ebenso wie am Dom oder am südlichen Arnoufer (nicht auf der Cityseite) nahe dem Ponte Vecchio. Telefonisch erreichen Sie Taxizentralen unter folgenden Nummern:

☎ 055 42 42
☎ 055 43 90
☎ 055 47 98
☎ 055 44 99

Auf der Website www.taxi-tariffa.com kann man sich den Preis für eine bestimmte Strecke ausrechnen lassen.

… mit Sightseeing-Bussen
Touren mit dem roten Doppeldeckerbus kann man über www.city-sightseeing.it buchen. An Bord gibt es Audioguides in vielen Sprachen. Linie A fährt durch das Zentrum, Linie B in die Außenbezirke und nach Fiesole. Mit einem Ticket können Sie beliebig kombinieren und unterbrechen.

… mit dem Fahrrad
Ideal zum Radeln sind die engen, stark frequentierten und kopfsteingepflasterten Straßen des Zentrums nicht gerade. Besser radelt es sich da schon am Arnoufer. Schön kann eine Tour ins Umland sein.
Manche Sightseeinganbieter haben auch geführte Stadttouren per Fahrrad im Programm; eine 2,5-Std.-Tour kostet 35 € pro Person.

I Bike Florence
✢ 203 E5 ✉ Via Lamberti 1
☎ 055 28 11 03 ⊕ www.ibikeflorence.com

Fahrradverleih:
- **Florence by Bike**
  ✢ 200 A4 ✉ Via S. Zanobi 54r
  ☎ 055 48 89 92
- **Tuscany Vespa Cycle and Bike Tour**
  ✢ 204 B5 ✉ Via Ghibellina 133r
  ☎ 328 071 48 49
  Tarife etwa 2,50 €/Std., 10 €/Tag).

ÜBERNACHTEN

Palazzi mit historischem Charme, ultrastylische Boutiquehotels, günstige Pensionen und natürlich jede Menge Ferienwohnungen, die als B&B vermietet werden – in Florenz steht ein breites Spektrum an Unterkünften zur Verfügung. Das Besondere schlägt hier aber auch ganz besonders zu Buche.

Florenz ist die vielleicht schönste Stadt Italiens und liegt somit preislich an der Spitze. Die staatliche Tourismusbehörde **klassifiziert Hotels** abgestuft von einem (sehr einfach) bis zu fünf (Luxus) Sternen. Die früher übliche *pensione* gibt es nicht mehr.

In den Hotels der untersten Kategorie haben die meisten der Gästezimmer kein Bad. Bei zwei und mehr Sternen sind Zimmer mit Bad obligatorisch, ab drei Sternen kommen Telefon und TV hinzu. Vier-Sterne-Hotels investieren erheblich, um sich nicht nur preislich, sondern auch durch entsprechenden Komfort – Wasserkocher, Tee, Kaffee und Bademäntel auf dem Zimmer –, aber auch durch ein besonderes Ambiente (gepflegte Bar und Innenhof) vom Durchschnitt abzuheben. Hotels der Luxus-Kategorie bestechen in Florenz nicht zuletzt durch ihre wunderbaren Panorama-Dachterrassen.

Die **größte Dichte an Ein- und Zwei-Sterne-Hotels** weist die Gegend östlich des Bahnhofs auf – etwa die Via Nazionale, die Via Faenza und die Via Fiume, auch in den weniger attraktiven Seitenstraßen der verkehrsumtosten Piazza della Libertà finden sich die billigeren Unterkünfte. Bei allen Hotels in dieser Gegend kann Lärm zum Problem werden – schuld daran sind nicht nur Autos und Busse, auch die Menschenmassen, die mit Rollkoffern von frühen Morgen bis in den späten Abend durch die Straßen ziehen. Wenn Sie bei geöffnetem Fenster schlafen möchten, lassen Sie sich besser ein Zimmer »nach hinten raus« geben.

Preise: Zimmerpreise müssen an der Rezeption und im Zimmer deutlich sichtbar angeschlagen sein. Steuern sind stets inbegriffen, häufig wird jedoch ein nicht unerheblicher Aufschlag für das Frühstück verlangt.

Wenn Sie gern ausgiebig **frühstücken,** lohnt sich diese Option. Denn auch in Italien – traditionell kein »Frühstücksland« – sind Buffets am Morgen reich mit Obst, Säften, Eierspeisen und herzhaften Kleinigkeiten bestückt. Wenn Sie hingegen, wie die meisten Italiener, mit einer Brioche und einem Cappuccino zufrieden sind, ist ein Frühstück in einer netten Bar die bessere Alternative.

Vor einigen Jahren hat die Stadt eine **Kurtaxe** eingeführt, je nach Hotelkategorie beträgt die Steuer 1–5 € pro Übernachtung. (Kinder bis 12 J. ausgenommen).

Hotelempfehlungen

Preise für ein Doppelzimmer pro Nacht:

€	unter 150 Euro
€€	150–250 Euro
€€€	über 250 Euro

Alessandra €–€€

In diesem zentral gelegenen Zwei-Sterne-Haus in einer ruhigen Nebenstraße zwischen Santa Trinita und Ponte Vecchio wird Lärm kaum zum Problem werden. Von der 27 geräumigen Zimmern haben einige sogar Holzfußboden, doch nur rund die Hälfte verfügt über ein eigenes Bad, TV und Klimaanlage.
✛ 203 E4
✉ Borgo SS. Apostoli 17
☎ 055 28 34 38
🌐 www.hotelalessandra.com

Antica Torre Tornabuoni €€–€€€

In der vornehmen Via de' Tornabuoni, zwischen Designerboutiquen und dem Arnoufer, ragt ein mittelalterlicher Wohnturm auf, der heute auf einigen Etagen als Hotel fungiert. Von manchen Zimmern kann man auf den Ponte Vecchio sehen, eleganter möbliert aber sind die Zimmer mit Domblick. Eine unfassbar schöne Dachterrasse mit Barservice und Restaurant steht allen Gästen zur Verfügung.
✛ 203 D5 ✉ Via de' Tornabuoni 1
☎ 055 265 81 61
🌐 www.tornabuoni1.com

A Teatro €
Geschmackvoll eingerichtetes und freundliches B&B gleich neben dem Teatro Verdi im lebendigen Stadtviertel Santa Croce.
✛ 204 B4 ✉ Via Giuseppe Verdi 12
☎ 055 263 82 42 ⊕ www.ateatrobb.com

Glance €€
Schickes modernes City-Hotel mit gut ausgestatteten Zimmern und sehr freundlichem Service. Vor dem Haus liegt die rummelige Via Nazionale. Vorn gibt es Lärmschutzfenster, nach hinten raus ist es auch bei geöffnetem Fenster ruhig. Auf der Terrasse im obersten Stock genießt man einen traumhaften Florenz-Blick, egal ob vom Pool, vom Liegestuhl oder der Bar.
✛ 199 E3 ✉ Via Nazionale 23
☎ 055 29 00 82
⊕ www.glancehotelflorence.com

Guelfo Bianco €–€€
Herrlich zentral liegt dieser Palazzo aus dem 15. Jh., nur ein paar Schritte sind es zum Dom. Innen versprüht das Boutiquehotel mit seinen verwinkelten Räumlichkeiten, Balken und Treppchen historischen Charme, die Zimmer sind ein bisschen altmodisch möbliert – aber das passt.
✛ 199 E2 ✉ Via Camillo Cavour 29
☎ 055 28 83 30
⊕ www.ilguelfobianco.it

Hermitage €
Wer Unterkunft sucht in einem der 27 gemütlichen Zimmer dieses charmanten Hotels, muss weit im Voraus buchen. Seine Beliebtheit beruht auf liebenswertem Service, gutem Komfort (Bäder teils mit Whirlpool) und einer hervorragenden Lage nahe an Arno und Ponte Vecchio. Die Zimmer nach vorn raus sind allerdings recht laut, trotz Lärmschutzfenster – wer es ruhiger mag, sollte lieber eines zur Hofseite nehmen. Im Sommer kann man das Frühstück mit Ausblick auf der wunderbaren Dachterrasse genießen.
✛ 203 E4

✉ Vicolo Marzio 1, Piazza del Pesce
☎ 055 28 72 16 ⊕ http://hermitage-hotel-florence.hotel-dir.com

Morandi alla Crocetta €€
Liebevoll ausgestattetes kleines Drei-Sterne-Haus, dessen 10 Zimmer von kultivierten Charme und Geschmack der einst nach Florenz ausgewanderten Inhaberin Kathleen Doyle künden (schon als Kind hatte es sie hierher verschlagen). Zur Ausstattung gehören polierte Holzdielen und bunte Teppiche, kostbares altes Mobiliar, hübsche Stoffe sowie antike Gemälde und Drucke an den Wänden. Im schönsten Zimmer künden Fragmente eines Freskos von dem Kloster, das sich einst an dieser Stelle befunden hat. Trotz seiner nicht allzu attraktiven Lage östlich der Piazza della SS. Annunziata ist dieses charmante Hotel stets weit im
Voraus ausgebucht.
✛ 200 B2 ✉ Via Laura 50 ☎ 055 234 47 48
⊕ www.hotelmorandi.it

Palazzo Castri €€
Elegantes Boutiquehotel an der grünen Piazza Indipendeza – zentral, aber ruhig. Die Zimmer sind stylisch eingerichtet, Designfreunde haben an der raffinierten Beleuchtung vor Bad und Dusche ihre Freude. Lauschig sitzt man im schönen Innenhof, wo man sich auch mal bei einer Siesta im Liegestuhl vom straffen Besichtigungsprogramm erholen kann. Nachmittags werden Gäste zum High Tea mit kleinen Köstlichkeiten geladen.
✛ 199 E3 ✉ Piazza della Indipendenza 7
☎ 055 47 21 18 ⊕ www.palazzocastri.com

ESSEN UND TRINKEN

Auf kulinarischer Ebene präsentiert sich Florenz nicht weniger attraktiv und abwechslungsreich als in Architektur und Kunst. Restaurants aller Kategorien gibt es, vom Michelin-Stern-gekrönten Gourmettempel bis zur einfachen Trattoria. Zudem gibt es jede Menge Bars und Cafés.

Restaurants
Wie überall in Italien verliert die traditionelle Rangfolge der Restaurants an Bedeutung. Früher galt auch in Florenz: *ristorante* – gut und teuer, *trattoria* – einfach und billig, *osteria* – dasselbe, nur noch einfacher, *pizzeria* – mit einschlägigem Angebot. Schlichte

Lokale mit rotkarierten Tischdecken und Chianti-Flasche im Strohmantel gibt es vereinzelt immer noch. Daneben haben sich auf aktuellen Lifestyle getrimmte kleine Restaurants mit modernerer Küche etabliert – die sich auch gern *osteria* (oder *hostaria*) nennen. Stets gilt: Ein hoher Preis ist noch kein Indikator für hervorragende Qualität – und umgekehrt. Nicht typisch toskanisch aber weit verbreitet: Pizzerien. In der Regel servieren sie auch kleine Nudelgerichte und Salate. *Focaccerie* haben sich auf warmes, gefülltes Fladenbrot spezialisiert.

Häufig stoßen Sie darüber hinaus auf *enoteche* – das sind Weinbars, wo man den Rebensaft glas- oder flaschenweise erwirbt und meist auch eine Kleinigkeit essen kann.

Das lässt sich von Eisdielen *(gelaterie)* nicht sagen, die gehören in Italien einfach zum lukullischen Alltag.

Mahlzeiten des Tages

In Bars gibt es spätestens ab 7 Uhr **Frühstück** *(colazione* oder *prima colazione)*, meist einen Cappuccino oder Caffè plus Croissant *(brioche)*. **Mittagessen** *(pranzo)* gibt es gewöhnlich von 12.30 bis 14 Uhr, meist haben die Restaurants aber noch ein wenig länger geöffnet. Das **Abendessen** *(cena)* beginnt in Italien selten vor 20 Uhr, auf Touristen eingestellte Restaurants öffnen aber auch früher. **Tagesbars** schließen zwischen 20 und 21 Uhr, **Abendlokale** wie das Rex (S. 73) sind in der Regel auch auf Nachtschwärmer eingestellt.

Menüfolge

Nach der Vorspeise *(antipasto)* gibt es als ersten Gang *(primo piatto)* meist Pasta, Suppe oder Reis. Der Hauptgang *(secondo piatto)* besteht gewöhnlich aus Fisch oder Fleisch mit Gemüsebeilagen *(contorni)* oder Salat *(insalata)*, die gesondert bestellt werden müssen. Den *Abschluss* bilden oft Obst *(frutta)* oder Käse *(formaggio)*, alternativ zum süßen *Dessert (dolce)*.

Mehr Informationen zu toskanischen Spezialitäten wie Suppen oder Fleischgerichten finden Sie auf S. 20.

Nach dem Essen gönnt man sich gerne als Digestif einen Grappa oder Bitter *(amaro)* und einen Espresso *(caffè)* oder sogar einen Kamillentee – niemals jedoch beschließt der Italiener eine Abendmahlzeit mit einem Cappuccino.

Man muss nicht immer ein mehrgängiges Menü zu sich nehmen – vor allem zu Mittag. Und in einfacheren Restaurants ist es absolut üblich, sich etwa auf eine Pizza mit Salat zu beschränken. In besseren Restaurants wird dies vor allem abends natürlich weniger gern gesehen.

Cafés und Bars

In Cafés und Bars zahlen Sie **am Tresen weniger,** als wenn Sie sich setzen. Niemals an der Bar zahlen und dann an einem Tisch Platz nehmen, das gilt als Fauxpas! An der Bar Bestelltes müssen Sie gleich an der separaten Kasse *(cassa)* bezahlen. Dort erhalten Sie eine Quittung *(scontrino)*, die Sie am Tresen vorzeigen, um dann das Gewünschte zu erhalten.

Preise für Bedienung und Tisch *(tavola/ terrazza)* müssen angeschlagen sein. Wenn Sie sich einmal gesetzt haben und der Kellner am Tisch Ihre Bestellung aufgenommen hat, unterliegen Sie keinerlei weiterem Verzehrzwang und können bleiben, so lange Sie möchten.

Snacks, die man in Cafés und Bars meist in guter Auswahl bekommt, sind belegte Weißbrote *(tramezzini)* oder Brötchen *(panini)* und mitunter kleine warme Speisen. Auch manche Bäckereien verkaufen geschnittene Pizza *(pizza al taglio)*.

Menüs

Seien Sie auf der Hut vor ausgesprochenen Touristen-Restaurants, die oft ein **Touristen-Menü** *(menù turistico)* anbieten – dort gibt es meist mäßiges Essen zu überhöhten Preisen. Manches hört sich zwar ganz gut an, doch im Grunde weiß man vorher nur, was man zahlt, nicht, was auf dem Teller liegt – kleine Portionen, wässriger Wein (sofern überhaupt dabei), zweifelhafte Zutaten und langweilige Kost (gewöhnlich Pasta mit Tomatensauce oder Grillfleisch mit Salat oder bescheidener Beilage).

In besseren Restaurants bekommt man dagegen oft ein **Degustations-Menü** *(menù* *degustazione/menù gastronomico)*, das einem mit ausgewählten Beispielen der Küche die Qual der Wahl beim Essen à la carte erspart. Wenn Sie mit Kindern reisen, können Sie ohne Probleme nach einer halben Portion *(mezza porzione)* fragen.

Bezahlen
Bei der Bitte um die **Rechnung** lautet die stilgerechte Formel »*Il conto, per favore*« (»Die Rechnung, bitte«). Sie sollte als Kassenbeleg kommen, nicht etwa handgeschrieben auf einem Blatt Papier. Ist dies der Fall, fragen Sie nach *una ricevuta* (»Quittung«) in korrekter Form. Für das obligatorische **Brot und Gedeck** *(coperto)* werden zw. 1 und 4 € pro Person berechnet.

Normalerweise ist ein Betrag für die Bedienung *(servizio)* in der Rechnung inbegriffen, doch ist es freundlich, einen guten Service mit ein paar Extra-Euro zu honorieren: Aufrundung auf die nächsten 2–5 € in Pizzerien und einfacheren Restaurants, sonst 10 bis 15 Prozent des Rechnungsbetrags.

Dresscode und Rauchen
Florentiner gehen gerne nett gewandet zum Essen – lässige Eleganz ist in Florenz im Allgemeinen die Zauberformel.

Rauchen ist wie in anderen europäischen Ländern in öffentlichen Gebäuden, Bars, Cafés und Restaurants untersagt.

EINKAUFEN

Spezialgeschäfte
Der Wohlstand der toskanischen Hauptstadt spiegelt sich in ihren zahlreichen Läden für **Luxusgüter,** besonders Kleidung, Schuhe und Lederwaren. Die meisten Designershops findet man im Westen, vor allem in der Via de' Tornabuoni und deren Seitenstraßen wie der Via della Vigna Nuova.

Lederwaren gibt es überall in Florenz, Manufakturen und entsprechende Läden besonders im Viertel Santa Croce. **Juweliere** wiederum konzentrieren sich auf größere Einkaufsstraßen und das Gebiet um den Ponte Vecchio, wo sie seit fünf Jahrhunderten zu Hause sind. **Kunsthandwerk** ist eine Spezialität des Oltrarno (bevorzugt auf der und rings um die Via Maggio). Hier sind viele kleine Werkstätten angesiedelt, in denen seit Generationen Materialien wie Leder verarbeitet werden.

Im Zentrum residieren die besten Anbieter von **Büchern, Küchenbedarf und Haushaltswaren** (bei allem besitzt Italien einen guten Ruf) sowie die einzigen **Kaufhäuser:** Coin und Rinascente (S. 71, 133).

Delikatessen und **Wein** sind schöne Mitbringsel, bei alkoholischen Getränken, Tabakwaren und manchen landwirtschaftlichen Produkten sind allerdings nach wie vor Einfuhrbeschränkungen zu beachten – kein Problem sind Pasta, Olivenöl und die meisten Käsesorten. Esswaren gibt es in den **Alimentari-Läden,** doch die größte Auswahl hat man auf dem Mercato Centrale nahe San Lorenzo (S. 108) oder im Eataly (S. 107).

Auf der Via Maggio und ihren Nebenstraßen reihen sich **Antiquitätengeschäfte** und **Kunstgalerien** aneinander. Es lohnen aber auch die Via delle Terme und Borgo Ognissanti jenseits des Flusses.

Märkte
Rings um den **Mercato Centrale** von San Lorenzo (S. 108) findet man kleine Marktstände, wo man preiswert Kleidung, Taschen oder Souvenirs bekommt. Interessant sind auch der **Lebensmittelmarkt Sant'Ambrogio** (S. 72) in Santa Croce und der kleine Flohmarkt **Mercato delle Pulci** auf der Piazza dei Ciompi (S. 182). Der größte Wochenmarkt von Florenz findet dienstags von 8 bis 13 Uhr im **Parco delle Cascine** am Ufer des Arno statt. Hierhin verirren sich nur wenige Touristen, das Angebot ist breit gefächert zu sehr zivilen Preisen.

Öffnungszeiten
Die meisten Geschäfte haben Di–Sa 8/9–13 Uhr, dann wieder 15.30/16–19.30 Uhr geöffnet. Montagmorgen oder einen anderen halben Tag der Woche sind viele geschlossen. Ganztägige Öffnungszeiten *(orario continuato)* sind jedoch im Trend. Sonntags haben viele Geschäfte und die Kaufhäuser geöffnet. Am Mittwochnachmittag sind alle Lebensmittelgeschäfte geschlossen.

AUSGEHEN

Ganz gleich, ob Sie die Nacht durchtanzen, Jazz- oder Klassikklängen lauschen oder in einer Enoteca beim Chianti über die Qualität der roten Tropfen fachsimpeln mögen – wenn ein Tag in den nächsten übergeht, ist vieles möglich in Florenz. Clubs mit Livemusik, Cafés und Pubs konzentrieren sich rund um Dom und Santa Croce. Als besonders hip gelten derzeit die Bars von Oltrarno (entlang Borgo San Frediano). Im Veranstaltungskalender kann man unter www.firenzespettacolo.it schmökern. Im Sommer reicht es eigentlich, sich treiben zu lassen – da machen Straßenkünstler und Musiker die Altstadt zu ihrer Bühne.

Januar
Regata dei Canottieri: eine historische Ruderregatta auf dem Arno am Neujahrstag.
Cavalcata dei Re Magi: Am 6. Januar nachmittags setzt sich am Palazzo Pitti ein Umzug in mittelalterlichen Kostümen in Bewegung, der an die Heiligen Drei Könige erinnert.

Februar
Karneval: Karnevalsgruppen verschiedener Kontinente verleihen dem Umzug ein besonderes Colorit. Zum Abschluss werden auf der Piazza della Signoria die schönsten Kostüme prämiert.

März/April
Capodanno Fiorentino: Am 25. März feiert die Stadt das Florentiner Neujahr mit kulinarischen Köstlichkeiten und einem abendlichen Konzert auf der Piazza SS. Annunziata. Der Anlass: Frühlingsbeginn und der Beginn der Schwangerschaft der Jungfrau Maria.
Messe Taste: kulinarische Messe Anfang März (www.pittimmagine.com)
Scoppio del Carro: ein bedeutendes Ereignis (Explosion des Karren) am Ostersonntag. Das Spektakel nimmt Bezug auf eine Sage um das Entfachen einer heiligen Flamme während der Kreuzzüge. Ein sechsspänniger Ochsenkarren, beladen mit Feuerwerkskörpern, zieht von der Porta a Prato zur Piazza Duomo. Mittags, wenn im Dom die Messe zu Ende geht, fliegt eine »Taube« vom Altar der Kirche zum Karren und setzt seine Ladung in Brand.
Mostra Internazionale dell' Artigianato di Firenze (MIDA): Ende April treffen sich Liebhaber des Kunsthandwerks in der Fortezza dal Basso (www.mostraartigianato.it).

Mai/Juni/Juli
Artigianato e Palazzo: Im Garten des Giardino Corsini kann man traditionelles italienisches Kunsthandwerk erwerben.
Notte Bianca: Am 30. April wird die Weiße Nacht gefeiert; Geschäfte bleiben lange auf und ein Kulturprogramm lässt die Nacht auf den Plätzen der Stadt zum Tag werden.
Maggio Musicale Fiorentino: Von Anfang Mai bis in den Juli hinein feiert die Stadt eines der renommiertesten europäischen Musikfestivals mit klassischen Konzerten und Opernaufführungen im eigens dafür gebauten Opernhaus (http://operadifirenze.it, www.maggiofiorentino.com).
Calcio Storico: Religiösen Ursprungs ist das Fußballturnier am 24. Juni zur Erinnerung an ein historisches Fußballspiel während der Stadtbelagerung von 1530. Zu Ehren Johannes des Täufers, des Schutzpatrons von Florenz, beginnt es mit einem Match auf der Piazza Santa Croce. In historischen Kostümen treten vier Mannschaften an, die die mittelalterlichen Stadtviertel repräsentieren. Die siegreiche Mannschaft bekommt ein geschlachtetes Kalb, das gegrillt und gemeinsam mit den Bewohnern des jeweiligen Viertels verspeist wird.
Festa del Grillo: Alter Brauch, bei dem man Grillen kauft und sie dann freilässt; am Sonntag nach Christi Himmelfahrt.
Florence Dance Festival: Das Teatro Romano im nahen Fiesole wird zur Bühne, internationale Ensembles zeigen Tanztheater, Ballett, Tangoshows u. v. m. (www.florencedancefestival.org).

September
Festa della Rifocolona: Vergnügt geht es am 7. September bei dem Fest am Vorabend des Geburtstags Marias zu. Kinder ziehen mit Laternen zur Piazza SS. Annunziata und verwandeln den Platz in ein Lichtermeer.

SPRACHFÜHRER

Immer zu gebrauchen

ja/nein	sì/no
bitte	per favore
danke	grazie
keine Ursache/bitte	di niente/prego
Entschuldigung!	Mi dispiace!
Auf Wiedersehen!	Arrivederci!
Guten Morgen!	Buongiorno!
Gute Nacht!	Buona notte!
Wie geht es Ihnen?	Come sta?
Wie viel kostet das?	Quanto costa?
Ich hätte gern …	Vorrei …
offen	aperto
geschlossen	chiuso
heute	oggi
morgen	domani
Montag	lunedì
Dienstag	martedì
Mittwoch	mercoledì
Donnerstag	giovedì
Freitag	venerdì
Samstag	sabato
Sonntag	domenica

Nach dem Weg fragen

Ich habe mich verlaufen.	Mi sono perso/a.
Wo ist …?	Dove si trova …?
… der Bahnhof	… la stazione
… die Bushaltestelle	… la fermata del bus
… die Bank	… la banca
… die Toilette	… il gabinetto, il bagno
Biegen Sie links ab.	Volti a sinistra.
Biegen Sie rechts ab	Volti a destra.
Gehen Sie geradeaus.	Vada dritto.
an der Ecke	all'angolo
die Straße	la strada
Gebäude	l'edificio
die Ampel	il semaforo
die Kreuzung	l'incrocio
die Seitenstraße	la strada laterale
der Wegweiser nach …	l'indicazione per …

Im Notfall

Hilfe!	Aiuto!
Könnten Sie mir bitte helfen?	Mi potrebbe aiutare?
Sprechen Sie Englisch/Deutsch?	Parla inglese/tedesco?
Ich verstehe nicht.	Non capisco.
Rufen Sie mir bitte schnell einen Arzt.	Mi chiami presto un medico, per favore.

Im Restaurant

Ich möchte einen Tisch reservieren.	Vorrei prenotare un tavolo.
Einen Tisch für zwei Personen, bitte.	Un tavolo per due persone, per favore.
Bringen Sie uns bitte die Speisekarte.	Ci porta la lista, per favore.
Die Rechnung, bitte	Il conto, per favore
Was ist das?	Cosa è questo?

Übernachten

Haben Sie ein Einzel-/Doppelzimmer?	Ha una camera singola/doppia?
mit/ohne Badewanne/Toilette/Dusche	con/senza vasca/gabinetto/doccia
Ist das Frühstück im Preis enthalten?	È inclusa la prima colazione?
Ist das Abendessen im Preis enthalten?	È inclusa la cena?
Gibt es einen Zimmerservice?	C'è il servizio in camera?
Kann man das Zimmer sehen?	È possibile vedere la camera?
Ich nehme dieses.	Prendo questa.
Danke für Ihre Gastfreundschaft.	Grazie per l'ospitalità.

Zahlen

0	zero
1	uno
2	due
3	tre
4	quattro
5	cinque
6	sei
7	sette
8	otto
9	nove
10	dieci
20	venti
100	cento
200	duecento
1000	mille
2000	duemila

Cityplan

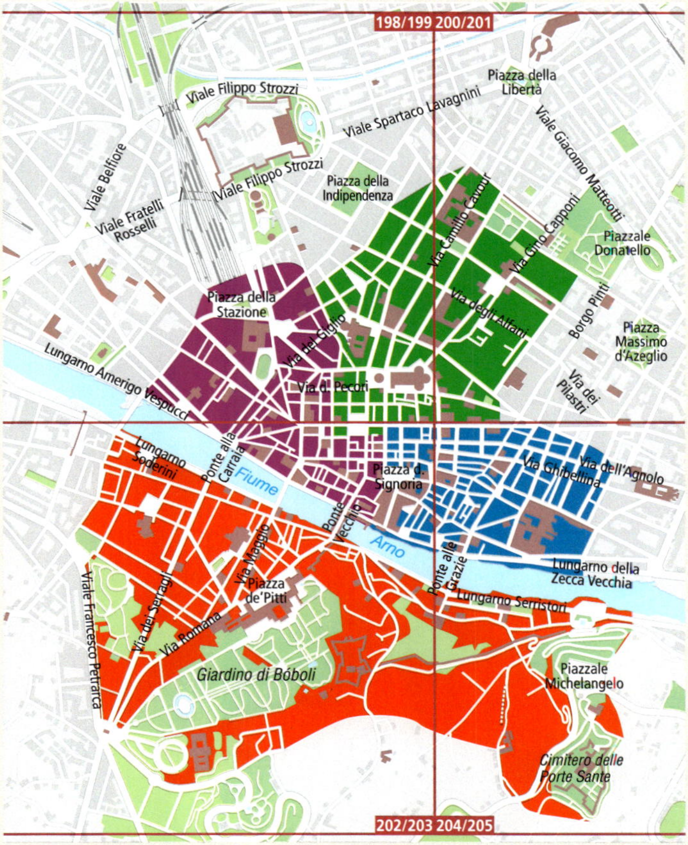

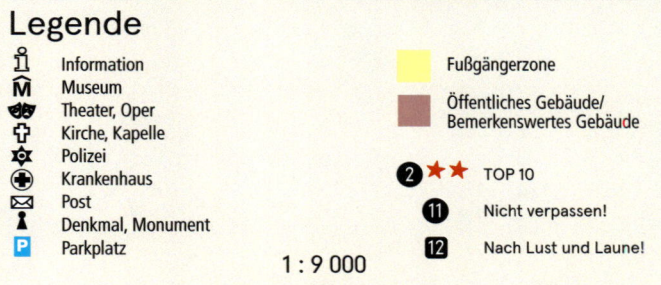

Legende

- ⓘ Information
- Ⓜ Museum
- 🎭 Theater, Oper
- ✝ Kirche, Kapelle
- ✴ Polizei
- ⊕ Krankenhaus
- ✉ Post
- 🗿 Denkmal, Monument
- 🅿 Parkplatz

- Fußgängerzone
- Öffentliches Gebäude/ Bemerkenswertes Gebäude
- ❷ ★★ TOP 10
- ⓫ Nicht verpassen!
- ⓬ Nach Lust und Laune!

1 : 9 000

0 — 250 — 500 m
0 — 250 — 500 yd

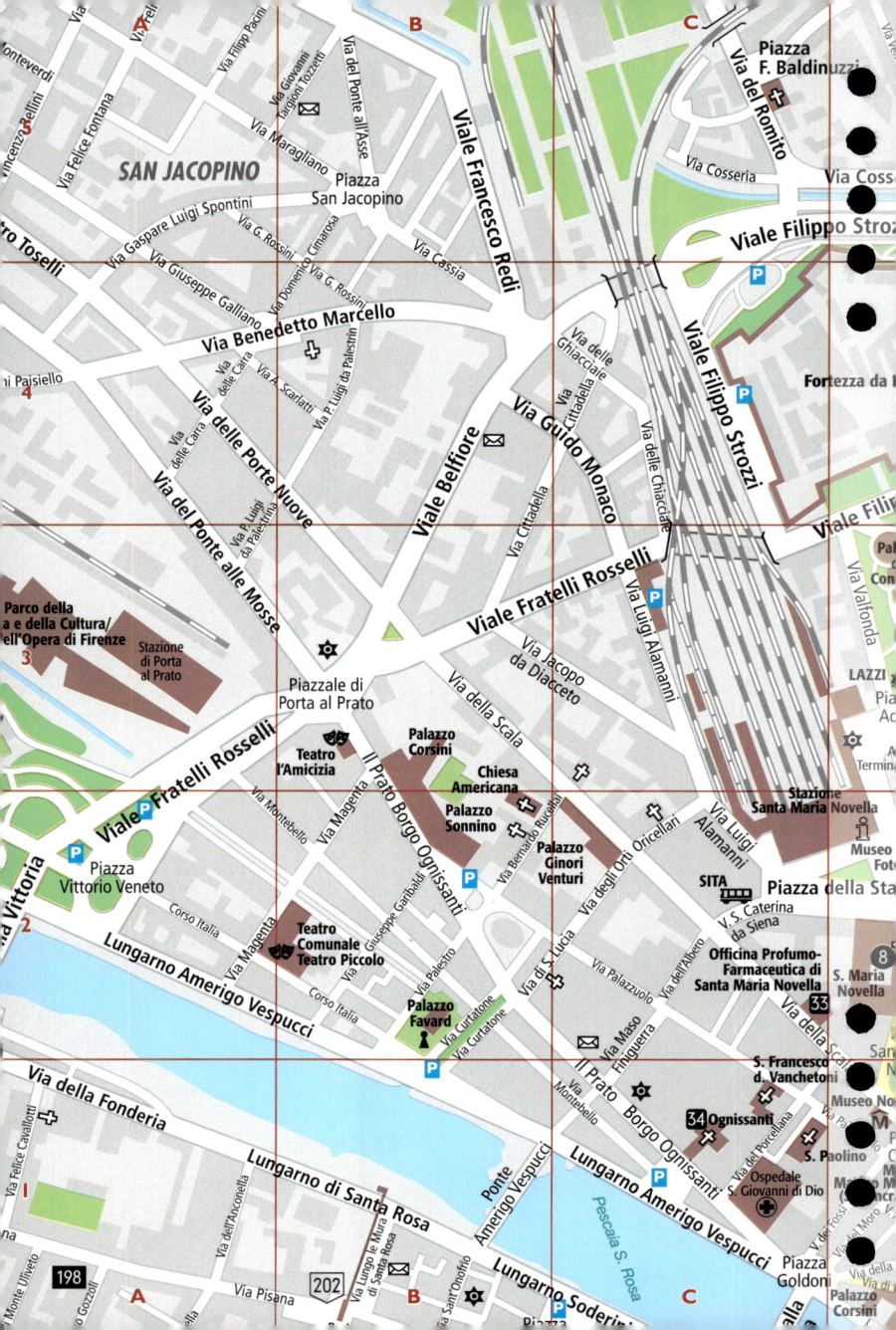

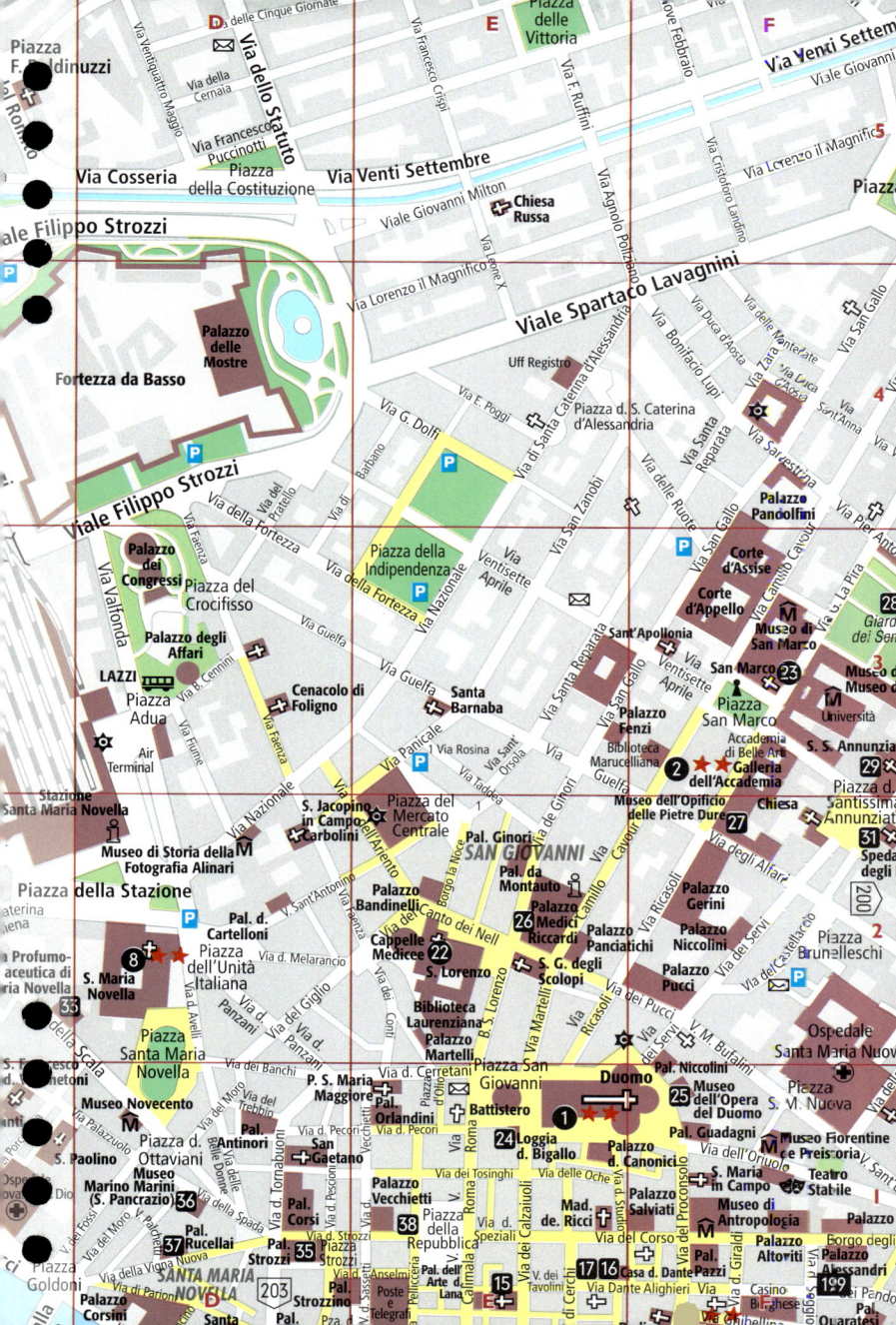

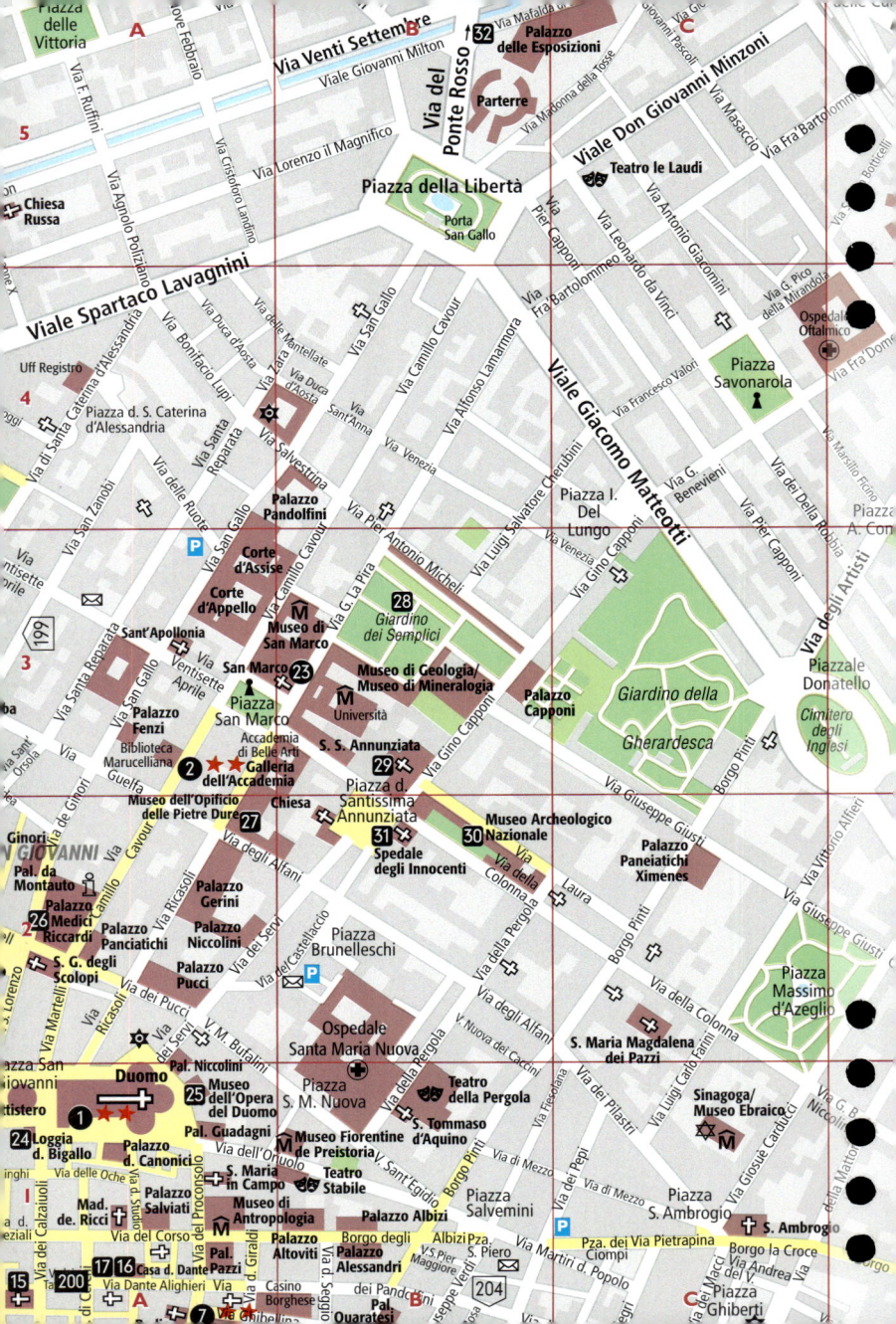

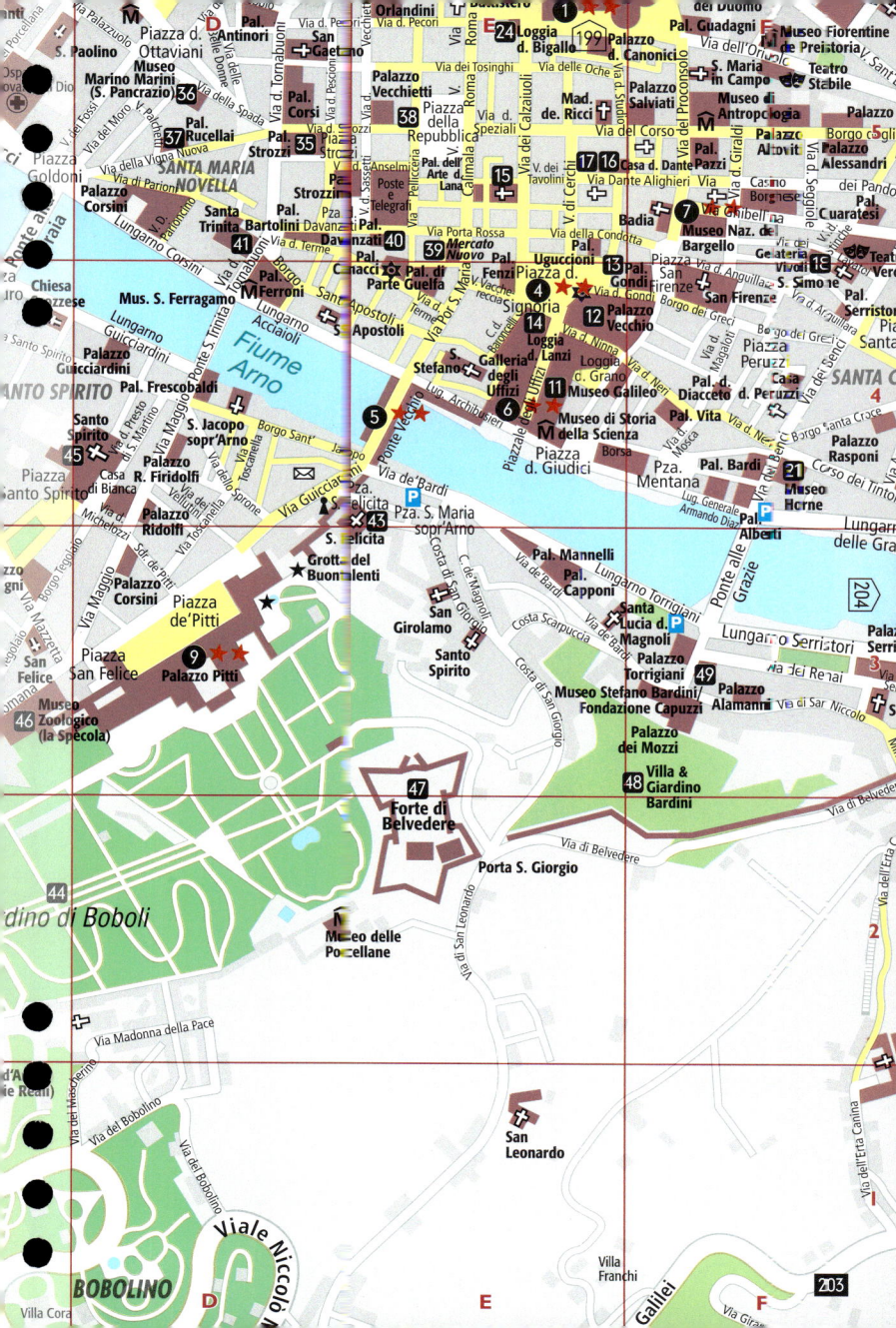

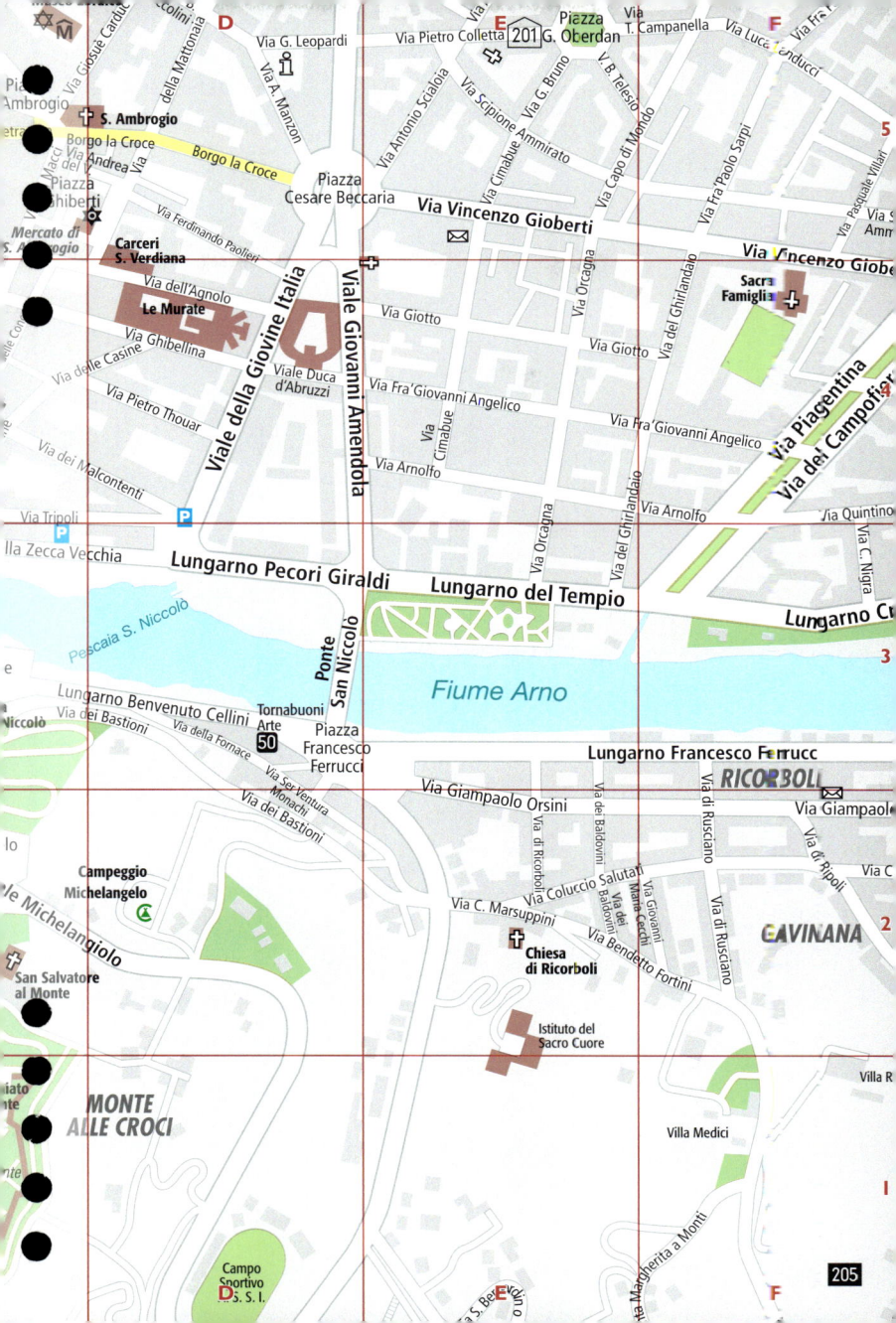

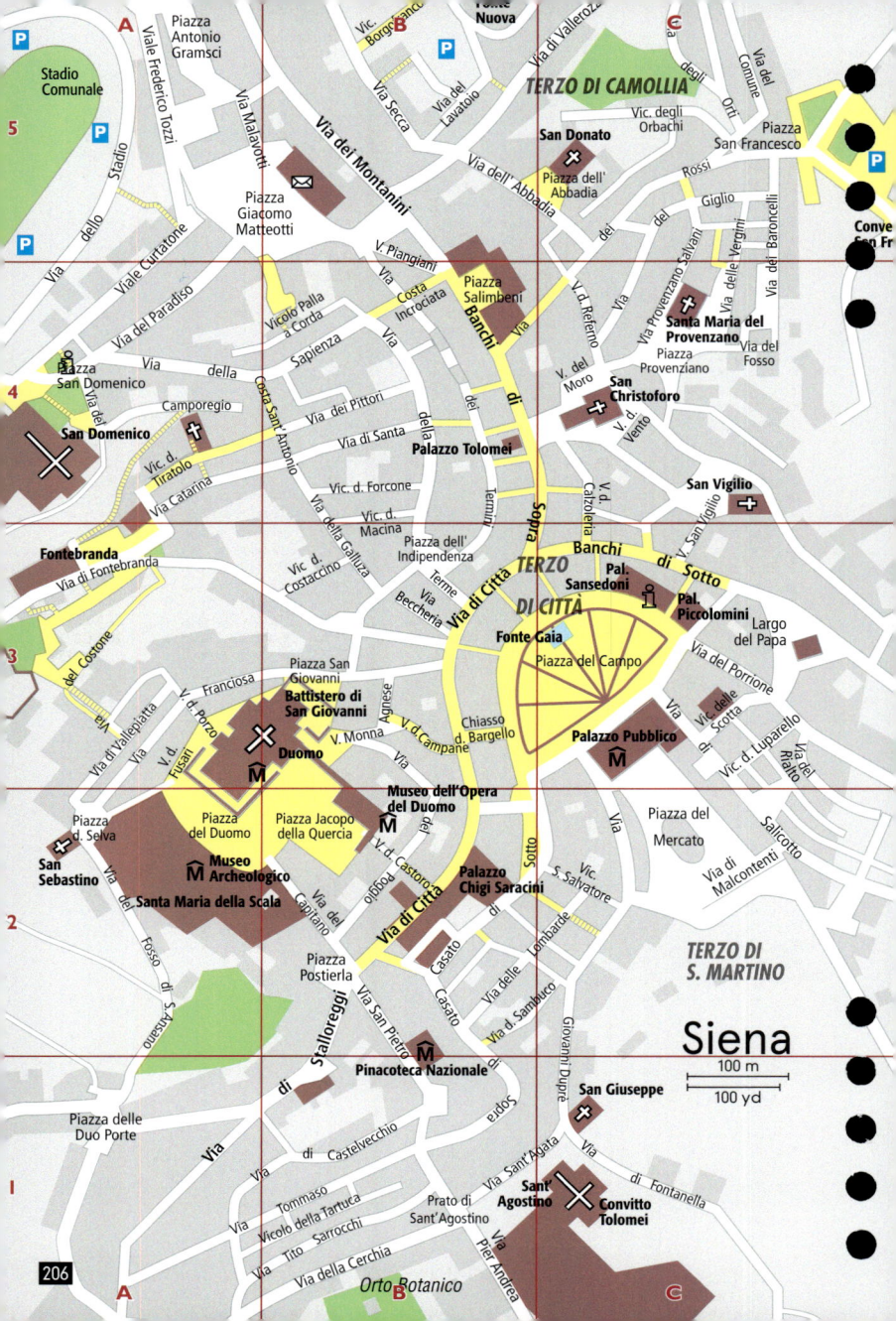

Straßenregister

Florenz

A
Acciaioli, Lugarno 203 D4
Adua, Piazza 199 D3
Agnolo, Via dell' 204 C5
Alamanni, Via Luigi 198 C2
Albero, Via dell' 198 C2
Albizi, Borgo degli 200 B1
Aleardi, Viale Aleardo 202 A4
Alegri, Borgo 204 C4/5
Alfani, Via degli 200 A/B2
Alfieri, Via Vittorio 201 D2
Alighieri, Via Dante 199 E/F1
Amendola, Viale Giovanni 205 D4
Ammirato, Via Scipione 205 E/F5
Anconella, Via dell' 202 A5
Anguillara, Via d. 203 F4
Anselmi, Via d. 199 D/E1
Archibusieri, Lugarno 203 E4
Ardiglione, Via d' 202 C4
Ariento, Via dell' 199 E3
Ariosto, Viale Ludovico 202 B4
Arnolfo, Via 205 F3
Artisti, Via degli 201 D3/4
Avelli, Via d. 199 D2
Azeglio, Piazza Massimo d' 201 D2

B
Baldovini, Via dei 205 E2/3
Banchi, Via dei 199 D1/2
Barbano, Via di 199 D/E4
Bardi, Via de' 203 E4
Baroncelli, Chiasso dei 203 E4
Bastioni, Via dei 205 D2/3
Beccaria, Piazza Cesare 201 D/E1
Belfiore, Viale 198 B3/4
Bella, Via Giano della 202 B3
Belle Donne, Via delle 199 D1
Belvedere, Via di 203 E/F2
Benci, Via dei 203 F4
Benevieni, Via Girolamo 200 C4
Berni, Via Francesco 202 A4
Bixio, Via Nino 201 F4/5
Bobolino, Via del 203 D1
Botticelli, Via Sandro 201 D5
Bovio, Via Giovanni 201 E1/2
Brunelleschi, Piazza 200 B2
Bruno, Via Giordano 201 E1
Bufalini, Via Maurizio 199 F1/2
Burchiello, Via Domenico 202 A3/4

C/D
Caldaie, Via d. 202 C3
Calimala, Via 199 E1
Calza, Piazza della 202 B2
Calzaiuoli, Via dei 199 E1
Camaldoli, Via di 202 B4
Campanella, Via Tommaso 201 E/F1
Campo d'Arrigo, Via 201 E4
Campo, Via delle 202 A/B1
Campofiore, Via del 205 F3/4
Campuccio, Via del 202 B3
Canina, Via dell' Erta 204 B1
Cantagalli, Via 202 B1
Canto dei Nell, Via del 199 E2
Capo di Mondo, Via 201 E1-F2
Capponi, Via Gino 200 B3-C4
Capponi, Via Pier 200 B5-C4
Carducci, Via Giosuè 205 D5
Carmine, Piazza del 202 C4
Casine, Via delle 204 C4
Casone, Via del 202 A/B3
Cassia, Via 198 B5
Castagno, Via Andrea del 201 E3/4
Castellaccio, Via del 200 B2
Castiglione, Via Dante da 202 B1
Cavalleggeri, Piazza dei 204 B/C4
Cavour, Via Camillo 199 E2-F4
Cecchi, Via Giovanni Maria 205 F2
Cellini, Lungarno Benvenuto 205 D3
Cerchi, Via di 203 E5
Cerretani, Via d. 199 E2
Cestello, Piazza di 202 B/C1
Cherubini, Via Luigi Salvatore 200 C4
Chiesa, Via della 202 C3
Cimabue, Via 201 E1
Ciompi, Piazza dei 200 C1
Cittadella, Via 198 B3/4
Colletta, Via Pietro 201 E1
Colonna, Via della 200 B/C2
Conce, Via delle 204 C4
Condotta, Via della 203 E/F5
Conti, Piazza Augusto 201 D4
Conti, Via degli 199 E2
Corsini, Lungarno 203 D4/5
Corso, Via del 199 E/F1
Cosseria, Via 199 D5
Costituzione, Piazza della 199 D5
Crispi, Via Francesco 199 E5
Croce, Borgo la 201 D1
Crocifisso, Piazza del 199 D3
Curtatone, Via 198 B2
Davanzati, Piazza d. 203 D5
Del Lungo, Piazza Isidoro 200 C4
Della Robbia, Via dei 201 D4-E2
Diacceto, Via Jacopo da 198 B/C3
Diaz, Lugarno Generale Armando 203 F4
Dolfi, Via Guiseppe 199 E4
Donatello, Piazzale 201 D3
Duca d'Abruzzi, Viale 205 D4
Duca d'Aosta, Via 200 A4
Duprè, Via Giovanni 201 F5

F
Faenza, Via 199 E2
Farini, Via Luigi Carlo 200 C2
Ferrucci, Lungarno Francesco 205 E/F3
Ferrucci, Piazza Francesco 205 E2
Ficino, Via Marsilio 201 D4
Fiesolana, Via 200 B/C1
Finiguerra, Via Maso 198 C2
Fonderia, Via della 198 A1
Forbici, Via delle 201 F5
Fornace, Via della 205 D3
Fortezza, Via della 199 D4-E3
Fortini, Via Bendetto 205 E/F2
Foscolo, Via Ugo 202 A/B2
Fossi, Via dei 199 D1
Fossombroni, Via 201 E2
Fra'Bartolommeo, Via 200 B4-C5
Fra'Domenico Buonvicini, Via 201 D4
Fra'Giovanni Angelico, Via 205 E4
Fra'Paolo Sarpi, Via 205 F5

G
Galilei, Viale Galileo 204 A1-C2
Galliano, Via Giuseppe 198 A4
Garibaldi, Via Giuseppe 198 B2
Ghiacciaie, Via delle 198 C4
Ghibellina, Via 203 F5
Ghiberti, Piazza 200 C1
Ghirlandaio, Via del 205 E3-F5
Giacomini, Via Antonio 200 C5
Giambologna, Via 201 D/E3
Giardino Serristori, Via d. 204 B3
Giardino, Via d. 204 B3
Giglio, Via del 199 D2
Ginori, Via de 199 E3
Gioberti, Via Vincenzo 205 E5-F4
Giordani, Via Pietro 201 D2
Giordano, Via Luca 201 D5
Giotto, Via 205 E4
Giraldi, Lungarno Pecori 205 D3
Giraldi, Via d. 199 F1
Giudici, Piazza d. 203 E4
Giusti, Via Giuseppe 200 C2/3
Goffredo Mameli 201 F5
Goldoni, Piazza 198 C1
Gondi, Via d. 203 E/F4
Gramsci, Viale Antonio 201 D1/2
Grano, Loggia d. 203 E4
Grazie, Lugarno delle 204 B3/4
Grazie, Ponte alle 203 F3
Greci, Borgo dei 203 F4
Guelfa, Via 199 D-F3
Guerrazzi, Via Francesco Domenico 201 D3-E2
Guicciardini, Lugarno 203 D4
Guicciardini, Via 203 D4

I
Indipendenza, Piazza della 199 E4
Italia, Corso 198 A/B2
Italia, Viale Giovine 205 D4

L
La Farina, Via Giuseppe 201 D/E3
La Pira, Via Giorgio 200 B3
Lamarmora, Via Alfonso 200 B4
Landino, Via Cristoforo 199 F5
Lando, Via Michele di 202 C1
Laura, Via 200 C2
Lavagnini, Viale Spartaco 199 E/F4
Leone X, Via 199 E5
Leone, Via del 202 B4
Leopardi, Via Giacomo 201 D1
Libertà, Piazza della 200 B5
Lorenzo il Magnifico, Via 199 E4
Lungo le Mura di Santa Rosa, Via 202 B5

Lupi, Via Bonifacio	199 F4	Ognissanti, Il Prato Borgo	198 B3-C1	Rosa, Via d.	204 B4
Lupo, Via	204 C3	Olio, Piazza d'	199 E2	Rosina, Via	199 E3
		Orcagna, Via	205 E3/4	Rosselli, Viale Fratelli	198 B/C3
M		Oriuolo, Via dell'	199 F1	Rossini, Via G.	198 A/B5
Macci, Via dei	200 C1	Orsini, Via Giampaolo	205 E/F2	Rucellai, Via Bernardo	198 B2
Machiavelli, Viale Niccolò	202 B/C1	Orti Oricellari, Via degli	198 C2	Ruffini, Via Fratelli	199 E5
Madonna della Pace, Via	203 D2	Orto, Via dell'	202 B4	Ruote, Via delle	199 F4
Madonna della Tosse, Via	200 C5	Ottaviani, Piazza d.	199 D1	Rusciano, Via di	205 F2
Maffia, Via	202 C4				
Magaloti, Via d.	203 F4	**P**		**S**	
Magenta, Via	198 A2-B3	Palazzuolo, Via	198 C2	Salutati, Via Coluccio	205 E/F2
Maggio, Via di	203 D3/4	Palchetti, Via	199 D1	Salvemini, Piazza	200 B1
Magliabechi, Via Antonio	204 B4	Palestro, Via	198 B2	Salvestrina, Via	200 B4
Magnoli, Costa de	203 E3	Pandolfini, Via dei	200 B1	San Cristofano, Via	204 C4
Malcontenti, Via dei	204 C4	Panicale, Via	199 E3	San Felice, Piazza	203 E4
Mannelli, Via delle	201 D4-F1	Panzani, Via d.	199 D2	San Firenze, Piazza	203 F4/5
Mantellate, Via delle	200 B4	Paolieri, Via Ferdinando	205 D4/5	San Francesco di Paola,	
Manzon, Via Alessandro	201 D1	Pecori, Via d.	199 D/E1	Piazza	202 A/B3
Maragliano, Via	198 A/B5	Pellicceria, Via	203 E5	San Frediano, Borgo	202 B5-C4
Marcello, Via Benedetto	198 A/B4	Pepi, Via dei	204 B/C4	San Gallo, Via	199 E3-F5
Marconi, Via Guglielmo	201 E4-F5	Pergola, Via della	200 B1/2	San Giorgio, Costa di	203 E3
Marsuppini, Via Carlo	205 E2	Peruzzi, Piazza	203 F4	San Giovanni, Piazza	199 E2
Martelli, Via	199 E2	Pescioni, Via d.	199 D1	San Giovanni, Via	202 B4
Martiri d. Popolo, Via	200 B/C1	Petrarca, Viale Francesco	202 B2/3	San Giuseppe, Via	204 C4
Masaccio,Via	201 D5-F2	Piagentina, Via	205 F4	San Jacopino, Piazza	198 B5
Mascherino, Via del	203 D1	Piattellina, Piazza	202 B4	San Leonardo, Via di	203 E2
Matteotti, Viale Giacomo	200 C4	Pietrapina, Via	200 C1	San Lorenzo, Borgo	199 E2
Mattonaia, Via della	201 D1/2	Pilastri, Via dei	200 C1	San Marco, Piazza	199 F3
Mazzetta, Via	202 C3	Pilo, Via Rosolino	201 E/F4	San Miniató, Via	204 B3
Mazzini, Viale Giuseppe	201 E2-F3	Pindemonte, Via Ippolito	202 B2	San Niccolò, Ponte	205 D3
Melarancio, Via d.	199 D2	Pinti, Borgo	200 B1-C3	San Niccolo, Via di	204 B/C3
Menotti, Via Ciro	201 E2	Pinzochere, Via delle	204 C4	San Piero, Piazza	200 B1
Mentana, Piazza	203 F4	Pisana, Via	202 A/B5	San Zanobi, Via	199 E3/4
Mercato Centrale, Piazza del	199 E3	Pitti, Piazza de'	203 D3	Santa Caterina da Siena, Via	198 C2
Metastasio, Via Pietro	202 B1/2	Poggi, Piazza Giuseppe	204 C3	Santa Caterina d'Alessandria,	
Mezzo, Via di	200 B/C1	Poggi, Via Enrico	199 E4	Piazza di	199 E4
Michelangelo, Viale	204 C2	Poggio Imperiale, Viale del	202 B1	Santa Croce, Piazza	204 B4
Michelangiolo, Piazzale	205 D/E2	Poliziano, Via Agnolo	199 E5-F4	Santa Felicita, Piazza	203 E3
Micheli, Via Pier Antonio	200 B4	Ponte alla Carraia	202 C5	Santa Lucia, Via di	198 B2
Michelozzi, Via d.	203 D3/4	Ponte all'Asse, Via del	198 B5	Santa Maria Novella, Piazza	199 D1/2
Mille, Viale dei	201 D5-F4	Ponte alle Mosse, Via del	198 A3/4	Santa Maria Nuova, Piazza	200 B1
Milton, Viale Giovanni	199 E5	Ponte del Pino	201 E4	Santa Maria sopr'Arno,	
Minzoni, Viale Don Giovanni	200 C5	Ponte Rosso, Via del	200 B5	Piazza	203 E4
Mirandola, Via Giovanni		Por Santa Maria, Via	203 E4	Santa Monaca, Via	202 C4
Pico della	201 D4	Porcellana, Via del	198 C1	Santa Reparata, Via	199 F3
Monachi, Via Ser Ventura	205 D2/3	Porta al Prato, Piazzale di	198 B3	Santa Rosa, Lungarno di	198 A/B1
Monaco, Via Guido	198 B/C4	Porta Romana, Piazzale di	202 B1/2	Sant'Agostino, Via	202 C4
Montebello, Via	198 A3-C1	Porta Rossa, Via	203 E5	Sant'Ambrogio, Piazza	200 C1
Monti, Via Vincenzo	202 B2	Porte Nuove, Via delle	198 A4-B3	Sant'Anna, Via	200 B4
Moro, Via del	199 D1	Pratellino, Via del	201 E4	Sant'Antonino, Via	199 E2
Mosca, Via d.	203 F4	Pratello, Via del	199 D4	Sant'Egidio, Via	200 B1
Mossotti, Via Ottaviano		Prati, Via Giovanni	202 A/B1	Santi Apostoli, Borgo	203 E4
Fabrizio	201 F5	Presto di S. Martino, Via d.	203 D4	Sant'Ilario a Colombaia,	
		Proconsolo, Via del	199 F1	Via di	202 A/B1
N		Pucci, Via dei	199 F2	Santissima Annunziata,	
Nardi, Via Jacopo	201 D2-E3	Puccinotti, Via Francesco	199 D5	Piazza d.	200 B2
Nazionale, Via	199 D2/3	Pulci, Via Luigi	202 A4	Sant'Jacopo, Borgo	203 D4
Neri, Via d.	203 F4			Santo Spirito, Piazza	202 C4
Nerli, Piazza dei	202 B4	**R**		Santo Spirito, Via	202 C4
Niccolini, Via Gio. Battista	201 D1	Redi, Viale Francesco	198 B5	Sant'Onofrio, Via	202 B5
Ninna, Via d.	203 E4	Renai, Via dei	204 B3	Sant'Orsola, Via	199 E3
Nobili, Piazza Leopoldo	201 F5	Repetti, Via Emanuele	201 E3	Sassetti, Via d.	203 E5
Noce, Borgo la	199 E2	Repubblica, Piazza della	199 E1	Sauro, Piazza Nazario	202 C4
Nuova dei Caccini, Via	200 B2	Ricasoli, Via	199 E/F2	Savonarola, Piazza	200 C4
		Ricorboli, Via di	205 E2	Scala, Via della	198 B3
O		Roma, Via	199 E1	Scarpuccia, Costa	203 E3
Oberdan, Piazza Guglielmo	201 E1	Romana, Via	202 B2	Scialoia, Via Antonio	201 E1
Oche, Via delle	199 E1	Romito, Via del	198 C5	Seggiole, Via d.	200 B1

Segni, Viale Bernardo	201 D/E2
Senese, Via	202 B1
Serragli, Via dei	202 B2-C4
Serristori, Lungarno	204 B/C3
Serumido, Via	202 B2
Servi, Via dei	199 F2
Signoria, Piazza d.	203 E4
Soderini, Lungarno	202 B/C5
Spada, Via della	199 D1
Speziali, Via d.	199 E1
Spontini, Via Gaspare Luigi	198 A5
Sprone, Via dello	203 D4
Statuto, Via dello	199 D5
Stazione, Piazza della	198 C2
Stella, Borgo	202 C4
Strozzi, Piazza	199 D1
Strozzi, Viale Filippo	198 C4
Studio, Via d.	199 E1

T

Taddea, Via	199 E3
Tasso, Piazza Torquato	202 B4
Tavolini, Via dei	199 E1
Tegolaio, Borgo	202 C3
Telesio, Via Bernardino	201 E1
Tempio, Lungarno	205 E3
Terme, Via d.	199 D1
Thouar, Via Pietro	205 D4
Tintori, Corso dei	204 B4
Tornabuoni, Via d.	203 D4/5
Torrigiani, Lungarno	203 E/F3
Toscanella, Via	203 D3/4
Tosinghi, Via dei	199 E1
Trebbio, Via del	199 D1
Trinità, Ponte S.	203 D4
Tripoli, Via	204 C4

U/V

Uberti, Via Farinata degli	202 B1
Uffizi, Piazzale degli	203 E4
Unità Italiana, Piazza dell'	199 D2
Vacchereccia, Via	203 E4
Valfonda, Via	199 D3
Valori, Via Francesco	200 C4
Varchi, Via Benedetto	201 D2-E3
Vasari, Piazza G.	201 D4
Vecchietti, Via d.	199 E1
Vecchio, Ponte	203 E4
Veneto, Piazza Vittorio	198 A2
Venezia, Via	200 B4
Venti Settembre, Via	199 E4/5
Ventiquattro Maggio, Via	199 D5
Ventisette Aprile, Via	199 F3
Verdi,Via Giuseppe	204 B5
Verrazzano, Via da	204 B4
Vespucci, Lungarno Amerigo	198 A2-C1
Vespucci, Ponte Amerigo	198 B1
Vico, Via Giambattista	201 E1-F2
Vigna Nuova, Via della	199 D1
Villani, Via	202 A/B3
Vinci, Via Leonardo da	200 C5
Vittoria, Piazza delle	199 E5
Volta, Viale Alessandro	201 D/E5

Z

Zanella, Via Giacomo	202 A4
Zara,Via	200 B4
Zecca Vecchia, Lungarno della	204 C3

Siena

A

Abbadia, Piazza dell'	206 B/C5
Abbadia, Via dell'	206 C5
Agnese, Via Monna	206 B3
Andrea, Via Pier	206 B1

B

Bargello, Chiasso d.	206 B3
Beccheria, Via	206 B3
Borgofranco, Vicolo	206 B5

C

Calzoleria, Via d.	206 C3/4
Campane, Via d.	206 B3
Campo, Piazza del	206 C3
Camporegio, Via del	206 A4
Capitano, Via del	206 B2
Castelvecchio, Via di	206 B1
Castoro, Via d.	206 B2
Catarina, Via	206 A4
Cerchia, Via della	206 B1
Città Banchi di Sotto, Via di	206 B/C3
Città, Via di	206 B2
Comune, Via del	206 D5
Costaccino, Vicolo d.	206 B3
Costone, Via del	206 A3
Curtatone, Viale	206 A5

D

Duo Porte, Piazza delle	206 A1
Duomo, Piazza del	206 A3
Duprè, Via Giovanni	206 C2

F

Fontanella, Via di	206 C1
Fontebranda, Via di	206 A3
Forcone, Vicolo d.	206 B4
Fosso di San Ansano, Via del	206 A2
Franciosa, Via	206 A3
Fusari, Via d.	206 A3

G

Galluza, Via della	206 B3/4
Giglio, Via del	206 C5
Gramsci, Piazza Antonio	206 A5

I

Incrociata, Costa	206 B4
Indipendenza, Piazza dell'	206 B3

L

Lavatoio, Via del	206 B5
Lombarde, Via delle	206 B/C2
Luparello, Vicolo d.	206 D3

M

Macina, Vicolo d.	206 B4
Malavotti, Via	206 A5
Malcontenti, Via di	206 C2
Mantellini, Piano d.	206 A1
Matteotti, Piazza Giacomo	206 B5
Mercato, Piazza del	206 C2/3
Montanini Banchi di Sopra, Via dei	206 B4/5
Montanini, Via dei	206 B5
Moro, Via del	206 C4

O

Orbachi, Vicolo degli	206 C5
Orti, Via degli	206 C5

P

Palla a Corda, Vicolo	206 B4
Papa, Largo del	206 D3
Paradiso, Via del	206 A4
Piangiani, Via da	206 B5
Pittori, Via dei	206 B4
Poggio, Via del	206 B2
Porrione, Via del	206 C3
Porzo, Via d.	206 A3
Postierla, Piazza	206 B2
Provenziano, Piazza	206 C4

Q

Quercia, Piazza Jacopo della	206 B3

R

Referno, Via d.	206 C4
Rossi, Via dei	206 B4-C5

S

Salicotto, Via di	206 C3
Salimbeni, Piazza	206 B4
Salvani, Via Provenzano	206 C4
Salvatore, Vicolo	206 C2
Sambuco, Via d.	206 B/C2
San Domenico, Piazza	206 A4
San Francesco, Piazza	206 D5
San Giovanni, Piazza	206 B3
San Pietro, Via	206 B2
San Vigilio, Via	206 C3/4
Sant'Agata, Via	206 B/C1
Sant'Agostino, Prato di	206 B1
Sant'Antonio, Costa	206 B4
Santa, Via di	206 B4
Sapienza, Via della	206 B4
Sarrocchi, Via Tito	206 B1
Scotta, Vicolo delle	206 C3
Secca, Via	206 B5
Selva, Piazza d.	206 A2
Sopra, Casato di	206 B1/2
Sotto, Casato di	206 B2
Stadio, Via dello	206 A5
Stalloreggi, Via di	206 A1-B2

T

Tartuca, Vicolo della	206 B1
Terme, Via della	206 B3
Termini, Via dei	206 B4
Tiratolo, Vicolo d.	206 A4
Tommaso, Via	206 B1
Tozzi, Viale Frederico	206 A5

V

Vallepiatta, Via di	206 A3
Vallerozzi, Via di	206 B/C5
Vento, Via d.	206 C4
Vergini, Via delle	206 C5

Register

A
Alberti, Leon Battista 31, 123, 127
Alighieri, Dante 32, 33, 40, 43, 64, 172
Amici della Musica 73
Ammannati, Bartolomeo 47
Angelico, Fra 97
Anreise 189
Apotheke 188
Auditorium Flog 109
Ausgehen 72, 109, 136, 161, 195
Auskunft 186
Auslandskrankenversicherung 187
Auto 190

B
Badia Fiorentina 64
Baptisterium siehe Duomo
Bargello siehe Museo Nazionale del Bargello
Baroncelli, Bernardo 56
Biblioteca Medicea Laurenziana 93
Bistecca alla Fiorentina 8, 20
Boboli-Garten 7, 11, 142, 148
Borgo degli Albizi 183
Botanischer Garten 101
Botschaften 186
Botticelli, Sandro 53, 104, 126
Brancacci, Felice 154
Brunelleschi, Filippo 45, 56, 59, 66, 78, 80, 81, 83, 84, 86, 87, 88, 92, 93, 99, 146, 155, 156, 157, 180
Buondelmonte de' Buondelmonti 119

C
Calcio Storico 183, 195
Cambio, Arnolfo di 61, 64, 82, 99
Cappella Brancacci 140, 154
Cappella dei Magi siehe Palazzo Medici 100
Cappella dei Pazzi 45, 66
Cappella dei Principi 93, 101
Cappella Sassetti 129
Cappelle Medicee 92
Cappellone degli Spagnoli 124
Caravaggio, Michelangelo Merisi da 54
Casa Buonarroti 65
Casa di Dante 32, 64
Cellini, Benvenuto 29, 48, 63, 158
Centro di Cultura Contemporanea Strozzina 127
Cimabue, Giovanni 89
Clubs 73, 137, 161
Colonna dell' Abbondanza 128
Corridoio Vasariano 55, 119, 156
Cosimo I. de' Medici 16, 44, 50, 55, 90

D
David (Statue) 7, 27, 28, 47, 48, 76, 90
Dom siehe Duomo
Donatello 28, 29, 45, 47, 56, 58, 59, 63, 98, 99
Duomo Santa Maria del Fiore 7, 78, 82, 98
  Battistero 29, 87
  Campanile 87

E
Einkaufen 71, 107, 114, 132, 161, 194
Elektrizität 186
Ermäßigungen 186
Essen und Trinken 8, 20, 67, 105, 130, 159, 192

F
Fahrrad 190
Farmacia SS. Annunziata 80, 108
Feiertage 187
Ferragamo Museum 116
Ferragamo, Salvatore 17, 116, 136
Feste 195
Fiesole 8, 176
  Duomo di San Romolo 176
  Kloster San Francesco 176
  Museo Archeologico 177
  Museo Bandini 178
  Piazza Mino da Fiesole 176
  San Domenico 179
  Villa Medici 178
  Zona Archeologica 177
Filarmonica di Firenze 73
Firenze Card 186
Flohmarkt 8, 194
Flughäfen 189
Flutkatastrophe 27, 103, 120, 183
Fontana del Nettuno siehe Neptunbrunnen 49
Forte di Belvedere 158
Fortezza da Basso 109

G
Gaddi, Gaddo 84
Gaddi, Taddeo 44, 119
Galilei, Galileo 24, 38, 61, 186, 189
Galleria degli Uffizi 7, 8, 27, 48, 50
Galleria del Costume 148
Galleria dell'Accademia 7, 90
Galleria Palatina 7, 147, 150
Gelateria Vivoli 40, 65, 183
Geld 187
Gesundheit 187
Ghibellinen 32, 46, 120
Ghiberti, Lorenzo 59, 72, 78, 87
Ghirlandaio, Domenico 53, 61, 122, 126
Giambologna 28, 48, 59, 103
Giardino Bardini 158
Giardino Corsini 195
Giardino dei Semplici 101
Giardino delle Rose 152
Giardino di Boboli siehe Boboli-Garten 148
Giotto di Bodone 26, 38, 42, 44, 52, 64, 82, 84, 87, 89, 122, 124

Gozzoli, Benozzo 100, 172
Gucci (Firma) 17, 40, 63, 133
Gucci Garden 18, 40, 63
Guelfen 32, 46, 120, 172

H
Hauptbahnhof Santa Maria Novella 112, 132, 188
Hotels 191

I
Internet 188

J
Jazz 73, 109

K
Kreditkarten 187
Kutteln 11, 21, 128, siehe auch Lampredotto

L
Lippi, Filippino 122
Lippi, Filippo 52
Loggia dei Lanzi 7, 47, 63
Loggia del Bigallo 98
Lungarno Amerigo Vespucci 121

M
Machiavelli, Niccolò 25, 43
Maggio Musicale Fiorentino 11, 109, 136, 195
Marini, Marino 127
Märkte 23, 108, 114, 128, 135, 182, 194
Masaccio 27, 123, 154
Medici (Familie) 14, 24, 30, 39, 50, 53, 55, 56, 57, 58, 61, 62, 66, 76, 77, 79, 80, 90, 92, 93, 94, 96, 99, 100, 101, 119, 124, 127, 140, 142, 146, 147, 148, 149, 150, 154, 157, 178, 182
Mercato Centrale 11, 23, 78, 108
Mercato delle Pulci 194
Mercato di Sant'Ambrogio 23, 182
Mercato Nuovo 114, 128, 135
Mercato San Lorenzo 108
Michelangelo Buonarroti 7, 9, 24, 28, 36, 38, 42, 43, 48, 53, 56, 57, 65, 83, 89, 90, 91, 93, 98, 99, 144, 145, 153, 157
Michelozzo 30, 96, 99, 102
Mietwagen 190
Mode 17, 63, 71, 116, 133
Museo Archeologico 103, 181
Museo Bardini 158
Museo degli Argenti 150
Museo della Casa Fiorentina Antica 129
Museo delle Carozze 148
Museo delle Porcellane 157
Museo dell'Opera del Duomo 86, 98, 180
Museo dell'Opera di Santa Croce 45, 66
Museo dell'Opificio delle Pietre Dure 101
Museo dello Spedale degli Innocenti 104
Museo Galileo 61
Museo Horne 66
Museo Marino Marini 127
Museo Nazionale del Bargello 7, 56, 183
Museo Stibbert 104
Museo Zoologico La Specola 157

N
Neptunbrunnen 7, 47, 49
Notrufe 188
Nuovo Teatro dell'Opera 136

O
Öffentliche Verkehrsmittel 189
Officina Profumo-Farmaceutica di Santa Maria Novella 117, 126
Öffnungszeiten 194
Ognissanti 126
Oltrarno 11, 139
Opificio delle Pietre Dure 93
Orchestra da Camera Fiorentina 73
Orchestra della Toscana 73
Orsanmichele 63

P
Palazzo Davanzati 129
Palazzo degli Uffizi siehe Galeria degli Uffizi
Palazzo Medici Riccardi 50, 76, 99
Palazzo Pitti 7, 31, 140, 146
Palazzo Pucci 180
Palazzo Rucellai di Leon Battista Alberti 31, 127
Palazzo Strozzi 31, 127
Palazzo Vecchio 7, 36, 38, 46, 48, 61
Panino al Lampredotto siehe auch Kutteln 8
Parco delle Cascine 194
Parkplätze 190
Piazza Brunelleschi 80
Piazza dei Ciompi 8, 132
Piazza della Repubblica 72, 114, 128
Piazza della Santissima Annunziata 180
Piazza della Signoria 7, 36, 46, 48
Piazza di Santo Spirito 116, 157
Piazzale Michelangelo 7, 144
Piazza Santa Croce 182
Piazza Santissima Annunziata 60, 81, 103
Pisano, Andrea 84
Pitti Immagine (Messe) 17
Pitti, Luca 146
Ponte Vecchio 7, 112, 114, 118
Porcellino 114, 128
Pucci, Emilio 18, 133

R
Rauchen 194
Reisedokumente 188
Reisezeit 188
Renaissance 24
Ribollita 20, 89, 155
Rinascente 114, 133
Robbia, Luca della 59, 56, 84, 98, 104, 129
Rucellai, Giovanni 31, 127

S

San Domenico 179
San Gimignano 170
  Collegiata Santa Maria Assunta 172
  Galleria Continua 173
  Garten der Rocca 173
  Museo Civico 171
  Palazzo del Podestà 171
  Palazzo del Popolo 171
  Piazza del Duomo 171
  Piazza della Cisterna 171
San Lorenzo 76, 80, 92
San Marco 76, 96
San Miniato al Monte 7, 140, 144, 151
San Niccolò 145
San Pancrazio 127
Santa Croce 7, 36, 38, 42
Santa Felicita 156
Santa Margherita de' Cerchi 32, 64
Santa Maria del Carmine 154
Santa Maria Maddalena dei Pazzi 182
Santa Maria Novella 7, 122
Sant'Ambrogio 72, 182
Santa Trinità 129
Santissima Annunziata 76, 102
Santo Spirito 157
Scalea del Monte alle Croci 143
Sicherheit 188
Siena 166
  Dom Santa Maria Assunta 168
  Museo Civico 168
  Museo dell'Opera del Duomo 168
  Palazzo Pubblico 168
  Torre del Mangia 168
Slow Food 23
Spedale degli Innocenti 81, 103, 180
Sperrnummern 187
Sprachführer 196
Stazione Leopolda 109
Streetfood 8, 20, 80
Strozzi, Filippo 31, 124, 127

T

Teatro della Pergola 73, 109
Teatro Puccini 136
Teatro Verdi 73
Tornabuoni Arte 158

U

Übernachten 191
Uffizien siehe Galleria degli Uffizi
Unterwegs in Florenz 189

V

Vasari, Giorgio 16, 42, 44, 50, 55, 62, 65, 86, 90, 119, 182
Veranstaltungskalender 195
Via de' Tornabuoni 11, 17, 112, 116, 132
Villa & Giardino Bardini 158
Vinci, Leonardo da 24, 53
Vorwahlen 188

W

Wein 22

Z

Zahnärztlicher Notdienst 187
Zollbestimmungen 189

BILDNACHWEIS

AA: 25 r., 55 l., 99; B Smith 153; C Sawyer 14, 29 Mitte, 44, 61, 62, 63, 151; K Paterson 6 (1), 124, 172; R Ireland 147; S McBride 29 o., 54, 58 l., 58 r., 59, 65, 148, 149, 150; T Harris 25 l., 93, 94 l., 94 r., 104, 120, 126, 135

dpa, München: Arco Images/Lenz 98

DuMont Bildarchiv, Ostfildern: Christina Anzenberger-Fink & Toni Anzenberger 6 (4), 10 u., 17, 21 o. l., 22, 46, 47, 55 r., 67, 68, 70, 81 l., 83, 87, 88 r., 88 l., 95, 108, 109, 110/111, 115 u., 116 r., 134, 145 und 6 (10), 146 und 6 (9), 165, 167, 168, 170, 171, 178, 179

Getty Images, München: DEA ARCHIVIO J. LANGE 101; Jon Lovette 21 u. l.; Laura Lezza/Kontributor 180; Lonely Planet 73; Maremagnum 92; Sofie Delauw 131; The Washington Post/Kontributor 64

GUCCI, Mailand: 40 r.

Huber-Images, Garmisch-Partenkirchen: Giuseppe Greco 122 und 6 (8); Guido Cozzi 80, 117, 152; Irek 184/185; Luigi Vaccarella 118/119 und 6 (5), 121; Massimo Borchi 12/13, 96, 115 o., 138/139; Maurizio Rellini 116 l.; Pietro Canali 40 l., 81 r., 106; Sandra Raccanello 79 o.; Stefano Amantini 31; Stefano Cellai 45; Susanne Kremer 5 o., 5 u., 9, 16, 34/35, 43 und (6), 51, 52 und 6 (6), 74/75, 91 und 6 (2), 129, 132, 143, 156, 174/175, 182; TC 79 u.

iStock.com, Calgary (CA): aaron007 15; ChiccoDodiFC 142; dem10 10 o.; ekinyalgin 128; Hermsdorf 56; VvoeVale 103

laif, Köln: Pascal SITTLER/REA 19 u.; René Mattes/hemis.fr 30; Berthold Steinhilbe⁻ ⁻05; Dorothea Schmid 57 und 6 (7); Galli 161; i-Images/eyevine 19 o. r.; John Woodworth/robertharding, © »Tindaro Screpolato« v. Igor Mitoraj/VG Bild-Kunst, Bonn 2022 ⁻44 l.; Julian Elliott/robertharding 100; MELINA HAMMER/NYT/Redux 21 o. r.; Weng lei/ maginechina 19 o. l.

Lookphotos, München: Kay Maeritz: 60

Mauritius Images, Mittenwald: age fotostock/Adam Eastland 159; age fotostock/Marco Brivio 125; Alamy 27, 33; angel marzano/Alamy 29 u.; imageBROKER/Kim Petersen 162/163; imageBROKER/Michael Nitzschke 39 o.; sanzen/Alamy 137; United Archives 123

Plaza Hotel Lucchesi, Florenz: 41

Shutterstock.com, Amsterdam (NL): Isogood_patrick 155

Stock.adobe.com, Dublin (IRE): ArTo 114 r.; iMarzi 21 u. r.; Kristina 39 u.

Titelbilder
U1 oben: Getty Images, München/Alessandro Peluso/EyeEm
U1 unten: laif, Köln/Dorothea Schmid
U8: Getty Images, München/Westend61

IMPRESSUM

© MAIRDUMONT, Ostfildern

4., aktualisierte Auflage 2023

Text: Susanne Kilimann, Teresa Fisher, Tim Jepson, Caterina Romig Ciccarelli
Übersetzung: Joachim Nagel
Redaktion: Eszter Kalmár. Text, Bild, Satz.

Kartografie: © MAIRDUMONT, Ostfildern
3D-Illustrationen: jangled nerves, Stuttgart

Der Name Baedeker ist als Warenzeichen geschützt. Alle Rechte im In- und Ausland sind vorbehalten. Jegliche – auch auszugsweise – Verwertung, Wiedergabe, Vervielfältigung, Übersetzung, Adaption, Mikroverfilmung, Einspeicherung oder Verarbeitung in EDV-Systemen ausnahmslos aller Teile des Werkes bedarf der ausdrücklichen Genehmigung durch den Verlag.

Printed in China

Trotz aller Sorgfalt von Autoren, Autorinnen und Redaktion sind Fehler und Änderungen nach Drucklegung leider nicht auszuschließen. Dafür kann der Verlag keine Haftung übernehmen. Berichtigungen, Kritik und Verbesserungsvorschläge sind uns jederzeit willkommen, bitte informieren Sie uns unter:

Baedeker Redaktion
Postfach 3162
D-73751 Ostfildern
Tel. 0711 45 02-262
smart@baedeker.com
www.baedeker.com

Meine Notizen

Meine Notizen